HERMÍNIO SARGENTIM

OFICINA de ESCRITORES

DISSERTAÇÃO

1ª edição
São Paulo, 2017

Oficina de Escritores
Dissertação
© IBEP, 2017

Diretor superintendente	Jorge Yunes
Diretora editorial	Célia de Assis
Coordenadora editorial	Simone Silva
Editora	Esther Herrera Levy
Assistente editorial	Beatriz Hrycylo
Revisão	Luiz Gustavo Bazana, Salvine Maciel
Secretaria editorial e Produção gráfica	Elza Mizue Hata Fujihara
Assistente de produção gráfica	Marcelo Ribeiro
Coordenadora de arte	Karina Monteiro
Editora de arte	Marilia Vilela
Assistente de arte	Aline Benitez
Assistentes de iconografia	Victoria Lopes, Wilson de Castilho
Processos editoriais e tecnologia	Elza Mizue Hata Fujihara
Projeto gráfico e capa	Departamento de Arte – IBEP
Diagramação	Formato Comunicação/N-Publicações

CIP-BRASIL. CATALOGAÇÃO NA PUBLICAÇÃO
SINDICATO NACIONAL DOS EDITORES DE LIVROS, RJ

S251o

Sargentim, Hermínio

Oficina de escritores : dissertação / Hermínio G. Sargentim. – 1. ed. – Cajamar [SP] : IBEP, 2017.
il.; 28 cm.

ISBN 978-85-342-4800-6 (estudante)
ISBN 978-85-342-4801-3 (professor)

1. Leitura. 2. Língua portuguesa – Composição e exercícios. I. Título.

17-45249
CDD: 469.8
CDU: 811.134.3'27

1ª edição – São Paulo – 2017

Todos os direitos reservados.

Avenida Doutor Antônio João Abdalla, 260 – Bloco 400, Área D, Sala W1
Bairro Empresarial Colina – Cajamar – SP – 07750-020 – Brasil
Tel.: (11) 2799-7799
www.editoraibep.com.br   editoras@ibep-nacional.com.br

Apresentação

Caro escritor,

A escrita, como qualquer atividade humana, exige, para ser bem executada, o domínio de algumas competências e habilidades. Em anos anteriores, você certamente trabalhou a produção de diferentes gêneros textuais, sobretudo de textos narrativos, que exigiram o domínio de determinadas habilidades: criação do narrador, visão específica dos fatos, relato do mundo interior da personagem, descrição física e/ou psicológica etc.

Para escrever um texto dissertativo — composição escrita que lhe possibilita refletir, discutir e analisar os problemas humanos —, você terá que dominar outras competências e habilidades: ser capaz de sintetizar, analisar, estabelecer relações lógicas, abstrair, demonstrar uma opinião, concluir etc.

Nesta obra, você será conduzido, inicialmente, ao domínio de habilidades básicas para a escrita da dissertação — assim, nas partes 1 e 2, você conhecerá sua estrutura e linguagem. A seguir, na parte 3, tomará contato com as estratégias de argumentação e os mecanismos de coesão, elementos essenciais do texto dissertativo. Com as principais competências e habilidades dominadas, você trabalhará, na parte 4, os principais gêneros textuais da dissertação e, por fim, produzirá, na parte 5, textos dissertativos com base em temas e propostas de redação presentes nos vestibulares e sobretudo no Enem.

Esta obra pretende também ajudá-lo, por meio de fichas, a adquirir uma disciplina no processo de criação/produção de seus textos, desde o planejamento e a escrita, passando pela revisão e pela reescrita, até a chegar à edição final do texto. Para auxiliá-lo na etapa da revisão, produzimos, inclusive, um Apêndice com Dicas de escrita e um Guia de revisão textual em que você poderá consultar a adequação à norma-padrão ao final do livro.

A habilidade de escrita exige do autor, além de sensibilidade e reflexão, muita "transpiração". E isso não se consegue do dia para a noite. É na prática constante e disciplinada da escrita que se formará um redator eficiente da língua. Garra, perseverança, questionamento e empenho são atributos necessários para se atingir um objetivo que todo indivíduo pode e deve alcançar: saber escrever.

O autor

Sumário

Introdução — 7

PARTE 1 — Estrutura da dissertação — 17

Capítulo 1 – Assunto 19
Capítulo 2 – Tema 25
Capítulo 3 – Ponto de vista 39
Capítulo 4 – Tese 55
Capítulo 5 – Dissertação expositiva e dissertação argumentativa 65

PARTE 2 — Linguagem da dissertação — 93

Capítulo 1 – Substantivos abstratos 95
Capítulo 2 – O verbo na frase dissertativa 103
Capítulo 3 – Impessoalidade e coerência linguística 109
Capítulo 4 – Possibilidade e certeza 117

PARTE 3 — Estratégias de argumentação e mecanismos de coesão — 123

Capítulo 1 – Argumentos de causa e consequência 125
Capítulo 2 – Argumentos baseados em fatos e/ou dados estatísticos 133
Capítulo 3 – Argumento de autoridade 143
Capítulo 4 – Estrutura do parágrafo 151

Capítulo 5 – Análise de um problema 159
Capítulo 6 – Enumeração no parágrafo 167
Capítulo 7 – Enumeração no texto 177
Capítulo 8 – Relação de oposição 185
Capítulo 9 – Relação de concessão 193
Capítulo 10 – Texto argumentativo: pró ou contra 199
Capítulo 11 – Roteiro de um texto dissertativo-argumentativo 209

PARTE 4 — Gêneros textuais da dissertação — 227

Capítulo 1 – Editorial 229
Capítulo 2 – Artigo de opinião 237
Capítulo 3 – Discurso 247
Capítulo 4 – Comentário do leitor 265
Capítulo 5 – Carta argumentativa 277

PARTE 5 — A dissertação no vestibular — 287

Capítulo 1 – Tipologia: dissertação 289
Capítulo 2 – Gêneros da dissertação 301

Apêndice – Dicas de escrita 306
Apêndice – Adequação à norma-padrão 311
Referências bibliográficas 319

Introdução

Todos os dias precisamos escrever. Escrevemos para realizar um trabalho, para dar uma informação a nossos colegas, para fazer uma lista de compras, para nos comunicar com alguém... Escrevemos, pois, em muitas situações. E, como é natural, não escrevemos sempre da mesma maneira:

- Às vezes escrevemos para nós mesmos. E o fazemos com diferentes intenções: para recordar, para entreter-nos, para compreender.

- Outras vezes escrevemos para outras pessoas. E também o fazemos com intenções diferentes: para informar ou para refletir sobre algo, para comentar um fato, para convencê-las de algo, para orientá-las sobre o que devem fazer, para nos relacionar com elas, para diverti-las...

Ao escrevermos para refletir, comentar ou para convencer as pessoas sobre qualquer aspecto da realidade física ou emocional, estamos produzindo um tipo de texto. É o **texto dissertativo**.

Vamos conhecê-lo neste livro.

Olga Tropinina/Shutterstock

O que é dissertação?

Leia os três textos a seguir.

TEXTO 1

Comida desperdiçada na América Latina reduziria 37% da fome no mundo

Cerca de 348 mil toneladas de alimentos são perdidas por dia na região

Da Redação | 30 mar 2016, 17h59

Os alimentos desperdiçados na América Latina poderiam alimentar 37% da população que sofre de fome no mundo todo. O desperdício precisa ser reduzido em várias frentes, desde a produção e distribuição, até a venda e o consumo direto.

Os alimentos desperdiçados na América Latina poderiam alimentar 37% da população que sofre de fome no mundo todo, advertiu nesta quarta-feira a Organização das Nações Unidas para a Alimentação e a Agricultura (FAO). Na região, se perdem ou desperdiçam até 348 mil toneladas de alimentos por dia, número que deverá ser reduzido à metade nos próximos 14 anos se a América Latina pretende alcançar os Objetivos de Desenvolvimento Sustentável (ODS), afirmou a FAO.

Os ODS são um conjunto de 17 objetivos e 169 metas destinados a resolver os problemas sociais, econômicos e ambientais que, segundo a ONU, afetarão o mundo no período entre 2015 e 2030. Um destes objetivos é exatamente reduzir pela metade, até 2030, o desperdício mundial de alimentos *per capita*, tanto na venda a varejo e entre consumidores como nas cadeias de produção e distribuição.

A FAO destacou que 36 milhões de pessoas na América Latina poderiam cobrir suas necessidades calóricas só com os alimentos perdidos nos pontos de venda direta aos consumidores. Isto representa um pouco mais do que a população do Peru e mais do que todas as pessoas que sofrem de fome na região. [...]

Veja.com, 30 mar. 2016. Disponível em: <https://goo.gl/0Ruhkw>. Acesso em: 14 fev. 2017.

TEXTO 2

Entrava dia e saía dia. As noites cobriam a terra de chofre. A tampa anilada baixava, escurecia, quebrada apenas pelas vermelhidões do poente.

Miudinhos, perdidos no deserto queimado, os fugitivos agarraram-se, somaram as suas desgraças e os seus pavores. O coração de Fabiano bateu junto do coração de Sinhá Vitória, um abraço cansado aproximou os farrapos que os cobriam. Resistiram à fraqueza, afastaram-se envergonhados, sem ânimo de afrontar de novo a luz dura, receosos de perder a esperança que os alentava.

Iam-se amodorrando e foram despertados por Baleia, que trazia nos dentes um preá. Levantaram-se todos gritando. O menino mais velho esfregou as pálpebras, afastando pedaços de sonho. Sinhá Vitória beijava o focinho de Baleia, e como o focinho estava ensanguentado, lambia o sangue e tirava proveito do beijo. Aquilo era caça bem mesquinha, mas adiaria a morte do grupo. E Fabiano queria viver. Olhou o céu com resolução. A nuvem tinha crescido, agora cobria o morro inteiro. Fabiano pisou com segurança, esquecendo as rachaduras que lhe estragavam os dedos e os calcanhares.

Graciliano Ramos. *Vidas secas.* 100. ed. São Paulo: Record, 2006.

TEXTO 3

Não é somente agindo sobre o corpo dos flagelados, roendo-lhes as vísceras e abrindo chagas e buracos na sua pele, que a fome aniquila a vida dos sertanejos, mas também atuando sobre o seu espírito, sobre sua estrutura mental, sobre sua conduta social. Nenhuma calamidade é capaz de desagregar tão profundamente e num sentido tão nocivo a personalidade humana como a fome quando alcança os limites da verdadeira inanição. Fustigados pela imperiosa necessidade de alimentar-se, os instintos primários se exaltam e o homem, como qualquer animal esfomeado, apresenta uma conduta mental que pode parecer a mais desconcertante. Muda o seu comportamento como muda o de todos os seres vivos alcançados pelo flagelo nesta mesma área geográfica.

Josué de Castro. *A geografia da fome*. 5. ed. São Paulo: Gryphus, 2005.

Os três textos que você leu tratam de um mesmo assunto: fome. Cada um deles, no entanto, foi escrito com intenções diferentes.

Faça a correspondência:

(1) Texto 1   (2) Texto 2   (3) Texto 3

( ) É um texto narrativo.

( ) Nesse texto, o autor analisa o problema da fome, discute suas causas, expõe sua opinião e defende seu ponto de vista.

( ) Tem o objetivo de informar sobre um determinado fato.

( ) Trata-se de uma notícia.

( ) O texto descreve um conflito humano ("a fome"), traduzido por uma história, na qual personagens de ficção vivem emoções, angústias e ansiedades do ser humano.

( ) É uma dissertação.

Você é um ser que vive em contato constante com outros seres. Existe entre você e toda a natureza animal, vegetal e mineral uma interdependência, isto é, você depende dela e ela, de você. Há também uma interdependência entre a sua atividade física e mental e as atividades das demais pessoas.

Nessa convivência com o que existe e com o que acontece no mundo, você não permanece impassível. Observa, sente, analisa, julga, opina. Ao refletir e analisar a vida, as pessoas e as coisas, você não somente expressa uma opinião ou ponto de vista, mas os defende e apresenta argumentos que dão fundamentação a eles. O texto que atende a esses objetivos é denominado dissertação.

> **Dissertação é um texto que expõe uma reflexão sobre um determinado assunto e se organiza em defesa de um ponto de vista sobre ele.**

Atividades

1. Marque:

(1) para os textos narrativos   (2) para os textos dissertativos

a) ( )

> Foi durante o temporal que o vulto me apareceu. Parei o carro e você surgiu atrás das afoitas hastes do para-brisa. Seu rosto saído do nada e aquele ruído nervoso no para-brisa. Você entrou. E o beijo se embebendo do surto celeste. Aí sacudi a cabeça para me libertar de uma espécie de desfalecimento súbito em todo o carro. A atmosfera emudecera: relâmpagos sem trovão, para-brisa sem ruído, palavras virando coágulos. Tudo se desesperou e eu gritei e você gritou e veio a madrugada e o agudo sabor de mais um beijo. Depois foi só estio. E nós, pele e osso, jejuando na bruta calmaria.
>
> João Gilberto Noll. Coágulos. *Folha de S. Paulo*, 15 out. 1998. Ilustrada. Disponível em: <https://goo.gl/Z7v8WC>. Acesso em: 16 jan. 2017.

b) ( )

> As enchentes têm se repetido de forma devastadora nesse ano de 2015 em São Paulo. Vidas, patrimônios, a saúde e o cotidiano de milhões de cidadãos são, a cada chuva de verão, consumidos em águas pútridas e lamacentas de forma trágica.
>
> E, basicamente, não se observa nenhuma reação do governo e da sociedade, nada além de um noticiário repetitivo, frio e burocrático de alguns órgãos de imprensa. Preferimos imaginar que tal desgraça é impossível de ser vencida? Ou, diante da insensibilidade dos governos, acabar aceitando, cabisbaixos, tal nível de violência e desrespeito às nossas vidas?
>
> Onde estão os resultados de um programa de combate às enchentes que investiu bilhões de reais em medidas estruturais, como de ampliação da calha do Tietê? Onde está a construção de dezenas de piscinões, insalubres e deletérios, apresentados como a panaceia que daria fim às inundações?
>
> Álvaro Rodrigues dos Santos. *UOL notícias*, 28 mar. 2015. Disponível em: <https://goo.gl/W6hhpV>. Acesso em: 24 jul. 2017.

c) ( )
    Apesar de parecer muita, devido ao aumento excessivo da população mundial e à poluição que o homem produz, diariamente, a água potável do mundo está cada vez mais escassa. E a falta d'água para consumo, principalmente em regiões mais pobres, populosas e áridas do mundo, já é uma realidade preocupante.

    Segundo a Organização das Nações Unidas (ONU), o Brasil é um país de sorte e vai contra essa tendência mundial.

Por que devemos economizar água? *Lacqua Brasil*.
Disponível em: <https://goo.gl/uvCB7P>. Acesso em: 17 jan. 2017.

d) ( )
    Amanheceu um dia sem luz — mais um — e há um grande silêncio na rua. Chego à janela e não vejo as figuras habituais dos primeiros trabalhadores. A cidade, ensopada de chuva, parece que desistiu de viver. Só a chuva mantém constante seu movimento entre monótono e nervoso. É hora de escrever, e não sinto a menor vontade de fazê-lo. Não que falte assunto. O assunto aí está, molhando, ensopando os morros, as casas, as pistas, as pessoas, a alma de todos nós. Barracos que se desmancham como armações de baralho e, por baixo de seus restos, mortos, mortos, mortos. Sobreviventes mariscando na lama, à pesquisa de mortos e de pobres objetos amassados. Depósito de gente no chão das escolas, e toda essa gente precisando de colchão, roupa de corpo, comida, medicamento. O calhau solto que fez parar a adutora. Ruas que deixam de ser ruas, porque não dão mais passagem. Carros submersos, aviões e ônibus interestaduais paralisados, corrida e mercearias e supermercados como em dia de revolução. O desabamento que acaba de acontecer e os desabamentos programados para daqui a poucos instantes.

    Este, o Rio que tenho diante dos olhos, e, se não saio à rua, nem por isso a imagem é menos ostensiva, pois a televisão traz para dentro de casa a variada pungência de seus horrores.

Carlos Drummond de Andrade. Os dias escuros. *Correio da Manhã*, 14 jan. 1966.

e) ( )
    [...] Uma das causas para a crise da água é de ordem natural, pois, embora o Brasil seja o país com a maior quantidade de água *per capita* do mundo, a sua disponibilidade é má distribuída ao longo do território. A região Norte, que apresenta as menores densidades demográficas, possui cerca de 70% das reservas nacionais. Para se ter uma ideia dessa relação, segundo o Serviço Geológico do Brasil, apenas 1% de toda a vazão do Rio Amazonas seria suficiente para atender em mil vezes o que necessita a cidade de São Paulo.

    Todavia, é justamente onde existem menos reservas de água no país que reside a maior parte da população e também onde acontece a maior parte das atividades econômicas – industriais, comerciais e agrícolas. Assim, os sistemas de abastecimento ficam cada vez mais sobrecarregados, tornando-se vulneráveis a qualquer grande seca que ocorra. [...]

Rodolfo F. Alves Pena. *Mundo Educação*.
Disponível em: <https://goo.gl/XGfC9H>. Acesso em: 15 fev. 2017.

2. Cada par de textos a seguir se refere a um mesmo fato. Apesar disso, cada texto foi escrito com uma intenção diferente. Identifique a intencionalidade presente em cada um deles. A seguir, classifique-os em texto informativo ou dissertativo.

TEXTO 1

Entenda a importância da vacina contra HPV

Publicado em 09 de abril de 2014. Texto: Marco A. Janaudis/Adaptação: Letícia Maciel

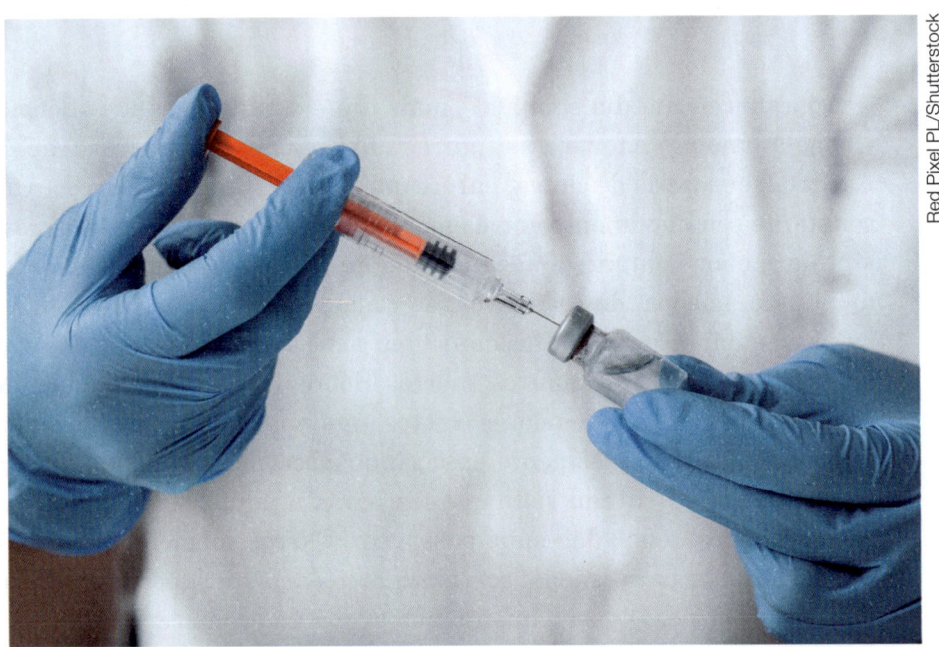

Novos medicamentos no mercado suscitam questionamentos na comunidade médica e científica e, em se tratando de vacinas, também na população. Há pouco nos deparamos com a notícia de que o governo disponibilizará para a população feminina juvenil a vacina contra o Papilomavírus Humano (HPV), responsável pelo câncer de colo uterino.

Esta vacina é eficaz na imunização contra os tipos mais agressivos do vírus e já foi testada e liberada em outros países. Resultados exatos quanto à total eficiência da vacina serão obtidos apenas daqui a anos, quando as meninas que receberem a vacina hoje tiverem envelhecido. Mas, para orientar os pacientes, devemos pensar nos benefícios da prevenção do câncer: por ser segura, vale a pena vacinar. E não nos esqueçamos de que a orientação sexual adequada às nossas jovens também é muito importante, uma vez que as relações sexuais sem proteção e com grande número de parceiros aumenta o risco de contaminação com o HPV. Outro ponto que toda mulher não pode esquecer: fazer o exame Papanicolau com regularidade.

Marco A. Janaudis (texto) e Letícia Maciel (adaptação). *Viva Saúde*, 9 abr. 2014. Disponível em: <https://goo.gl/wLyhJ8>. Acesso em: 02 maio 2017.

Intencionalidade: _____

_____

Classificação: _____

TEXTO 2

SUS inicia vacinação contra HPV para meninos

Garotos com 12 e 13 anos devem tomar duas doses, com 6 meses de intervalo entre cada uma; ministério espera proteger 3,6 milhões neste ano

03 Janeiro 2017 | 10h53

BRASÍLIA – Meninos de 12 e 13 anos já podem ser vacinados contra o HPV nos postos de vacinação de todo o País a partir desta segunda-feira, 2. Até o ano passado, a imunização no Sistema Único de Saúde (SUS) era feita somente em meninas. A expectativa do Ministério da Saúde é proteger 3,6 milhões de meninos neste ano. Foram adquiridos 6 milhões de doses ao custo de R$ 288,4 milhões.

O HPV é transmitido pelo contato direto com pele ou mucosas infectadas por meio de relação sexual. Também pode ser transmitido de mãe para filho no momento do parto.

[...]

SUS inicia vacinação contra HPV para meninos. *O Estado de S. Paulo*, 03 jan. 2017. Disponível em: <htttps://goo.gl/oVx4Az>. Acesso em: 15 fev. 2017.

Intencionalidade: _____

Classificação: _____

TEXTO 3

O desmatamento da Floresta Amazônica: causas e soluções

O debate sobre o problema do desmatamento da Floresta Amazônica, que tem se expresso, entre outros, no debate sobre as mudanças no Código Florestal, tem se caracterizado por sua superficialidade e pelo seu caráter ideológico. Inicialmente, há a necessidade de se identificar o processo de forma clara, após isto buscar as suas causas, e, finalmente, pensar nas soluções no curto, médio e longo prazos.

É inegável que as fortes políticas de comando e controle e incentivo econômico implementadas nos últimos anos tiveram um papel crucial na redução do desmatamento. Como essas dependem da intervenção direta do Estado, dificilmente podem ser mantidas no longo prazo, principalmente porque os principais indutores produtivos do desmatamento – desde a pecuária, passando pela produção de grãos, chegando à produção de energia – persistirão, e soluções perenes devem ser encontradas.

[...]

Bastiaan Philip Reydon. *Revista Política Ambiental*, n. 8, jun. 2011. Belo Horizonte: Conservação Internacional, 2011. Disponível em: <https://goo.gl/Lbj2RH>. Acesso em: 15 fev. 2017.

Intencionalidade: _____

Classificação: _____

TEXTO 4

Avanço do desmatamento na Amazônia causa alerta no governo

Perda de floresta no período de agosto de 2014 a julho de 2015 foi maior do que o esperado, ultrapassando a barreira dos 6 mil km²; tendência é de crescimento também neste ano

Giovana Girardi
06 outubro 2016 | 03h00

Desmatamento voltou a crescer entre grandes polígonos na Amazônia. Sobrevoo em área desmatada durante operação de fiscalização contra o desmatamento, Novo Progresso, Pará, 2014.

O aumento da taxa de desmatamento da Amazônia a partir de 2014 acendeu o sinal amarelo no governo federal, que convocou nesta quarta-feira e quinta representantes da academia, de governos estaduais e da sociedade civil para discutir formas de combater a perda da floresta, a fim de cumprir a meta de zerar o desmatamento ilegal até 2030.

Na semana passada, o Instituto Nacional de Pesquisas Espaciais (Inpe) divulgou uma atualização para cima da taxa de desmatamento observada entre agosto de 2014 e julho de 2015. Dados preliminares do Prodes, o sistema de monitoramento por satélite do Inpe que apresenta a taxa oficial do desmatamento do ano, anunciados em novembro do ano passado apontavam que haviam sido perdidos 5 831 km² de floresta, o que já seria uma alta de 16% em relação a agosto de 2013 e julho de 2014. O aperfeiçoamento da análise mostrou que o corte raso atingiu 6 207 km². O aumento real foi de 24%.

[...]

Giovana Girardi. Avanço do desmatamento na Amazônia causa alerta no governo. *O Estado de S. Paulo*, 06 out. 2016. Disponível em: <https://goo.gl/r4DhEX>. Acesso em: 15 fev. 2017.

Intencionalidade: _____

Classificação: _____

3. A notícia seguinte, publicada em um *site* da internet, trata de um tema: racismo. Imagine-se leitor dessa notícia e escreva um pequeno texto dissertativo em forma de comentário sobre ela, no qual registre e fundamente sua opinião sobre esse fato.

TEXTO

Vítima de racismo, Daniel Alves come banana atirada contra ele na Espanha

Ato racista é ironizado pelo brasileiro em vitória da sua equipe como visitante pelo Campeonato Espanhol neste domingo

Daniel Alves come a banana atirada contra ele no "El Madrigal", estádio do Villarreal.

O lateral-direito titular da seleção brasileira foi vítima de racismo neste domingo em partida do Barcelona contra o Villarreal no estádio "El Madrigal". O ato de atirar uma banana contra jogadores negros virou uma triste rotina no futebol mundial, mas desta vez quem deu "uma banana" para o preconceito foi o ofendido.

"Incidente com a banana? Estou na Espanha há 11 anos e isso acontece desde o início. Você tem que rir desses retardados. Eu não sei quem jogou, mas tenho que agradecer, pois me deu energia para outros dois cruzamentos que acabaram em gol", disse Daniel Alves após o jogo.

O brasileiro ia cobrar um escanteio aos 30 minutos do segundo tempo. O Villarreal vencia por 2 a 1 e um torcedor do time local atirou a banana junto à bandeirinha na linha de fundo. Em resposta, o brasileiro caminhou até a fruta, a pegou no gramado, a descascou e a comeu ali mesmo. Ele até cobrou o escanteio com a boca cheia.

IG São Paulo. Vítima de racismo, Daniel Alves come banana atirada contra ele na Espanha. *Esporte Ig*, 27 abr. 2014. Disponível em: <https://goo.gl/buXZ6k>. Acesso em: 21 jun. 2017.

Comentários:

PARTE 1

Estrutura da dissertação

1. Assunto

2. Tema

3. Ponto de vista

4. Tese

5. Dissertação expositiva e dissertação argumentativa

PARTE 1
Estrutura da dissertação

CAPÍTULO 1 Assunto

> Todo texto dissertativo trata de um determinado **assunto**.
>
> Ao escrever o texto, o autor deve definir claramente o assunto que irá abordar.
>
> É importante que você, seja como leitor, seja como produtor do texto, saiba identificar o assunto do texto que você está lendo ou do texto que você vai produzir.

Teoria

Leia o texto a seguir.

Antigamente o homem tinha a impressão de que os recursos da natureza eram infinitos. O caçador de mamutes via muitos deles e só conseguia capturar um ou outro, entendendo assim que seu número era infindável. A noção de que a natureza é infinita mudou a partir do momento em que o homem, dominando a técnica, fabricou máquinas capazes de, em poucos dias, destruir uma floresta; ou, indo a extremos, acabar com o mundo em minutos caso resolva experimentar algumas de suas bombas atômicas.

Sabemos agora que os recursos da Terra têm fim e, se a agressão ao meio ambiente continuar, em poucos anos o planeta não será capaz de assimilar tanta "pancada". Tudo indica que, para resolver o problema da sobrevivência do homem, é preciso mudar as formas de exploração da própria natureza que o alimenta – de tudo: ar, água, matéria-prima, tudo.

A Terra é frágil. Ou ficou frágil. Antigamente o homem não conhecia a natureza e dela tinha medo: raios e trovões, inundações, rios e mares enormes, frio e calor. À medida que a foi conhecendo, também a foi aniquilando, a tal ponto que a situação se inverteu: hoje ele tem medo da delicadeza da Terra, enfraquecida diante de sua hostilidade, com seus mecanismos naturais de autorregeneração abalados pela rapinagem desmedida.

Declaramos guerra à natureza e somos os perdedores ao vencê-la. Se a tratássemos com amor, ela poderia ser infinita, desde que não fosse saqueada ao extremo de sua resistência e capacidade regenerativa.

Júlio José Chiavenato. *O massacre da natureza*. 2. ed. São Paulo: Moderna, 2005.

O texto que você acabou de ler trata de um **assunto**: *a natureza*.

Para **analisar** o assunto do texto, o autor traça um paralelo entre a postura do homem primitivo perante a natureza (*a natureza era infinita*) e a do homem atual (*a natureza é finita e frágil*).

O autor **conclui** que se o homem tratasse a natureza com amor, ela poderia continuar infinita pela sua capacidade regenerativa.

Atividades

1. Para cada texto, informe o assunto e crie um título que, além de despertar a atenção do leitor, antecipe para ele o assunto do texto.

TEXTO 1

A dependência física agrava bastante o problema dos vícios, especialmente daqueles que envolvem alguma substância química capaz de provocar efeitos sobre o sistema nervoso. É o caso do álcool, da maconha, da cocaína e talvez da nicotina. Além dos rituais ligados ao uso da droga, existe também uma vontade de que aquele efeito euforizante, relaxante ou excitante se repita. Aliás, a vontade de que esses estados de espírito se repitam leva a pessoa a usar novamente as drogas mesmo se elas não causarem dependência física.

Isso é verdadeiro principalmente quando uma droga provoca um efeito inicial bom e um efeito final desagradável. Nesse ponto da "viagem", a pessoa tenderá a querer muito se livrar do efeito desagradável usando mais um pouco da droga. Por exemplo, a cocaína é uma droga excitante. Quando seu efeito está no fim, ela provoca um estado de depressão, que é muito desagradável. Aí a pessoa tende a usá-la de novo para se livrar dos efeitos desagradáveis. Esse círculo vicioso pode ser fatal e, por si só, provocar a dependência física e psicológica.

Flávio Gikovate. *Drogas*: opção de perdedor. 2. ed. São Paulo: Moderna, 2004.

Assunto: _____

Título: _____

TEXTO 2

Quem não tem namorado é alguém que tirou férias não remuneradas de si mesmo. Namorado é a mais difícil das conquistas. Difícil porque namorado de verdade é muito raro. Necessita de adivinhação, de pele, saliva, lágrima, nuvem, quindim, brisa ou filosofia. [...]

Não tem namorado quem faz pactos de amor apenas com a infelicidade. Namorar é fazer pactos com a felicidade, ainda que rápida, escondida, fugidia ou impossível de durar.

Não tem namorado quem não sabe o valor de mãos dadas; de carinho escondido na hora em que passa o filme; de flor catada no muro e entregue de repente; de poesia de Fernando Pessoa, Vinícius de Moraes ou Chico Buarque lida bem devagar; de gargalhada quando fala junto ou descobre meia rasgada; de ânsia enorme de viajar junto para a Escócia, ou mesmo de metrô, bonde, nuvem, cavalo alado, tapete mágico ou foguete interplanetário. [...]

Não tem namorado quem não fala sozinho, não ri de si mesmo e quem tem medo de ser afetivo.

Se você não tem namorado porque não descobriu que o amor é alegre e você vive pesando duzentos quilos de grilos e medos, ponha a saia mais leve, aquela de chita, e passeie de mãos dadas com o ar. Enfeite-se com margaridas e ternuras e escove a alma com leves fricções de esperança. De alma escovada e coração estouvado, saia do quintal de si mesmo e descubra o próprio jardim.

Acorde com gosto de caqui e sorria lírios para quem passe debaixo de sua janela. [...]

Artur da Távola. Ter ou não ter namorado, eis a questão. *Poesias, poemas e versos*. Disponível em: <https://goo.gl/VQC6cG>. Acesso em: 15 fev. 2017.

Assunto: _____

Título: _____

2. Os textos seguintes tratam de um mesmo assunto: **leitura**.
Identifique na relação abaixo qual o título adequado a cada texto:

- O poder transformador da leitura
- A importância da leitura na infância
- Razões para ler
- Ler é importante?
- A importância da leitura

TEXTO 1

_____

Tanto a leitura quanto a escrita são práticas sociais de suma importância para o desenvolvimento da cognição humana, de forma que proporcionam o desenvolvimento do intelecto e da imaginação, além de promoverem a aquisição de conhecimentos. Do latim, a palavra "leitura" (*lectura*), significa eleição, escolha.

Dessa maneira, quando lemos ocorrem diversas ligações no cérebro que nos permitem desenvolver o raciocínio, além de aguçar o senso crítico por meio da capacidade de interpretação. Nesse sentido, vale lembrar que a "interpretação" dos textos é uma das chaves essenciais da leitura; afinal, não basta ler ou decodificar os códigos linguísticos, faz-se necessário compreender e interpretar essa leitura.

Toda Matéria.com. Disponível em: <https://goo.gl/nAsmne>. Acesso em: 15 fev. 2017.

TEXTO 2

O hábito de ler é sem dúvida um dos maiores presentes que uma criança pode receber. A leitura abre inúmeras portas para o desenvolvimento do indivíduo e seus benefícios intelectuais e de apoio ao aprendizado escolar são proporcionais ao prazer de desbravar novos mundos pela imaginação.

Crianças que desde cedo são estimuladas a folhear livros, frequentando livrarias e bibliotecas e desenvolvendo a leitura como parte de sua rotina, naturalmente desenvolvem o prazer pelos livros. Segundo Ana Vasconcellos, educadora e pesquisadora, dentre os muitos pontos que ressaltam a importância da leitura para os alunos estão o desenvolvimento das habilidades de interpretação textual, da escrita e criatividade.

"A criança que lê possui mais conhecimento do mundo, requisito básico para o desenvolvimento de uma melhor interpretação textual, habilidade fundamental no contexto escolar. Sem a leitura, o desempenho nas demais disciplinas estudadas na escola é comprometido".

Ressaltando a relevância do desenvolvimento como habilidade proveniente da escrita, a educadora salienta a importância da ampliação do vocabulário. "Quanto mais cedo uma criança escuta palavras de variados campos semânticos e fonéticos, mais repertório ela terá, tanto em suas conversações, quanto nas atividades escolares. Consequentemente, essa criança também terá boas habilidades ortográficas e desenvolverá sua escrita de forma mais completa, uma vez que terá abundância de visualização das palavras e familiaridade com formações textuais adequadas ao padrão normativo da língua".

A pesquisadora ainda destaca que o desenvolvimento da criatividade é imprescindível, pois por meio da leitura o universo da criança se expande e ganha novas dimensões. "Bons livros estimulam a imaginação, aguçam a atenção aos detalhes das narrativas e ao som rítmico das palavras. Tudo isso gera riqueza de ideias e, portanto, um melhor aproveitamento das atividades escolares" – afirma.

Ricardo Viveiros e Associados – Oficina de Comunicação. *Maxpress*, 05 ago. 2014.
Disponível em: <https://goo.gl/CD7Zd3>. Acesso em: 06 fev. 2017.

makAns/Shutterstock

TEXTO 3

Ler é essencial. Através da leitura, testamos os nossos próprios valores e experiências com as dos outros. No final de cada livro, ficamos enriquecidos com novas experiências, novas ideias, novas pessoas. Eventualmente, ficaremos a conhecer melhor o mundo e um pouco melhor de nós próprios.

Ler é estimulante. Tal como as pessoas, os livros podem ser intrigantes, melancólicos, assustadores e, por vezes, complicados. Os livros partilham sentimentos e pensamentos, feitios e interesses. Os livros colocam-nos em outros tempos, outros lugares, outras culturas. Os livros colocam-nos em situações e dilemas que nós nunca poderíamos imaginar que encontrássemos. Os livros ajudam-nos a sonhar, fazem-nos pensar.

Nada desenvolve mais a capacidade verbal que a leitura de livros. Nas escolas aprendemos gramática e vocabulário. Contudo, essa aprendizagem nada é comparada com o que se pode absorver de forma natural e sem custo através da leitura regular de livros.

Universo de Literacias. Disponível em: <https://goo.gl/x7X4sL>. Acesso em: 15 fev. 2017.

Irina Kashpur/Shutterstock

TEXTO 4

Ler é importante porque leva a pessoa a ter contato com várias ideias diferentes (dos autores), adquirindo assim uma visão mais ampla do mundo e dos conflitos que envolvem a humanidade e a sociedade. Quando se tem uma visão mais ampla, se tem também mais material para formar as próprias ideias e resolver de melhor forma os próprios problemas.

Ler também é um exercício de imaginação e prazer, pois, ao ler, diferente do que acontece quando se assiste a um vídeo, as imagens se formam na sua mente pela sua bagagem cultural e pelo seu estado emocional. Isso equivale a dizer que o texto se renova a cada leitura, visto que amanhã o mesmo leitor já saberá mais do que sabe hoje e estará em um outro estado emocional, e o mesmo texto terá para ele um significado novo.

É importante frisar também aquilo que todo mundo diz, e é uma grande verdade: ao ler, a pessoa pode conhecer e ir a lugares que, de outra forma, seria impossível. A leitura é um passaporte com visto permanente para todos os lugares, culturas e mundos, reais ou imaginários. É uma fonte de diversão e prazer.

E, finalizando, é na escrita que está registrado todo o conhecimento acumulado pela humanidade em toda a sua História, então, para saber como chegamos aqui, só lendo...

Bruno Kabuki. Disponível em: <https://goo.gl/yxEq7v>. Acesso em: 15 fev. 2017.

> **TEXTO 5**
>
> A leitura abre uma possibilidade de o leitor compreender o mundo em que habita, expande seus conhecimentos e o transforma em protagonista de sua história e da sociedade à qual pertence.
>
> Os livros desvendam os mistérios do cosmo, do sistema solar, do planeta, da biosfera, da história das diversas civilizações, da cultura, das línguas e comportamentos.
>
> A leitura aprofunda o conhecimento e amplia os horizontes. Através dela, aprende-se a lidar com o próprio eu interior e com o próximo.
>
> Silvanio Alves. *Recanto das Letras*, 22 abr. 2008. Disponível em: <https://goo.gl/Z9Baxc>. Acesso em: 15 fev. 2017. Adaptado.

3. As propostas de redação presentes nos vestibulares por vezes explicitam o assunto da redação; já outras solicitam que o aluno, a partir da leitura de alguns textos, identifique o assunto com base no qual será desenvolvida a redação. Na proposta abaixo, o candidato, antes de escrever sua redação, teria que, com base na leitura dos textos oferecidos pela banca, identificar o assunto. Faça isso.

(Mackenzie-2012)

[...]

> **I** Milhões de adolescentes foram convocados por uma grande estrela da música internacional a aceitarem seus corpos do jeito que eles são: magros, gordos, pouco importa.
>
> "Seja corajoso e celebre seus defeitos perceptíveis condenados pela sociedade", escreveu ela em seu *site* e nas redes sociais.
>
> Adaptado da *Folha de S. Paulo*, 08 out. 2012.

> **II** Aos 15 anos, eu comecei a provocar vômitos sempre que achava que tinha comido demais. Mas esses episódios eram raros.
>
> Por volta dos 17, eu estava bem acima do peso e fiz uma série de dietas rigorosas.
>
> Fiquei viciada em emagrecer, forçava o vômito e me obrigava a comer no máximo 700 calorias por dia [...].
>
> É difícil para uma anoréxica entender que a busca da beleza pela magreza pode torná-la uma pessoa feia, diferente do que ela procura.
>
> Depoimento de estudante para a *Folha de S. Paulo*, 08 out. 2012.

> **III** A moda, a publicidade, a TV, tudo isso trabalha para que você se enquadre em um determinado padrão. Adolescentes são mais suscetíveis a essa massificação e, quando não se acham adequados a ela, podem terminar em um círculo vicioso e doentio.
>
> Takí Cordás, psiquiatra.

Assunto: _____

PARTE 1
Estrutura da dissertação

CAPÍTULO 2 Tema

> Saber qual é o assunto sobre o qual você vai escrever é importante, mas não decide o sucesso de seu texto dissertativo. Para isso é fundamental, antes de começar a escrever, definir com clareza a perspectiva a partir da qual o assunto será analisado.
>
> Essa perspectiva chama-se **tema**.

Teoria

Qualquer assunto pode ser analisado a partir de diferentes perspectivas. Cada uma dessas perspectivas chama-se **tema**. O assunto é uma visão geral e, o tema, uma visão particular, específica. Vamos supor que você queira escrever a respeito do assunto **violência**. Existem diferentes perspectivas possíveis para tratar desse assunto. Veja a seguir algumas delas.

Assunto (geral)	Tema (particular)
Violência	1. Causas da violência nas grandes cidades. 2. Consequências da violência nas grandes cidades. 3. Possíveis soluções para a violência presente nas grandes cidades.
	4. A violência dos pais contra os filhos. 5. As agressões dos filhos contra os pais. 6. A violência praticada contra as mulheres. 7. Os abusos sexuais de pais contra filhas.
	8. A bebida e o álcool como elementos desencadeadores da violência na sociedade. 9. A pobreza e as desigualdades sociais como fatores determinantes da violência. 10. A violência presente nos filmes, novelas e programas de TV.

Ao escrever um texto, o autor, depois de ter definido o assunto, escolhe, dentro desse assunto, um tema. No texto a seguir, cujo assunto é violência, o autor escolheu um tema: A bebida e o álcool como elementos desencadeadores da violência na sociedade.

Assunto	Violência
Tema	A bebida e o álcool como elementos desencadeadores da violência na sociedade

Álcool: a droga da morte

A notícia da morte de um jovem de 23 anos, após a ingestão excessiva de álcool em uma festa universitária, em Bauru, no Centro-Oeste paulista, assustou muitos brasileiros. Humberto Moura Fonseca participava de uma competição para ver quem conseguia beber mais. Uma dessas estúpidas festas promovidas por estudantes, provando que escolarização nem sempre é sinônimo de educação.

Mas esse fato, por mais trágico que seja, propõe a nós a seguinte questão: qual a droga que mais mata no Brasil? O *crack*, a maconha, a heroína ou o êxtase? Não. O que mais mata no Brasil é o álcool, consumido puro e/ou associado a outras drogas e fatores de risco.

Segundo o Ministério da Saúde, as maiores causas de morte são problemas cardiovasculares e o câncer, duas doenças relacionadas ao álcool. Mas a perda de vidas não está associada somente às doenças relacionadas ao vício do álcool. Metade das mortes no trânsito envolve motoristas embriagados.

Mesmo em pequenas doses, o álcool prejudica a percepção de velocidade e distância; pode causar dupla visão e incapacidade de coordenação. Resultado: milhares de vidas ceifadas no trânsito.

O consumo de álcool no Brasil é quase 50% superior à média mundial, e o comportamento de risco no país já supera o padrão da Rússia (considerada um país onde se consome álcool exageradamente). Levantamento feito pela Organização Mundial da Saúde (OMS) mostra que os brasileiros com mais de 15 anos bebem o equivalente a 10 litros de álcool puro por ano – a média no mundo é de 6,1 litros. Entre os homens que bebem, a taxa é de 24,4 litros de álcool por ano e, entre as mulheres, de 10 litros.

[...]

Robson Sávio Reis Souza. Álcool: a droga da morte. *Editora Santuário*. Disponível em: <https://goo.gl/DPBxxt>. Acesso em: 15 fev. 2017.

Digamos que você fosse tratar do seguinte assunto: **a televisão**. Você pode tratar desse assunto a partir de várias perspectivas.

Observe, na imagem ao lado, alguns dos muitos pontos de vista possíveis a partir dos quais se pode desenvolver o assunto **a televisão**.

Ao escrever uma dissertação, o autor deve selecionar uma dessas perspectivas para tratar do assunto. Veja isso no texto a seguir.

A televisão, apesar de nos trazer uma imagem concreta, não fornece uma reprodução fiel da realidade. Uma reportagem de tevê, com transmissão direta, é o resultado de vários pontos de vista: 1) do realizador, que controla e seleciona as imagens num monitor; 2) do produtor, que poderá efetuar cortes arbitrários; 3) do *cameraman*, que seleciona os ângulos de filmagem; 4) e, finalmente, de todos aqueles capazes de intervir no processo de transmissão. Por outro lado, alternando sempre os *closes* (apenas o rosto de uma personagem no vídeo, por exemplo) com cenas reduzidas (a vista geral de uma multidão), a televisão não dá ao espectador a liberdade de escolher o essencial ou o acidental, ou seja, aquilo que ele deseja ver em grandes ou pequenos planos. Dessa forma, o veículo impõe ao receptor a sua maneira especialíssima de ver o real.

Muniz Sodré. *A comunicação do grotesco*. 11. ed. Petrópolis: Vozes, 1988.

Nesse texto, o autor, para tratar da televisão, selecionou um ponto de vista: **a relação entre a TV e a realidade**, que é o tema escolhido.

O tema na redação de vestibular

Algumas propostas de vestibulares explicitam o tema da redação. Outras solicitam que o candidato, a partir de textos motivadores, identifique o assunto e o tema. Para que uma redação de vestibular seja bem-sucedida, é fundamental escrever um texto relacionado ao tema proposto. Caso o candidato fuja a esse tema, pode ter anulada a sua redação.

O Enem, cujas propostas têm explicitado o tema, oferece, no *Guia do Participante 2012*, uma reflexão sobre a importância de escrever um texto respeitando o tema, com base na proposta de 2011. Leia a seguir a proposta e os comentários para elaborar uma redação sem fugir do tema.

Proposta de redação do Enem-2011

Com base na leitura dos textos motivadores seguintes e nos conhecimentos construídos ao longo de sua formação, redija texto dissertativo-argumentativo em norma-padrão da língua portuguesa sobre o tema **VIVER EM REDE NO SÉCULO XXI: OS LIMITES ENTRE O PÚBLICO E O PRIVADO**, apresentando proposta de conscientização social que respeite os direitos humanos. Selecione, organize e relacione, de forma coerente e coesa, argumentos e fatos para defesa de seu ponto de vista.

Liberdade sem fio

A ONU acaba de declarar o acesso à rede um direito fundamental do ser humano – assim como saúde, moradia e educação. No mundo todo, pessoas começam a abrir seus sinais privados de *wi-fi*, organizações e governos se mobilizam para expandir a rede para espaços públicos e regiões aonde ela ainda não chega, com acesso livre e gratuito.

ROSA, G.; SANTOS, P. *Galileu*. n. 240, jul. 2011 (fragmento).

A internet tem ouvidos e memória

Uma pesquisa da consultoria Forrester Research revela que, nos Estados Unidos, a população já passou mais tempo conectada à internet do que em frente à televisão. Os hábitos estão mudando. No Brasil, as pessoas já gastam cerca de 20% de seu tempo *on-line* em redes sociais. A grande maioria dos internautas (72%, de acordo com o Ibope Mídia) pretende criar, acessar e manter um perfil na rede. "Faz parte da própria socialização do indivíduo do século XXI estar numa rede social. Não estar equivale a não ter uma identidade ou um número de telefone no passado", acredita Alessandro Barbosa Lima, CEO da e.Life, empresa de monitoração e análise de mídias.

As redes sociais são ótimas para disseminar ideias, tornar alguém popular e também arruinar reputações. Um dos maiores desafios dos usuários de internet é saber ponderar o que se publica nela. Especialistas recomendam que não se deve publicar o que não se fala em público, pois a internet é um ambiente social e, ao contrário do que se pensa, a rede não acoberta anonimato, uma vez que mesmo quem se esconde atrás de um pseudônimo pode ser rastreado e identificado. Aqueles que, por impulso, se exaltam e cometem gafes podem pagar caro.

Disponível em: <http://www.terra.com.br>. Acesso em: 30 jun. 2011. Adaptado.

DAHMER, A. Disponível em: <http://malvados.wordpress.com>. Acesso em: 17 out. 2017.

Vamos aproveitar o tema da redação do Enem 2011 para explicar essa diferença.

O tema proposto no exame de 2011 foi "Viver em rede no século XXI: os limites entre o público e o privado". Esse tema vincula-se ao assunto mais amplo "Tecnologia" e envolve a discussão sobre a privacidade no uso da internet na vida cotidiana, sob a forma das redes sociais. Isso comprova que o tema proposto é um recorte do assunto "Tecnologia", sob o ponto de vista da "inserção da informática na vida cotidiana", que poderia gerar também outros temas, como "A influência do telefone celular nas relações interpessoais", "O comércio eletrônico via *web*", "Inclusão digital e a mudança de hábitos de leitura" e "*Hackers* e crimes cibernéticos".

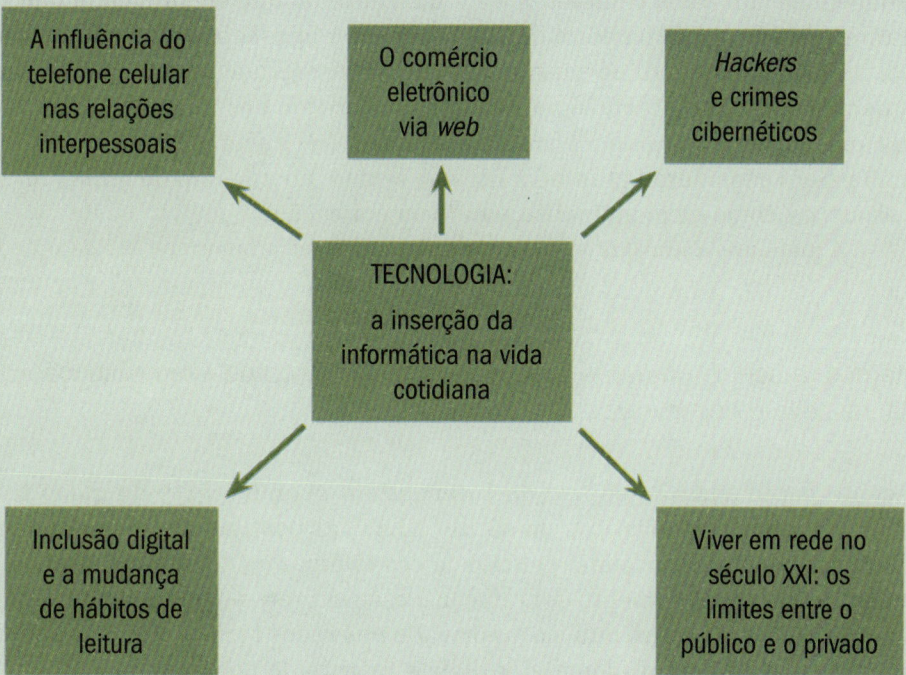

Para desenvolver o tema proposto, o participante deveria abordar o uso das redes sociais, tais como MSN, Orkut, Twitter e Facebook, discutindo a questão da privacidade – quais os pontos positivos e negativos da exposição da vida pessoal que hoje ocorrem devido aos avanços tecnológicos.

Vários argumentos poderiam ser empregados para apresentar os pontos positivos ou negativos do relacionamento interpessoal que se dá por intermédio das redes sociais, como, por exemplo, a possibilidade de fazer novos amigos e reencontrar outros, além de casos de violência virtual, como o *cyberbullying*. A redação deveria, portanto, problematizar as consequências dessa exposição excessiva que torna a vida privada cada vez mais pública e os riscos decorrentes dessa exposição, procurando defender uma tese, um ponto de vista a esse respeito. Ao final da redação, o participante deveria propor uma solução para a discussão apresentada, tendo em vista o respeito aos direitos humanos. Qualquer que fosse a opinião sobre as redes sociais e os argumentos utilizados, o participante precisaria, para atender plenamente ao tema proposto, focalizar o limite entre o público e o privado.

O que é tangenciar o tema?

Considera-se tangenciamento ao tema a abordagem parcial, ou marginal, do tema dentro do assunto. Assim, se a redação abordar outros aspectos relacionados à inserção da informática na vida cotidiana, como inclusão digital, internet de um modo geral, referindo-se de forma superficial e paralela às redes sociais e à questão da privacidade, poderá ser considerada como fuga parcial ao tema, ou tangenciamento. Isso ocorre porque o autor partiu do assunto "tecnologia" (levando-se em conta que "assunto" é mais amplo do que "tema") sem focalizar plenamente o tema "redes sociais e privacidade". O tema foi abordado, portanto, apenas parcialmente, de maneira marginal, superficialmente. O tangenciamento também ocorrerá se a redação abordar a questão da privacidade sem relacioná-la às redes sociais ou se confundir a distinção entre público × privado com governamental × particular, gratuito × pago.

O que é a fuga total ao tema?

A abordagem de um tema completamente diferente do que foi proposto, não chegando sequer a tangenciá-lo, será considerada fuga total ao tema, sendo atribuída nota 0 (zero) à redação, mesmo que dentro do mesmo assunto, considerado no nível mais amplo. Por exemplo, dentro do assunto tecnologia, a não consideração dos limites entre o público e o privado na questão dos avanços em *hardware*, como *tablets* e *smartphones*, será considerada fuga ao tema. Será considerada também fuga ao tema a abordagem de temas relacionados a outros assuntos, como meio ambiente, saúde ou educação.

A redação no Enem 2012 – Guia do Participante. Brasília: Ministério da Educação: Inep, 2012.

Apresentamos, a seguir, uma das redações nota 1000, como exemplificação de um texto que focaliza, respeita e desenvolve o tema proposto.

A crescente popularização do uso da internet em grande parte do globo terrestre é uma das principais características do século XXI. Tal popularização apresenta grande relevância e gera impactos sociais, políticos e econômicos na sociedade atual.

Um importante questionamento em relação a esse expressivo uso da internet é o fato de existir uma linha tênue entre o público e o privado nas redes sociais. Estas constantemente são utilizadas para propagar ideias, divulgar o talento de pessoas até então anônimas, manter e criar vínculos afetivos, mas, em contrapartida, também podem expor indivíduos mais do que o necessário, em alguns casos agredindo a sua privacidade.

Recentemente, ocorreram dois fatos que exemplificam ambas as situações. A "Primavera Árabe", nome dado a uma série de revoluções ocorridas em países árabes, teve as redes sociais como importante meio de disseminação de ideias revolucionárias e conscientização desses povos dos problemas políticos, sociais e econômicos que assolam esses países. Neste caso, a internet agiu e continua agindo de forma benéfica, derrubando governos autoritários e pressionando melhorias sociais.

Em outro caso, bastante divulgado também na mídia, a internet serviu como instrumento de violação da privacidade. Fotos íntimas da atriz hollywoodiana Scarlett Johansson foram acessadas por um *hacker* através de seu celular e divulgadas pela internet para o mundo inteiro, causando um enorme constrangimento para a atriz.

Analisando situações semelhantes às citadas anteriormente, conclui-se que é necessário que haja uma conscientização por parte dos internautas de que aquilo que for uma utilidade pública ou algo que não agrida ou exponha um indivíduo pode e deve ser divulgado. Já o que for privado e extremamente pessoal deve ser preservado e distanciado do mundo virtual, que compartilha informações para um grande número de pessoas em um curto intervalo de tempo. Dessa forma, situações realmente desagradáveis no incrível universo da internet serão evitadas.

Alline Rodrigues da Silva. *A redação no Enem 2012 – Guia do Participante*.
Brasília: Ministério da Educação: Inep, 2012.

Atividades

1. Informe o assunto focalizado e o tema selecionado nos textos seguintes.

a)

A nossa civilização é marcada pela linguagem gráfica. A escrita domina nossa vida; é uma instituição social tão forte quanto a nação e o Estado. Nossa cultura é basicamente uma cultura de livros. Pela escrita acumulamos conhecimentos, transmitimos ideias, fixamos nossa cultura.

Nossas religiões derivam de livros: o islamismo vem do Corão, escrito por Maomé; os Dez Mandamentos de Moisés foi um livro escrito em pedra. Nosso cristianismo está contido em um livro, a Bíblia. É a cartilha, é o livro escolar, é a literatura expressa graficamente, é o jornal. Mesmo a televisão – e mais do que ela o cinema – lança mão dos recursos da linguagem escrita (legenda) para facilitar a comunicação.

Na engrenagem da sociedade moderna, a comunicação escrita senta-se em trono. São as certidões, os atestados, são os relatórios, são os diplomas. O documento é basicamente um documento gráfico, e a simples expressão gráfica vale mais que todas as evidências.

Numa quase caricatura podemos dizer que o atestado de óbito é mais importante que o cadáver, o diploma mais do que a habilitação. Sem a linguagem escrita é praticamente impossível a existência no seio da civilização. O analfabeto é um pária que não se comunica com o mundo, não influi e pouco é influenciado.

R. A. Amaral Vieira. *O futuro da comunicação*. Rio de Janeiro: Achiamé, 1981.

Assunto: _____

Tema: _____

_____

b)

A civilização do século XX tornou-se altamente dependente do mais nobre dos combustíveis, porque ele é extremamente conveniente: é líquido, podendo pois ser transportado facilmente nos mais variados recipientes e em oleodutos, e, além disso, é o combustível mais rico em calorias. Assim, a humanidade se acostumou com o "creme" dos combustíveis e o desperdiçou, como quem desperdiça um bem ganho sem qualquer esforço. Mas isso vai acabar, o petróleo é uma herança que recebemos do passado e que fatalmente vai terminar. Portanto é necessário encontrar alternativas e há muitas já existentes que são bastante promissoras. Com elas, os problemas energéticos da humanidade poderão ser resolvidos. Para isso, contudo, a maneira extravagante pela qual desperdiçamos energia em nosso século terá que desaparecer. E, em última análise, isso significa que seremos obrigados a modificar substancialmente nossos padrões de consumo.

José Goldemberg. *Revista Quatro Rodas*.

Assunto: _____

Tema: _____

_____

2. Enumere, para cada assunto, pelo menos quatro temas possíveis.

a) Corrupção

_____
_____
_____
_____
_____
_____
_____

b) Desemprego

_____
_____
_____
_____
_____
_____
_____
_____

c) Natureza

_____
_____
_____
_____
_____
_____
_____
_____

3. Os itens abaixo constituem pontos de vista diferentes sobre um mesmo assunto. Numere-os seguindo a ordem do geral para o particular.

a) (   ) As manifestações folclóricas na Região Nordeste do Brasil.
    (   ) A cultura popular.
    (   ) A música no folclore nordestino.

b) (   ) A importância da comunicação.
    (   ) A importância da comunicação de massa no mundo atual.
    (   ) A comunicação.

c) (   ) O desenvolvimento tecnológico.
    (   ) As mudanças de comportamento causadas pelo desenvolvimento tecnológico.
    (   ) A tecnologia.

4. Informe o assunto focalizado e o tema selecionado no texto seguinte. A seguir, dê-lhe um título que capte sua ideia central.

A forma como a sociedade vem lutando há anos contra a epidemia da Aids é um indicador de como o enfrentamento e a superação de preconceitos são determinantes para o estabelecimento de práticas de promoção de bem-estar coletivo.

Desde que surgiu, a Aids forçou um olhar atento e sensível para questões que eram tratadas com desdém: homossexualidade, sexo livre, prostituição. Obrigou a um debate aberto e franco sobre iniciação sexual, sexo fora do casamento, uso de camisinha, consumo de drogas. E ainda disseminou um conjunto de saberes que nos tornaram mais conscientes de como cada pessoa podia e ainda pode contribuir para a transformação de um quadro que inicialmente se mostrou terrível e assustador.

Apesar de o índice de mortalidade ainda exigir atenção, os tratamentos desenvolvidos inseriram a Aids no quadro das doenças crônicas com as quais se pode conviver desfrutando de certa qualidade de vida e de uma longevidade que antes parecia impossível. Basta lembrar que por um bom tempo na primeira fase da epidemia, o diagnóstico da Aids era signo de sentença de morte.

Todas as conquistas realizadas no tratamento da doença só foram possíveis porque parte importante da sociedade aceitou a difícil tarefa de compartilhar conhecimentos e dialogar com as opções para conter a propagação do vírus e controlar seus efeitos.

Pelas características próprias de sua disseminação, muitas questões de natureza moral se impuseram, oferecendo resistências e exigindo um redimensionamento de valores. Nesse sentido, a experiência de enfrentamento da Aids é uma marca de por que o ser humano ainda está aqui e de por que, sendo tão frágil em um ambiente hostil, tem ganho de tempos em tempos o direito de seguir adiante.

Todo esse movimento talvez tenha contribuído para a sensação que muitos vêm experimentando de que a prevenção já não exige tantos cuidados. No entanto, o aumento expressivo de casos de Aids que se verificou recentemente entre os jovens de 15 a 24 anos acendeu uma luz vermelha e nos obriga a colocar esse tema novamente no centro de nossas atenções.

Apesar de todos os avanços, a Aids continua sendo uma doença grave, não tem cura, e só no Brasil mata 11 mil pessoas por ano. Quem hoje a adquire vai precisar inevitavelmente tomar remédios pelo resto da vida e conviver com seus efeitos colaterais. Os jovens, que neste momento compõem um grupo de risco importante, precisam tomar consciência dessa circunstância e estabelecer formas eficazes de evitar a contaminação.

> É fato que hoje nos encontramos numa situação muito melhor: sabemos como evitar a contaminação pelo vírus da Aids e, quando contaminados, isso já não é mais imposição de morte certa. Entender como isso se tornou possível nos faz lembrar que somos seres históricos e nos obriga a atuar como tal: não devemos nos expor ao risco de andar para trás.
>
> José Carlos de Souza. *Carta Educação*, 18 ago. 2015.
> Disponível em: <https://goo.gl/WgVse9>. Acesso em: 03 maio 2017.

Assunto: _____

Tema: _____

_____

Título: _____

5. Escreva um parágrafo a partir do tema proposto sobre o assunto focalizado.

   a) Assunto: Corrupção.

   Tema: A impunidade como elemento motivador da corrupção no país.

_____
_____
_____
_____
_____
_____
_____
_____
_____
_____

   b) Assunto: Internet.

   Tema: As alterações no relacionamento dos adolescentes determinadas pela internet.

_____
_____
_____

c) **Assunto:** A inclusão da pessoa com deficiência.

Tema: A importância de políticas públicas para a inclusão social das pessoas com deficiência.

6. Informe o assunto e o tema levantados pelos textos das propostas de dissertação a seguir, extraídas de exames vestibulares.

Proposta 1

> Ao ler-se em um dicionário, por sinal extremamente bem conceituado, que a nomenclatura "cigano" significa "aquele que trapaceia, velhaco", entre outras coisas do gênero, ainda que deixe expresso que é uma linguagem pejorativa, ou, ainda, que se trata de acepções carregadas de preconceito ou xenofobia, fica claro o caráter discriminatório assumido pela publicação.
>
> Cléber Eustáquio Neves, procurador.

II Agora há novamente paladinos da sociedade perfeita, o que lá seja isso, que querem censurar dicionários. De vez em quando, aparece um desses. Censurar a lexicografia é uma curiosa inovação. Dicionário é um trabalho lexicográfico, não uma peça normativa. O lexicógrafo não concorda ou discorda do uso de uma palavra ou expressão qualquer. Obedecendo a critérios tão objetivos e neutros quanto possível, constata o uso dessa palavra ou expressão e tem a obrigação de registrá-la. Eliminar do dicionário uma palavra lexicograficamente legítima não só é uma violência despótica, como uma inutilidade, pois a palavra sobreviverá, se tiver funcionalidade na língua, para que segmento seja.

João Ubaldo Ribeiro, escritor.

III O Ministério Público entendeu que houve racismo nos itens 5 e 6 do verbete "cigano" e, por isso, entrou com uma Ação Civil Pública contra a Editora Objetiva, que publica o Dicionário Houaiss, e contra o Instituto Antônio Houaiss. O MPF espera conseguir na justiça uma indenização por dano moral coletivo e a retirada de circulação, suspensão de tiragem, venda e distribuição das edições do dicionário que apresentem as expressões que depreciam os ciganos. A significação atribuída pelo Houaiss aos ciganos violaria o artigo 20 da Lei 7.716/89, que tipifica o crime de racismo.

Adaptado do portal de notícias newsrondonia.com.br.

IV Quando a gente pensa que já viu tudo, não viu. Faz algum tempo, dentro do horroroso politicamente correto que me parece tão incorreto, resolveram castrar, limpar, arrumar livros de Monteiro Lobato, acusando-o de preconceito racial, pois criou entre outras a deliciosa personagem da cozinheira Tia Nastácia. [...] Se formos atrás disso, boa parte da literatura mundial deve ser deletada ou "arrumada". Primeiro, vamos deletar a palavra "negro" quando se refere a raça e pessoas, embora tenhamos uma banda Raça Negra, grupos de Teatro Negro e incontáveis oficinas, açougues, borracharias "do Negrão", como "do Alemão", "do Portuga" ou "do Turco". Vamos deletar as palavras. Quem sabe, vamos ficar mudos, porque ao mal-humorado essencial, e de alma pequena, qualquer uma pode ser motivo de escândalo.

Lya Luft, escritora.

Assunto: _____

Temas: _____

Proposta 2

I
A transparência veio para ficar

Independentemente de países ou mesmo de classes sociais, temos um amplo e crescente aumento do fluxo de informação. Nesta época de *blogs* e redes sociais (como Twitter, Facebook e Orkut), abastecidos por aparelhos celulares que são também gravadores e câmeras fotográficas, tudo se sabe e a informação flui em poucos segundos. Assim, entramos numa fase em que tudo o que um indivíduo ou uma empresa faz pode virar público instantaneamente. [...]

De certa maneira, podemos dizer que a luz está acesa, e aqueles processos que dependiam das sombras para sobreviver estão condenados a desaparecer. Isso é muito positivo, pois poderemos conhecer cada vez melhor as pessoas, as empresas e os governos como eles são, e não como eles gostariam que fossem percebidos. [...]

Precisamos de líderes que encorajem a abertura e a discussão e estejam sempre em busca do diálogo com os vários públicos com os quais se relacionam. Precisamos de uma sociedade com valores claros e que saiba reconhecer o benefício desse caminho. Em tempos de hipervelocidade de informação, a transparência será total, e todos sairemos ganhando.

Fábio Barbosa.
Folha de S.Paulo, 13 de junho de 2010 (excerto).

II. Entrevista com Eben Moglen, concedida a Andrea Murta

Enquanto os membros do Facebook discutem as minúcias dos controles de privacidade de seus perfis, provedores de serviços *on-line* seguem silenciosamente construindo dossiês sobre as ações de seus usuários. Para Eben Moglen, professor de Direito na Universidade Columbia (Nova York) e diretor do Centro Legal para *Software* Livre, a tendência construiu uma "polícia secreta do século 21", que "tem mais dados do que agências de espionagem de regimes totalitários do passado". [...]

Folha – Somos nós que estamos nos expondo demais?

Eben Moglen – Não creio. É perfeitamente razoável pensar que o capitalismo do século 21 se baseie na descoberta de uma nova matéria-prima – a informação sobre nossas vidas privadas. O objetivo de *sites* como o Google é a reorganização da publicidade para favorecer o consumo em estilo americano. Se você sabe o que as pessoas buscam, pode definir sua publicidade por isso. E ferramentas como redes sociais sabem tudo sobre o consumidor.

As redes sociais espionam deliberadamente?

Sim, esse é seu negócio. A forma que encontraram de ganhar acesso à vida privada é oferecer páginas gratuitas e alguns aplicativos. É uma péssima troca para o usuário – degenera a integridade da pessoa humana. É como viver num regime totalitário.

O Facebook diz que as pessoas querem compartilhar suas vidas e eles só facilitam.

Sim, é um ótimo argumento. É por isso que a "polícia secreta do século 21" não tortura nem executa, e sim oferece "doces". Nos ensinam a gostar disso. [...]

Mas o Facebook é abertamente sobre exposição...

Toda a internet é sobre exposição. A diferença entre o que você pensa que está publicando e o que está de fato tornando público é na prática muito grande. Praticamente todos os movimentos na rede estão arquivados em algum servidor externo, fora do controle do usuário.

Folha de S.Paulo, 29 de junho de 2010 (excerto).

Imagem fotográfica

O cogumelo atômico de Hiroshima.

> **III** Chega-se a um ponto em que, à notícia de uma nova invenção técnica, a humanidade responde com um grito de horror.
>
> Bertolt Brecht (adaptado).

Assunto: _____

Temas: _____

_____

Proposta 3

> **I** Paredes sustentadas por escoras, janelas quebradas, fiação exposta e refeitório fechado na hora da merenda. Imagens de problemas como esses começam a se espalhar nas redes sociais. Inspirados pela catarinense Isadora Faber, 13, estudantes de todo o país criaram seus "diários de classe" na *web* para mostrar as deficiências estruturais e pedagógicas das escolas públicas em que estudam.
>
> *Folha de S.Paulo*, 07 out. 2012.

> **II** Pensar que a internet possibilita um saudável e amplo espaço de debate e contestação é um grave equívoco. O fato de muitas reclamações serem postadas em *blogs*, em redes sociais, em *sites* não garante a necessária segurança, para quem lê, de que o conteúdo das reclamações é verdadeiro.
>
> Dimensão ainda sem regulamentações rigorosamente definidas, a *web* pode se tornar um grande local de equívocos e injustiças, no sentido de que qualquer um pode reclamar sobre qualquer coisa, sem apresentar provas de direito e nem a possibilidade equânime de defesa daqueles que são atacados ou julgados.
>
> Renato Monteiro, advogado.

> **III** Não há como negar que a internet é uma revolução na sociedade, nos modos de comunicação e na maneira como os cidadãos podem confrontar situações desfavoráveis a eles. É como se disséssemos que agora o poder da luta está à disposição de todos. A pessoa comum, que até então estava distante de esferas de poder, pode reclamar, pode se posicionar, enfim, pode se fazer ouvir por meio de diferentes ferramentas disponíveis pelas novas tecnologias.
>
> Sônia Rios, socióloga.

Assunto: _____

Temas: _____

_____

PARTE 1
Estrutura da dissertação

CAPÍTULO 3

Ponto de vista

> **Ponto de vista** constitui o ângulo a partir do qual o autor expõe suas ideias sobre o tema. É um elemento fundamental que centraliza a reflexão e monopoliza a argumentação presente no texto. Em torno dele e a partir dele, o texto será estruturado.

Teoria

Ponto de vista

Suponhamos que o assunto de seu texto seja **educação**. Inicialmente, você, como autor, deve selecionar o **tema,** isto é, o foco a partir do qual será desenvolvido o texto. Observe alguns temas possíveis:

Assunto	Educação
Tema	• A transformação e a evolução da sociedade a partir da educação. • A falta de investimento em educação no Brasil. • A educação não formal e a educação informal. • A educação voltada para a utilização dos recursos técnicos e tecnológicos. • A importância da educação no desenvolvimento econômico do Brasil.

Selecionado o tema, o autor deve definir o que pretende com o texto. Digamos que você selecionou o seguinte tema: **A educação voltada para a utilização dos recursos técnicos e tecnológicos**. Com base nesse tema, você pode desenvolver o texto de acordo com um dos seguintes pontos de vista:

Assunto	Educação
Tema	A educação voltada para a utilização dos recursos técnicos e tecnológicos.
Ponto de vista	• **descrever** (mostrar, apresentar) as várias formas como a educação se processa, destacando a educação tecnológica; • **analisar** (enumerar, discutir) os principais benefícios da educação tecnológica;

Ponto de vista	• **apontar** e comentar as vantagens e/ou desvantagens de se investir em recursos técnicos e tecnológicos voltados para a educação; • **discutir** a acessibilidade às ferramentas utilizadas em educação tecnológica, bem como a sua eficácia no processo comunicativo.

De acordo com o ponto de vista selecionado, será desenvolvido o texto.

Veja a concretização dessa organização nos textos a seguir.

O primeiro texto estrutura-se a partir do tema **A importância da educação no desenvolvimento econômico do Brasil** e, o segundo, que traz como assunto **economia**, tem como base o tema **Fatores que interferem no desempenho da atividade econômica no Brasil**.

Assunto	Educação
Tema	**A importância da educação no desenvolvimento econômico do Brasil.**
Ponto de vista	Refletir sobre a importância da educação na formação de mão de obra qualificada, condição essencial para o desenvolvimento econômico do Brasil.
Texto	**Construir o saber** Neste fim de século XX, depois de perder todas as oportunidades históricas anteriores, o Brasil precisa mais do que nunca tratar a educação básica como investimento indispensável a qualquer país que pretenda um lugar no mundo moderno. Porque nunca a educação foi tão decisiva para construir uma economia próspera e uma democracia participativa, fundada no pacto dos cidadãos. A informática e a automação criaram um cenário de competição internacional em que, tanto para os produtores de tecnologia como para seus consumidores, se exige cada vez mais competência cognitiva de nações inteiras. Elas sepultaram o axioma marxista de que o avanço da tecnologia desqualificaria a mão de obra. Aconteceu o contrário. As formas de produção pedem trabalhadores com habilidades técnicas superiores à medida que, promovida a fator essencial da competitividade, a inovação tecnológica sai dos laboratórios de pesquisa e desenvolvimento para o chão das fábricas. Também a velocidade na mudança de produtos e na maneira de fazê-los ameaça a supremacia das grandes empresas em favor das pequenas ágeis e versáteis. Cai o valor das matérias-primas e da energia. Aumenta o do trabalho. Esfarelam-se as vantagens dos países de modelos econômicos baseados no uso intensivo de mão de obra barata e não qualificada, no uso predatório de matérias-primas abundantes. Neste mundo novo, a sobrevivência econômica está ligada, como jamais esteve, à competência da mão de obra e até dos consumidores – portanto, de populações inteiras. A educação fundamental – quer dizer, o ensino universalizado e eficaz do idioma, da matemática, das ciências – virou condição prevalente do desenvolvimento econômico. Sérgio Costa Ribeiro. *Veja 25 anos – Reflexões para o futuro.* São Paulo: Abril Cultural, 1993.

Assunto	Economia
Tema	Fatores que interferem no desempenho da atividade econômica no Brasil.
Ponto de vista	Refletir sobre as causas da baixa produtividade do trabalhador brasileiro.
Texto	**Produtividade já!** Em média, cada trabalhador brasileiro é hoje menos produtivo do que há 3 décadas. Como consequência, a produtividade nos EUA é cinco vezes maior do que no Brasil. Em outras palavras, para fazer a mesma tarefa que um trabalhador americano executa sozinho, necessitamos de cinco trabalhadores brasileiros. Três causas explicam nossa baixíssima produtividade. A mais importante e óbvia é a péssima qualidade da educação no país. Nosso currículo básico contém disciplinas demais, que não chegam a ser aprendidas e, mesmo quando são aprendidas, quase nunca chegam a ser usadas na vida fora das escolas. Enquanto isso, a maioria dos brasileiros não aprende o básico. Segundo o Banco Mundial, entre 148 países, estamos em 136º em qualidade de ensino de matemática e ciências, sem falar nas dezenas de milhões de analfabetos funcionais e analfabetos financeiros. Por que não focar em disciplinas que todos usarão, como comunicação, compreensão de texto, aritmética e matemática financeira básica? [...] Recebendo estudantes mal preparados, as empresas tentam suprir as lacunas. O sistema S faz um belo trabalho em formar profissionais voltados para a realidade do mercado de trabalho, mas sua escala é insuficiente. A Alemanha, um dos países mais produtivos e inovadores do mundo, tem exatamente no ensino técnico a base de seu sucesso. A segunda razão para a baixa produtividade brasileira é o baixo grau de mecanização, automação e investimentos em *software* e *hardware*. Além de, em geral, ser mal qualificada, nossa mão de obra, normalmente, carece de equipamentos e instrumentos que poderiam aumentar sua produtividade. Historicamente, mão de obra era barata e máquinas muito caras por aqui, mas um encarecimento da mão de obra não acompanhado por alta semelhante da produtividade dos trabalhadores mudou esta realidade nos últimos anos. Por fim, excesso de burocracia e regulamentação governamental atravancam o país e reduzem nossa produtividade. Segundo o Banco Mundial, o Brasil é o 2º país onde a regulamentação governamental é mais custosa em todo o planeta. Ricardo Amorim. Produtividade já! *Man Magazine*, jul. 2014. Disponível em: <https://goo.gl/XqcwMz>. Acesso em: 16 fev. 2017.

A proposta de redação da FGV-2011 explicita o tema com base em dois textos de apoio. Leia-a a seguir.

Redação

Instrução: Leia os textos e reflita sobre as questões por eles suscitadas.

Texto 1

Neste cenário de extrema mobilidade das configurações familiares, novas formas de convívio vêm sendo improvisadas em torno da necessidade – que não se alterou – de criar os filhos, frutos de uniões amorosas temporárias, não importa que se trate de uma mãe solteira com seu único filho ou de uma família resultante de três uniões desfeitas e refeitas, com meia dúzia de filhos vindos de uniões anteriores de ambos os cônjuges, ou ainda de um par homossexual que conseguiu adotar legalmente uma criança. Seja como for, cabem aos adultos que assumiram o encargo das crianças o risco e a responsabilidade de educá-las.

Deste lugar mal sustentado, é possível também que os adultos não compreendam no que consiste sua única e radical diferença em relação às crianças e adolescentes, que é a única ancoragem possível da autoridade parental no contexto contemporâneo. Esta é, exatamente, a diferença dos lugares geracionais. É porque os pais ocupam, desde o lugar da geração adulta, as funções de pai e mãe (seja qual for o grau de parentesco que mantenham com as crianças que lhes cabe educar) que eles estão socialmente autorizados a mandar nessas crianças.

Educar, no contexto contemporâneo, é assumir riscos ante a geração seguinte. É claro que, na adolescência dos filhos, os riscos assumidos pelos pais serão cobrados – mais uma vez, nem sempre de forma justa. Mas é possível responder à cobrança adolescente a partir do lugar da responsabilidade: "eu assumi o encargo de cuidar de você e te educar; prefiro correr o risco de errar do que te abandonar". Este enunciado fundamenta-se no desejo de paternidade ou de maternidade. No limite, o adulto está dizendo: "eu assumo educar você porque eu quis ser seu pai (ou mãe etc.)".

Fora isso, sabemos que todos os "papéis" dos agentes familiares são substituíveis – por isso é que os chamamos de papéis. O que é insubstituível é um olhar de adulto sobre a criança, a um só tempo amoroso e responsável, desejante de que esta criança exista e seja feliz na medida do possível – mas não a qualquer preço. Insubstituível é o desejo do adulto que confere um lugar a este pequeno ser, concomitante com a responsabilidade que impõe os limites deste lugar. Isto é que é necessário para que a família contemporânea, com todos os seus tentáculos esquisitos, possa transmitir parâmetros éticos para as novas gerações.

Disponível em: <https: goo.gl/s6q5ji>. Acesso em: 17 out. 2017.

Texto 2

De posse de currículo envernizado por carimbos de boas universidades e em meio a uma carreira que, não raro, segue trajetória ascendente, um grupo de mulheres brasileiras tem chamado atenção por uma recente e radical mudança de comportamento. Na contramão de suas antecessoras, que lutaram por décadas para fincar espaço num universo eminentemente masculino, elas estão hoje abdicando do trabalho para cuidar única e exclusivamente dos filhos – opção não livre de conflitos, mas que boa parte delas descreve como "libertadora".

Veja, 14 jul. 2010.

▶▶

A partir do conteúdo dos textos reproduzidos e obedecendo às regras da norma-padrão da língua portuguesa, escreva uma redação de gênero dissertativo sobre o tema:

Os desafios da educação dos filhos diante do quadro social contemporâneo

Para elaborar uma redação adequada ao tema proposto, o candidato poderia contemplar vários pontos de vista. A título de exemplificação, ofereceremos, a seguir, alguns pontos de vista possíveis.

Assunto	Educação
Tema	Os desafios da educação dos filhos diante do quadro social contemporâneo.
Ponto de vista	• A dificuldade que o adulto encontra – nas famílias que reúnem filhos oriundos de diferentes relacionamentos – em se colocar como figura de autoridade no lar. • Disputas entre padrastos/madrastas e pais biológicos que não moram com os filhos. • Diluição da autoridade entre os diferentes adultos envolvidos no processo educativo do jovem. • A dificuldade de a família transmitir valores éticos, em face dos exemplos contrários a isso que vigoram no mundo contemporâneo. • Os riscos de frustração decorrentes da abdicação da vida profissional pela educação dos filhos. • O desafio de estabelecer regras objetivas diante do envolvimento emocional que o adulto tem com o jovem por ele educado (crise de autoridade).

Atividades

1. Especifique, nos textos seguintes, o assunto, o tema e o ponto de vista.

a)
> Quando somos crianças, brincamos com nossos amiguinhos de escola, imaginamos as mais diversas situações em brincadeiras de casinha, de médicos no hospital, de soldados na guerra, somos papai ou mamãe. Assim, estamos representando personagens que possuem uma história, uma profissão e determinadas características pessoais.
>
> Depois, deixamos para lá o mundo do faz de conta. Aí, começam outras preocupações: tirar boas notas na escola, ganhar os jogos de futebol, dançar nas baladas, andar de patins, comprar o disco mais legal, encontrar a turma... Até que chega o problema maior: é preciso escolher uma profissão e ingressar em uma faculdade.
>
> Tomar decisões vocacionais relevantes não é tarefa fácil para um adolescente em nossa sociedade. Geralmente, a maioria dos adolescentes só tem conhecimento mais detalhado de algumas, entre as inúmeras profissões que existem. Apesar disso, precisa se preparar para ocupar um lugar nesse pouco familiar mundo dos adultos.

▶▶

A família pode ajudar o adolescente a realizar essa escolha tão importante, procurando não colocar suas expectativas no filho. Dessa maneira, é possível prevenir a atitude da realização através do filho, quando a família faz com que ele se torne no futuro o que os pais não conseguiram realizar. Essa postura minimiza, também, a culpa que os pais sentem quando o filho fracassa.

Isso geralmente acontece quando os pais estabelecem metas ou exigências excessivamente altas para si próprios e para os filhos. Claro que os pais querem compartilhar as escolhas, os sucessos e até as decepções que os filhos vivenciam. E existe uma angústia familiar em relação à escolha feita pelo adolescente e ao acerto das decisões tomadas.

A participação da família nesse momento de decisão deve ser feita por meio de conversas esclarecedoras sobre o rendimento escolar, sobre os estudos na faculdade e sobre o mercado de trabalho. Aconselhando o adolescente e ajudando-o a entender melhor o que quer para sua futura vida profissional, essa carga de angústia diminui e há mais tranquilidade e condições de fazer a escolha mais adequada.

Quando as expectativas familiares não recaem sobre o adolescente, ele tem mais condições de escolher corretamente e de dizer sim para o que realmente quer, ao mesmo tempo em que sabe que sua escolha conta com o respaldo familiar.

Por isso, conhecer bem a si próprio, saber o que o coração "pede", ter informações sobre as profissões e o mercado de trabalho, compartilhar as dúvidas com a família e contar com o apoio familiar são etapas de um processo de crescimento e de tomada de decisões que tornam a escolha profissional menos angustiante.

Seguindo estes passos, o jovem enfrentará obstáculos, como o vestibular, com uma visão mais clara dos fatos, optando por aquilo em que acredita ser a melhor opção de vida para exercer seu papel profissional no mundo adulto.

Fátima Almeida. *Portal Carreira & Sucesso*, 06 abr. 2015.
Disponível em: <https://goo.gl/e9VVNY>. Acesso em: 25 jul. 2017.

Assunto: _____

Tema: _____

_____

Ponto de vista: _____

_____

b)

Muito se tem falado de conservação do meio ambiente, mas não se criou ainda a consciência de que o planeta precisa urgentemente dos nossos cuidados.

As decisões acerca dos problemas estão caminhando de forma burocrática, ficando somente no papel, sem tomadas de decisões mais sérias, tanto por parte da população como por parte dos governantes. Para exemplificar, basta perguntar quantas escolas têm trabalhado, efetivamente, a discussão sobre o consumo consciente e os impactos que as atividades humanas vêm causando a todo o planeta. Outra questão: em quantas capitais brasileiras se faz a coleta seletiva do lixo? Esse processo é realmente efetivo, por exemplo, envolvendo catadores e cooperativas, dando-lhes condições dignas de trabalho?

▶▶

>>

É bom lembrar aqui o tempo que a natureza leva para extinguir alguns dos principais lixos que recebe. Papel, de três a seis meses; tecido, de seis meses a um ano; filtro de cigarro, cinco anos; chiclete, cinco anos; madeira pintada, treze anos; *nylon*, mais de trinta anos; plástico, mais de cem anos; metal, mais de cem anos; borracha, tempo indeterminado; e vidro, um milhão de anos.

O principal nesse momento são as tomadas de atitude, ainda que de forma individual, na esperança de que sirvam de exemplo para as gerações mais novas. E, quem sabe, conseguiremos fazer com que a população acorde para a gravidade da problemática. Devemos mudar nossos hábitos urgentemente!

Se, por exemplo, pararmos de utilizar copos de plástico e evitarmos as garrafas PET (Politereftalato de Etila), enviando para a reciclagem as já utilizadas, conseguiremos ajudar muito o planeta. Você sabia, por exemplo, que 90% dos detritos encontrados nos oceanos são compostos por plástico; e, destes, quase 30% correspondem às famosas sacolas de supermercado?

Outra atitude simples e importante é a de não desperdiçar comida. Primeiramente, porque é injusto fazer isso enquanto um número enorme de pessoas passa fome; e, dentre outros motivos, porque a maior parte do lixo produzido no mundo é o orgânico.

Para finalizar, devemos assumir, desde já, a consciência de que podemos fazer mais pelo planeta; inclusive, ao alertar outras pessoas sobre seus maus hábitos. Basta querer e acreditar que um simples gesto fará a grande diferença.

Basta você querer. E a natureza agradecerá, com certeza.

Mariana Araguaia e Jussara de Barros. *Brasil Escola*.
Disponível em: <htttps://goo.gl/mxv4sm>. Acesso em: 16 fev. 2017.

Assunto: _____

Tema: _____
_____

Ponto de vista: _____
_____
_____
_____

2. Para cada assunto, selecione um tema e especifique o ponto de vista de acordo com o tema.

a) Assunto: Sustentabilidade.

Tema: _____
_____

Ponto de vista: _____
_____
_____

b) **Assunto:** Publicidade.

   Tema: _____

   _____

   Ponto de vista: _____

   _____

   _____

c) **Assunto:** Meios de comunicação.

   Tema: _____

   _____

   Ponto de vista: _____

   _____

   _____

3. Marque os pontos de vista adequados ao assunto e ao tema selecionados.

Assunto: Poluição.

Tema: A poluição nos grandes centros urbanos.

Pontos de vista:

(   ) Apontar as causas da poluição nos grandes centros urbanos.

(   ) Analisar a poluição nos rios brasileiros.

(   ) Discutir as graves consequências da poluição nos grandes centros urbanos.

(   ) Mostrar a destruição indiscriminada das matas.

(   ) Analisar a ação dos poluentes químicos nos seres vivos.

(   ) Apresentar as possíveis soluções para se eliminar a poluição urbana.

4. A foto abaixo focaliza um determinado problema.

Para desenvolver uma dissertação a partir dessa foto, você deve inicialmente especificar o assunto, o tema e o ponto de vista. Faça isso.

Assunto: _____

Tema: _____

_____

Ponto de vista: _____

_____

_____

5. Escreva um parágrafo sobre o assunto drogas, selecionando um tema e um ponto de vista relacionado a esse assunto.

Assunto: Drogas.
Tema 1: O consumo de drogas por adolescentes no Brasil.
Ponto de vista 1:
Discutir a desestruturação familiar como causa para o consumo de drogas por adolescentes.
Ponto de vista 2:
Apontar as principais consequências físicas e psicológicas do consumo de drogas a médio e longo prazo.
Ponto de vista 3:
O impacto econômico do consumo de drogas por adolescentes.

Tema 2: Drogas e gravidez.
Ponto de vista 1:
Mostrar a relação entre consumo de drogas e aumento da gravidez na adolescência.
Ponto de vista 2:
Discutir as consequências para o feto do consumo de drogas pela mãe.
Ponto de vista 3:
Refletir sobre programas governamentais de apoio à jovem mãe usuária de drogas.

_____

_____

_____

_____

_____

_____

_____

_____

6. A proposta de redação do ITA-2012, reproduzida abaixo, não especifica o assunto, o tema e o ponto de vista. Leia-a e defina esses itens. Para que você entenda melhor a proposta de redação e defina os itens solicitados, reproduzimos, também, alguns textos trabalhados na prova do vestibular em questão.

> **(ITA-2012)** Observe a charge abaixo. A partir dela, e considerando os textos desta prova cujos temas se aproximam ao da charge, redija uma **dissertação** em prosa, na folha a ela destinada, argumentando em favor de um ponto de vista sobre o tema. A redação deve ser feita com caneta azul ou preta.
>
> Na avaliação de sua redação, serão considerados:
> a) clareza e consistência dos argumentos em defesa de um ponto de vista sobre o tema;
> b) coesão e coerência do texto; e
> c) domínio do português padrão.
>
> **Atenção:** A Banca Examinadora aceitará qualquer posicionamento ideológico do candidato.
>
> — Ora, saiam daqui, seus imundos!
> Estão pensando o quê?
> Só dou esmolas para tragédias internacionais!

Textos de referência

I.

Verbo crackar

Eu empobreço de repente
Tu enriqueces por minha causa
Ele azula para o sertão
Nós entramos em concordata
Vós protestais por preferência
Eles escafedem a massa
                          Sê pirata
                          Sede trouxa

Abrindo o pala
Pessoal sarado.

Oxalá que eu tivesse sabido que esse verbo era irregular.

Oswald de Andrade, em *Memórias sentimentais de João Miramar*.

Azula: foge.
Abrindo o pala: escapando.
Sarado: valentão, abusado.

II.

[Tirinha: No primeiro quadro, um homem dentro de um carro diz: "O FILME QUE MAIS GOSTO É MATRIX!". No segundo quadro, mostra-se que o carro na verdade é uma carcaça empurrada por pessoas pobres, enquanto o homem continua: "ADORO O CONCEITO DE QUE TUDO QUE NOS CERCA É VIRTUAL, FRUTO DA NOSSA IMAGINAÇÃO!!"]

Assunto: _____

Tema: _____
_____

Ponto de vista: _____
_____
_____
_____
_____

7. A proposta de redação do ITA-2013, reproduzida abaixo, não especifica o assunto, o tema e o ponto de vista. Leia-a e defina esses itens. Para que você entenda melhor a proposta de redação e defina os itens solicitados, reproduzimos, também, alguns textos trabalhados na prova do vestibular em questão.

(ITA-2013) Leia a tirinha abaixo. A partir dela, e considerando os textos desta prova cujos temas se aproximam ao da tirinha, redija uma **dissertação** em prosa, na folha a ela destinada, argumentando em favor de um ponto de vista sobre o tema. A redação deve ser feita com caneta azul ou preta.

Na avaliação de sua redação, serão considerados:

a) clareza e consistência dos argumentos em defesa de um ponto de vista sobre o assunto;
b) coesão e coerência do texto; e
c) domínio do português padrão.

Atenção: A Banca Examinadora aceitará qualquer posicionamento ideológico do candidato.

[Tirinha da Mafalda, de Quino:
- Quadro 1: Mafalda liga a TV, que diz: "USE", "COMPRE", "BEBA", "COMA", "PROVE"! EEEE! O QUE ELES PENSAM QUE NÓS SOMOS?
- Quadro 2: Mafalda pensa: E O QUE NÓS SOMOS?
- Quadro 3: Mafalda pensa: OS MALDITOS SABEM QUE NÓS AINDA NÃO SABEMOS]

Textos de referência

Escravos da tecnologia

Marion Strecker

Não, não vou falar das fábricas que atraem trabalhadores honestos e os tratam de forma desumana. Cada vez que um produto informa orgulhoso que foi desenhado na Califórnia e fabricado na China, sinto um arrepio na espinha. Conheço e amo essas duas partes do mundo.

Também conheço a capacidade de a tecnologia eliminar empregos. Parece o sonho de todo patrão: muita margem de lucro e poucos empregados. Se possível, nenhum! Tudo terceiro!

Conheço ainda como a tecnologia é capaz de criar empregos. Vivo há 15 anos num meio que disputa engenheiros e técnicos a tapa, digo, a dólares. O que acontece aí no Brasil, nessa área, acontece igualzinho no Vale do Silício: empresas tentando arrancar talentos umas das outras. Aqui, muitos decidem tentar a sorte abrindo sua própria *start-up**, em vez de encher o bolso do patrão. Estou rodeada também de investidores querendo fazer apostas para... voltar a encher os bolsos ainda mais.

Mas queria falar hoje de outro tipo de escravidão tecnológica. Não dos que dormiram na rua sob chuva para comprar o novo iPhone 4S... Quero reclamar de quanto nós estamos tendo de trabalhar de graça para os sistemas, cada vez que tentamos nos mover na internet. Isso é escravidão – e odeio isso.

Outro dia, fiz aniversário e fui reservar uma mesa num restaurante bacana da cidade. Achei o *site* do restaurante, lindo, e pareceu fácil de reservar *on-line*. Caí no *OpenTable*, sistema bastante usado e eficaz por aqui. Escolhi dia, hora, informei número de pessoas e, claro, tive de dar meu nome, *e-mail* e telefone.

Dois dias antes da data marcada, precisei mudar o número de participantes, pois tive confirmação de mais pessoas. Entrei no *site*, mas aí nem o *site* nem o *OpenTable* podiam modificar a reserva *on-line*, pela proximidade do jantar. A recomendação era... telefonar ao restaurante! Humm... Telefonei. Secretária eletrônica. Deixei recado.

No dia seguinte um funcionário do restaurante me ligou, confirmando ter ouvido o recado e tudo certo com o novo tamanho da mesa. Incrível! Que felicidade ouvir um ser humano de verdade me dando a resposta que eu queria ouvir! Hoje, tentando dar conta da leitura dos vários *e-mails* que recebo, tentando arduamente não perder os relevantes, os imprescindíveis, os dos amigos, os da família e os dos leitores, recebi um do *OpenTable*.

Queriam que avaliasse minha experiência no restaurante. Tudo bem, concordo que *ranking* do público é coisa legal. Mas posso dizer outra coisa?

Não tenho tempo de ficar entrando em *sites* e preenchendo questionário de avaliação de cada refeição, produto e serviço que usufruo na vida! Simples assim! Sem falar que é chato! Ainda mais agora que os crescentes intermediários eletrônicos se metem no jogo entre o cliente e o fornecedor.

Quando o garçom ou o "maître" perguntam se a comida está boa, você fica contente em responder, até porque eles podem substituir o prato se você não estiver gostando. Mas quando um terceiro se mete nessa relação sem ser chamado, pode ser excessivo e desagradável. Parece que todas as empresas do mundo decidiram que, além de exigir informações cadastrais, *logins* e senhas, e empurrar goela abaixo seus sistemas automáticos de atendimento, tenho agora de preencher fichas pós-venda eletronicamente, de modo que as estatísticas saiam prontas e baratinhas para eles do outro lado da tela, à custa do meu precioso tempo!

Por que o *OpenTable* tem de perguntar de novo o que achei da comida? Eu sei. Porque para o *OpenTable* essa informação tem um valor diferente. Não contente em fazer reservas, quis invadir a praia do *Yelp*, o grande guia local que lista e traz avaliações dos clientes para tudo quanto é tipo de serviço, a começar pelos restaurantes.

O *Yelp*, por sua vez, invadiu a praia do *Zagat* (recém-comprado pelo Google), tradicionalíssimo guia (em papel) de restaurantes, que, por décadas, foi alimentado pelas avaliações dos leitores, via correio.

As relações cliente-fornecedor estão mudando. Não faltarão "redutores" de custos e atravessadores *on-line*.

Marion Strecker. *Folha de S. Paulo*, 20 out. 2011. Adaptado.

*Start-up: empresa com baixo custo de manutenção, que consegue crescer rapidamente e gerar grandes e crescentes lucros em condições de extrema incerteza.

II. Edison não conseguia se concentrar de jeito nenhum. Tinha sempre dois ou três empregos e passava o dia indo de um para outro. Adorava trocar mensagens, e se acostumou a escrever recados curtos e constantes, às vezes para mais de uma pessoa ao mesmo tempo. Apesar de ser um cara mais inteligente do que a média, sofria quando precisava ler um livro inteiro. Para completar, comia rápido e dormia pouco – e não conseguia se dedicar ao casamento conturbado, por falta de tempo. Se identificou? Claro, quem não tem esses problemas? Passar horas no Twitter ou no celular, correr de um lado para o outro e ter pouco tempo disponível para tantas coisas que você tem que fazer são dramas que todo mundo enfrenta. Mas esse não é um mal do nosso tempo. O rapaz da história aí em cima era ninguém menos que Thomas Edison, o inventor da lâmpada. A década era a de 1870 e o aparelho que ele usava para mandar e receber mensagens, um telégrafo. O relato, que está em uma edição de 1910 do jornal *New York Times*, conta que quando Edison finalmente percebeu que seu problema era falta de concentração, parou tudo. Se fechou em seu escritório e se focou em um problema de cada vez. A partir daí, produziu e patenteou mais de 2 mil invenções. [...]

Gisela Blanco. *Superinteressante*, jul. 2012.

Assunto: _____

Tema: _____
_____

Ponto de vista: _____
_____

8. A proposta de redação do Enem-2010 especifica o tema. Compete a você definir, com base nesse tema e nos textos selecionados, o ponto de vista, que seria o ponto de partida para o desenvolvimento do texto.

(Enem-2010) Com base na leitura dos seguintes textos motivadores e nos conhecimentos construídos ao longo de sua formação, redija um texto dissertativo-argumentativo, em norma culta escrita da língua portuguesa, sobre o tema **Ajuda Humanitária**, apresentando experiência ou proposta de ação social que respeite os direitos humanos. Selecione, organize e relacione, de forma coerente e coesa, argumentos e fatos para a defesa de seu ponto de vista.

Comitê de Ajuda Humanitária da UEPB treina voluntários para atuar junto às vítimas de Palmares

Quinta, 01 de julho de 2010 16:19

Na manhã desta quinta-feira, cerca de 50 pessoas, entre alunos e professores da Universidade Estadual da Paraíba, participaram do 1º Treinamento de Equipe Multidisciplinar para Atuação em Situação de Emergência, oferecido pelo Comitê de Ajuda Humanitária, Social e da Saúde, criado recentemente pela Instituição.

A primeira atividade da equipe terá início já neste domingo, data em que viajarão para a cidade de Palmares (AL), onde permanecerão por uma semana, para oferecer apoio humanitário aos moradores daquela localidade, uma das tantas atingidas pelas chuvas e enchentes que assolaram os estados de Pernambuco e Alagoas nas últimas semanas.

Disponível em: <http://www.uepb.edu.br>. Acesso em: 23 ago. 2010.
Adaptado.

Terremoto no Haiti

Redes sociais da internet foram o principal meio de comunicação

14/01/2010 | 00:01h

Durante todo o dia de ontem, a Internet foi o principal meio usado pelo Haiti para se comunicar com o mundo. Mensagens ao exterior foram encaminhadas por estrangeiros no país e por moradores locais. Apesar da instabilidade na rede – os sistemas de luz e telefone também estavam intermitentes –, os *sites* de relacionamento foram usados para acalmar familiares e clamar por auxílio internacional.

No Brasil, usuários do Twitter divulgavam a ação da ONG Viva Rio, que abriu uma conta para receber doações aos desabrigados no Haiti.

OT, com Agência Estado
Disponível em: <http://www.gazetadopovo.com.br>. Acesso em: 30 abr. 2010.

O RIO PRECISA DA SUA AJUDA!

FAÇA AQUI A SUA DOAÇÃO PARA AS VÍTIMAS DAS CHUVAS NO RIO DE JANEIRO.

PRODUTOS DE PRIMEIRA NECESSIDADE:
LIMPEZA E HIGIENE PESSOAL | LEITE EM PÓ | ALIMENTOS INFANTIS
FRALDAS DESCARTÁVEIS (GERIÁTRICAS E INFANTIS)

Prefeitura da cidade de Ribeirão Preto

Tema: Ajuda Humanitária.

Ponto de vista: _____

_____

_____

PARTE 1
Estrutura da dissertação

CAPÍTULO 4

Tese

> **Tese** é uma afirmação a ser demonstrada com base em argumentos, fatos, dados ou hipóteses.
> O texto dissertativo se organiza em torno dela.
> Com base no ponto de vista definido, o autor formula a tese.
> Veja como isso ocorre na escrita de uma dissertação.

Teoria

Leia o texto a seguir.

O homem e a natureza

A ideia de que a natureza existe para servir o homem seria apenas ingênua, se não fosse perigosamente pretensiosa.

Essa crença lançou raízes profundas no espírito humano, reforçada por doutrinas que situam corretamente o *Homo sapiens* no ponto mais alto da evolução, mas incidem no equívoco de fazer dele uma espécie de finalidade da criação. Pode-se dizer com segurança que nada na natureza foi feito para alguma coisa, mas pode-se crer em permuta e equilíbrio entre seres e coisas. A aquisição de características muito específicas como a linguagem, raciocínio lógico, memória pragmática, noção de tempo e capacidade de acumular não fizeram do homem um ser superior no sentido absoluto, mas apenas mais bem-dotado para determinados fins.

Isso não lhe confere autoridade para pretender que todo o resto do universo conhecido deve prestar-lhe vassalagem, como de fato ainda pretende a maioria das pessoas com poder decisório no mundo.

Luiz Carlos Lisboa. *Olhos de ver, ouvidos de ouvir.* Rio de Janeiro: Difel, 1977.

Para escrever esse texto, o autor:

1. Escolheu o assunto: **a natureza**;
2. Especificou o tema: **a relação entre o homem e a natureza**;
3. Definiu o ponto de vista: **mostrar que a natureza não existe para servir o homem**.

Com base nesse ponto de vista, o autor fez uma afirmação que traduz a sua opinião a respeito do tema. Esse tipo de frase chama-se **tese**.

Tese

No texto que acabamos de ler, a tese está expressa na seguinte frase:

> A ideia de que a natureza existe para servir o ser humano seria apenas ingênua, se não fosse perigosamente pretensiosa.

Tese é uma afirmação a ser demonstrada com base em argumentos, fatos, dados ou hipóteses. Por esse motivo, para ser aceita, a tese tem que ser comprovada.

A formulação da tese é o momento em que o autor se pronuncia sobre qual das hipóteses de resposta ao problema lhe parece a verdadeira ou, pelo menos, a mais coerente e provável.

Demonstração

Depois de colocado de forma clara o problema a abordar, segue-se a fundamentação da tese, apresentada por meio de razões estruturadas e coerentes.

E é exatamente isso que o autor faz após ter anunciado a tese: **demonstração**.

> Essa crença lançou raízes profundas no espírito humano, reforçada por doutrinas que situam corretamente o *Homo sapiens* no ponto mais alto da evolução, mas incidem no equívoco de fazer dele uma espécie de finalidade da criação. Pode-se dizer com segurança que nada na natureza foi feito para alguma coisa, mas pode-se crer em permuta e equilíbrio entre seres e coisas. A aquisição de características muito específicas como a linguagem, raciocínio lógico, memória pragmática, noção de tempo e capacidade de acumular não fizeram do homem um ser superior no sentido absoluto, mas apenas mais bem-dotado para determinados fins.

Conclusão

Tendo demonstrado a tese, o autor chega a uma **conclusão**.

> Isso não lhe confere autoridade para pretender que todo o resto do universo conhecido deve prestar-lhe vassalagem, como de fato ainda pretende a maioria das pessoas com poder decisório no mundo.

Atividades

1. Os textos a seguir se organizam com base em uma tese, fundamentada pelos argumentos apresentados pelo autor. Leia-os atentamente e identifique as teses correspondentes.

TEXTO 1

O olhar do estrangeiro

Nunca a questão do olhar esteve tão no centro do debate da cultura e das sociedades contemporâneas. Um mundo onde tudo é produzido para ser visto, onde tudo se mostra ao olhar, coloca necessariamente o ver como um problema. Aqui não existem mais véus nem mistérios. Vivemos no universo da sobre-exposição e da obscenidade, saturado de clichês, onde a banalização e a descartabilidade das coisas e imagens foi levada ao extremo. [...]

O indivíduo contemporâneo é, em primeiro lugar, um passageiro metropolitano: em permanente movimento, cada vez para mais longe, cada vez mais rápido.

[...]

A velocidade provoca, para aquele que avança num veículo, um achatamento da paisagem. Quanto mais rápido o movimento, menos profundidade as coisas têm, mais chapadas ficam, como se estivessem contra um muro, contra uma tela. A cidade contemporânea corresponderia a esse novo olhar. Os seus prédios e habitantes passariam pelo mesmo processo de superficialização, a paisagem urbana se confundindo com *outdoors*. O mundo se converte num cenário, os indivíduos em personagens.

Nelson Brissac Peixoto. O olhar do estrangeiro. In: Adauto Novaes (Org.). *O olhar*. São Paulo: Companhia das Letras, 1988.

Tese: _____

_____

TEXTO 2

Violência, participação e democracia

Manifestações públicas constituem um dos aspectos essenciais da vida democrática. Um regime político que é incapaz de tolerar a livre manifestação da população – inclusive a que contraria os ocupantes do poder – não pode ser considerado democrático.

Historicamente, os regimes democráticos se consolidam quando a luta política deixa de ser o arriscado jogo do tudo ou nada e se institucionaliza como parte do cotidiano da sociedade. Esse é o requisito básico que abre espaço para a participação de todos os setores da população na vida política.

A pacificação do espaço da política é um elemento central das mudanças históricas que fizeram emergir, pela primeira vez na história humana, uma sociedade na qual todos os setores se percebem como atores políticos autônomos e, por isso, sujeitos ativos das decisões coletivas.

O reconhecimento de que a participação política, para ser legítima, deve se dar dentro de regras é um pré-requisito central do jogo democrático. Sem regras, a política torna-se um jogo arriscado demais para permitir a participação ampla.

Num ambiente marcado por pressões e ameaças de toda ordem, a política fica limitada à luta entre facções e forças organizadas. A permanência desse ambiente abre espaço para a constituição de regimes que, por sua incapacidade de tolerar o conflito, perdem um elo vital com a democracia e, aos poucos, se convertem no seu oposto.

Portanto, é preciso ter clareza sobre as consequências de nossas palavras: quando exaltamos a participação sem limites, que torna a população refém de suas exigências e degringola em violência, estamos de fato propondo um modelo no qual, nas palavras do escritor George Martin, a política se converte "num jogo (de tronos) onde você ganha ou morre. Não há meio-termo".

Não é possível conciliar esse modelo de participação com um entendimento democrático do processo político, aquele em que TODOS os cidadãos, e não apenas os setores organizados, estão intitulados a participar da vida política.

Enganam-se aqueles que exaltam a violência como uma forma esteticamente superior e inovadora de fazer política. A violência na política é tão velha quanto a própria existência da humanidade. E ela nunca foi portadora da liberdade.

A violência como forma de participação se traduz na completa desconsideração pelo outro, na imposição unilateral do interesse de alguns sobre os direitos da grande maioria, e termina na desumanização do adversário: este perde sua condição humana para se converter numa encarnação do mal, "da opressão", da "exploração" etc. E assim chegamos a um passo de defender sua eliminação física, pura e simples.

É sintomático que a violência nas manifestações seja inversamente proporcional à sua representatividade. As grandes manifestações, aquelas que mobilizam milhões, são as mais pacíficas. Um movimento capaz de trazer uma parte significativa da população para as ruas o faz porque, entre outras coisas, consegue assegurar que essa participação não ameace a segurança de todos, nem de cada um.

Exatamente por esse motivo – justamente para assegurar que TODOS possam se manifestar –, o direito à manifestação pública deve ser balizado por regras que tornem pública a intenção dos que querem se manifestar e, simultaneamente, garantam o respeito ao direito dos demais: o direito de ir e vir, o acesso aos serviços públicos essenciais etc. Essa é uma prática comum em todas as democracias do mundo. Por que não seria aceitável na democracia que queremos construir no Brasil?

Elizabeth Balbachevsky. *Folha de S.Paulo*, 14 jun. 2014.

Tese: _____

_____

2. Em relação ao texto seguinte, especifique qual é:

a) o assunto: _____

b) o tema: _____

c) o ponto de vista: _____

_____

d) a tese: _____

_____

_____

_____

> Está provado que a violência só gera mais violência. A rua serve para a criança como uma escola preparatória. Do menino marginal esculpe-se o adulto marginal, talhado diariamente por uma sociedade violenta que lhe nega condições básicas de vida.
>
> Por trás de um garoto abandonado existe um adulto abandonado. E o garoto abandonado de hoje é o adulto abandonado de amanhã. É um círculo vicioso, onde todos são, em menor ou maior escala, vítimas. São vítimas de uma sociedade que não consegue garantir um mínimo de paz social.
>
> Paz social significa poder andar na rua sem ser incomodado por pivetes. Isso porque num país civilizado não existe pivete. Existem crianças desenvolvendo suas potencialidades. Paz é não ter medo de sequestradores. É nunca desejar comprar uma arma para se defender ou querer se refugiar em Miami. É não considerar normal a ideia de que o extermínio de crianças ou adultos garanta a segurança.
>
> Entender a infância marginal significa entender por que um menino vai para a rua e não à escola. Essa é, em essência, a diferença entre o garoto que está dentro do carro, de vidros fechados, e aquele que se aproxima do carro para vender chiclete ou pedir esmola. E essa é a diferença entre um país desenvolvido e um país de Terceiro Mundo.
>
> Gilberto Dimenstein. *O cidadão de papel.* 5. ed. São Paulo: Ática, 1994.

3. Selecione um entre os pontos de vista apresentados a seguir e, com base no ponto de vista escolhido, formule a tese que irá norteá-lo.

Assunto: Trânsito.

Tema: Excesso de veículos.

Ponto de vista 1: Analisar historicamente a opção pelo transporte particular no Brasil.

Ponto de vista 2: Discutir a relação entre excesso de veículos, estresse e violência no trânsito.

Ponto de vista 3: Refletir sobre o impacto ambiental do excesso de veículos.

Ponto de vista 4: Analisar as causas do excesso de veículos nos centros urbanos.

Tese: _____

_____

_____

_____

4. Escreva uma tese com base no assunto, no tema e no ponto de vista de cada item.

a) Assunto: Leitura.

Tema: A importância da leitura no mundo moderno.

Ponto de vista: Mostrar que, somente com o domínio da leitura, o indivíduo tem condições de participar ativamente do mundo moderno.

Tese: _____
_____
_____
_____

b) **Assunto:** Internet.

Tema: A vida social e a internet.

Ponto de vista: Discutir um possível isolamento do indivíduo pelo uso constante da internet.

Tese: _____
_____
_____
_____

c) **Assunto:** Vida extraterrestre.

Tema: Possibilidades de vida extraterrestre.

Ponto de vista: Discutir as possibilidades de vida extraterrestre.

Tese: _____
_____
_____
_____
_____

d) **Assunto:** Ensino universitário.

Tema: Gratuidade do ensino nas universidades públicas.

Ponto de vista: Apresentar argumentos favoráveis à gratuidade do ensino nas universidades públicas.

Tese: _____
_____
_____
_____

e) **Assunto:** Televisão.

Tema: A televisão educativa.

Ponto de vista: Analisar as características da programação da televisão educativa.

Tese: _____
_____
_____
_____

f) **Assunto:** Saúde pública.

   Tema: O sistema de saúde pública no país.

   Ponto de vista: Apontar as principais carências da saúde pública no país.

   Tese: _____
   _____
   _____
   _____
   _____

g) **Assunto:** Corrupção.

   Tema: As consequências sociais da corrupção.

   Ponto de vista: Discutir como a corrupção reduz os recursos destinados à educação.

   Tese: _____
   _____
   _____
   _____
   _____

h) **Assunto:** Consumismo.

   Tema: A relação entre consumismo e propaganda.

   Ponto de vista: Analisar os apelos de consumo na propaganda dirigida ao público infantil.

   Tese: _____
   _____
   _____
   _____

5. Apresentamos a seguir duas propostas de redação de vestibulares. Antes de escrever o texto solicitado em cada uma delas, é importante que seja feito um planejamento. Para isso, leia-as atentamente e, em seguida, defina com clareza o assunto, o tema, o ponto de vista e a tese com base na qual os textos relativos a essas propostas seriam desenvolvidos por você.

a) (PUC-RS-2013)

> O direito à habitação, como ressaltam vários instrumentos internacionais, não se restringe apenas à presença de um abrigo, ou um teto, mas engloba uma concepção mais ampla. Este direito se estende a todos e, assim, toda a sociedade e cada um de seus membros têm de ter acesso a uma habitação provida de infraestrutura básica e outras facilidades.
>
> <http://www.dhnet.org.br/direitos/sos/moradia/trabalhohabitacaopronto.html>

> **Que medida(s) poderia(m) ser adotada(s) pela população e/ou pelo governo para melhorar as condições de moradia dos brasileiros?**
>
> Caso você se decida por esse tema, analise a questão e defenda uma ou duas medidas, justificando sua proposta e apresentando argumentos coerentes e consistentes para sustentá-la.

Assunto: _____

Tema: _____

Ponto de vista: _____

_____

Tese: _____

_____

_____

b) (Fuvest-2006)

> **Texto 1**
>
> O trabalho não é uma essência atemporal do homem. Ele é uma invenção histórica e, como tal, pode ser transformado e mesmo desaparecer.
>
> A. Simões. Adaptado.

> **Texto 2**
>
> Há algumas décadas, pensava-se que o progresso técnico e o aumento da capacidade de produção permitiriam que o trabalho ficasse razoavelmente fora de moda e a humanidade tivesse mais tempo para si mesma. Na verdade, o que se passa hoje é que uma parte da humanidade está se matando de tanto trabalhar, enquanto a outra parte está morrendo por falta de emprego.
>
> M. A. Marques

Texto 3

O trabalho de arte é um processo. Resulta de uma vida. Em 1501, Michelangelo retorna de viagem a Florença e concentra seu trabalho artístico em um grande bloco de mármore abandonado. Quatro anos mais tarde fica pronta a escultura "David".

Adaptado de *site* da internet

Instrução: Os três textos acima apresentam diferentes visões de trabalho. O primeiro procura conceituar essa atividade e prever seu futuro. O segundo trata de suas condições no mundo contemporâneo e o último, ilustrado pela famosa escultura de Michelangelo, refere-se ao trabalho de artista. Relacione esses três textos e, com base nas ideias neles contidas, além de outras que julgue relevantes, redija uma DISSERTAÇÃO EM PROSA, argumentando sobre o que leu acima e também sobre os outros pontos que você tenha considerado pertinentes.

Assunto: _____

Tema: _____

Ponto de vista: _____

_____

_____

Tese: _____

PARTE 1
Estrutura da dissertação

CAPÍTULO 5 — Dissertação expositiva e dissertação argumentativa

> Uma tese é uma afirmação que traduz a visão do autor a respeito do assunto focalizado. Para ser aceita, tem de ser demonstrada.
>
> Há dois caminhos básicos para desenvolver e comprovar uma tese. Eles correspondem a dois modelos de dissertação: a **expositiva** e a **argumentativa**.

Teoria

Conceito absoluto e relativo

A dissertação envolve reflexões e argumentações desenvolvidas a respeito de um tema.

Para desenvolver uma reflexão, o escritor faz afirmações sobre esse tema. Essas afirmações podem expressar dois tipos de conceitos:

1. **Conceito absoluto** – A afirmação é verdadeira ou falsa. Veja esta afirmação:

   Todo homem é mortal.

   É difícil, senão impossível, contestar a veracidade dessa afirmação. Ela não suscita qualquer discussão, pois exprime um conceito **verdadeiro** sob qualquer ponto de vista. Dizemos que ela contém um conceito de verdade **absoluto**.

2. **Conceito relativo** – A afirmação é verdadeira e falsa. Veja esta afirmação:

   Todo homem é corajoso.

   Esse tipo de afirmação pode ser contestado, pois é **verdadeiro** sob alguns pontos de vista, mas **falso** sob outros. Nesse sentido, o conceito expresso por ela é **relativo**.

Todo homem é mortal.		
verdadeiro	ou	falso
conceito absoluto		

Todo homem é corajoso.		
verdadeiro	e	falso
conceito relativo		

As dissertações baseiam-se sobretudo em afirmações que transmitem um conceito relativo.

Dissertação expositiva

As frases que transmitem um conceito absoluto não suscitam dúvidas ou conflitos. É possível, entretanto, comprovar o grau de verdade ou de falsidade desse tipo de frase. Nesse caso, o autor não tem o compromisso de defender ou de discutir uma ideia, um ponto de vista relacionado ao tema, mas de expor argumentos e fatos que a comprovem. Esse tipo de raciocínio denomina-se **analítico**.

No raciocínio analítico, o autor expõe a **tese**, a seguir apresenta os argumentos que a comprovam – **demonstração** – e, com base nesses, chega a uma **conclusão** – retomada da tese. A essa organização do texto dissertativo, por meio da qual o autor faz uma análise de um determinado problema fundamentando uma afirmação a respeito do assunto focalizado, denominamos **dissertação expositiva**.

Dissertação expositiva (esquema analítico)	Tese	afirmação
	Demonstração	porque
	Conclusão	portanto

Veja como o esquema acima se organiza nos textos a seguir.

TEXTO 1

Atrás de cada criatura do universo existe um segredo muito simples: todas as espécies trabalham para proteger o nosso meio ambiente.

O colibri é um pequeno exemplo da colaboração dos pássaros nessa tarefa. Ele é um importante agente polinizador. Voando a uma velocidade de quase 50 km por hora, cada espécie de beija-flor visita uma grande quantidade de flores em busca de néctar e insetos.

Essa ave presta também um grande serviço à medicina. Sem a sua ajuda, as lobeliáceas não se poderiam reproduzir. Dessa planta de flores azuis se extrai a lobelina, usada como ressuscitador na insuficiência respiratória e no colapso periférico.

Entre os colibris há um gênero que se alimenta dos insetos transmissores da malária e da febre amarela, desenvolvendo um combate biológico muito mais eficiente que qualquer agente químico até hoje conhecido. Nos laboratórios, os beija-flores têm prestado relevantes serviços à pesquisa das doenças cardíacas e hepáticas.

Ajudando o homem nos estudos científicos ou trabalhando em liberdade na floresta, o pequeno beija-flor nos mostra a importância desta verdade: proteger a natureza é garantir o futuro.

Mensagem publicitária do Grupo Comind. *Isto É*, 9 nov. 1977.

Organização do texto

Para escrever esse texto, o autor:

1. Escolheu o **assunto**: natureza;
2. Especificou o **tema**: proteção da natureza;
3. Definiu um **ponto de vista**: provar que os animais protegem a natureza;
4. Formulou a **tese** com base no ponto de vista: todas as espécies trabalham para proteger o meio ambiente;
5. **Comprovou a tese** nos parágrafos 2, 3 e 4 por meio de fatos;
6. **Concluiu**, no último parágrafo, retomando a tese apoiada nos fatos apresentados nos parágrafos anteriores.

Observe no quadro a seguir uma sistematização dessa organização do **Texto 1**.

Assunto	Natureza.
Tema	Proteção da natureza.
Ponto de vista	Provar que os animais protegem a natureza.
Tese	Atrás de cada criatura do universo existe um segredo muito simples: todas as espécies trabalham para proteger o nosso meio ambiente.
Fatos que comprovam a tese	O colibri é um pequeno exemplo da colaboração dos pássaros nessa tarefa. Ele é um importante agente polinizador. Voando a uma velocidade de quase 50 km por hora, cada espécie de beija-flor visita uma grande quantidade de flores em busca de néctar e insetos. Essa ave presta também um grande serviço à medicina. Sem a sua ajuda, as lobeliáceas não se poderiam reproduzir. Dessa planta de flores azuis se extrai a lobelina, usada como ressuscitador na insuficiência respiratória e no colapso periférico. Entre os colibris há um gênero que se alimenta dos insetos transmissores da malária e febre amarela, desenvolvendo um combate biológico muito mais eficiente do que qualquer agente químico até hoje conhecido. Nos laboratórios, os beija-flores têm prestado relevantes serviços às pesquisas das doenças cardíacas e hepáticas.
Conclusão	Ajudando o homem nos estudos científicos ou trabalhando em liberdade na floresta, o pequeno beija-flor nos mostra a importância desta verdade: proteger a natureza é garantir o futuro.

Agora, leia este outro texto.

TEXTO 2

Violência no Brasil, outro olhar

A violência, em seus mais variados contornos, é um fenômeno histórico na constituição da sociedade brasileira. A escravidão (primeiro com os índios e depois, e especialmente, com a mão de obra africana), a colonização mercantilista, o coronelismo, as oligarquias antes e depois da independência, somados a um Estado caracterizado pelo autoritarismo burocrático, contribuíram enormemente para o aumento da violência que atravessa a história do Brasil.

Diversos fatores colaboram para aumentar a violência, tais como a urbanização acelerada, que traz um grande fluxo de pessoas para as áreas urbanas e assim contribui para um crescimento desordenado e desorganizado das cidades. Colaboram também para o aumento da violência as fortes aspirações de consumo, em parte frustradas pelas dificuldades de inserção no mercado de trabalho.

Por outro lado, o poder público, especialmente no Brasil, tem se mostrado incapaz de enfrentar essa calamidade social. Pior que tudo isso é constatar que a violência existe com a conivência de grupos das polícias, representantes do Legislativo de todos os níveis e, inclusive, de autoridades do poder judiciário. A corrupção, uma das piores chagas brasileiras, está associada à violência, uma aumentando a outra, faces da mesma moeda.

As causas da violência são associadas, em parte, a problemas sociais como miséria, fome, desemprego. Mas nem todos os tipos de criminalidade derivam das condições econômicas. Além disso, um Estado ineficiente e sem programas de políticas públicas de segurança contribui para aumentar a sensação de injustiça e impunidade, que é, talvez, a principal causa da violência.

A solução para a questão da violência no Brasil envolve os mais diversos setores da sociedade, não só a segurança pública e um judiciário eficiente, mas também demanda com urgência, profundidade e extensão a melhoria do sistema educacional, de saúde, habitacional, oportunidades de emprego, dentre outros fatores. Requer principalmente uma grande mudança nas políticas públicas e uma participação maior da sociedade nas discussões e soluções desse problema de abrangência nacional.

Orson Camargo. Violência no Brasil, outro olhar. *Brasil Escola*.
Disponível em: <https://goo.gl/Hxl0M>. Acesso em: 16 fev. 2017.

Organização do texto

Esse outro texto também apresenta:

1. Um **assunto**: violência;
2. Um **tema**: a violência no Brasil;
3. Um **ponto de vista**: mostrar o crescimento da violência que atravessa a história do Brasil;
4. Uma **tese** formulada com base no ponto de vista adotado: a violência, em seus mais variados contornos, é um fenômeno histórico na constituição da sociedade brasileira;
5. A **comprovação da tese**, nos parágrafos 1, 2, 3 e 4, por meio de fatos;
6. E a **conclusão**, no último parágrafo, na qual se retoma a tese apoiada nos fatos apresentados nos parágrafos anteriores.

Observe uma sistematização dessa organização do texto no quadro a seguir.

Assunto	Violência.
Tema	A violência no Brasil.
Ponto de vista	Mostrar o crescimento da violência que atravessa a história do Brasil.
Tese	A violência, em seus mais variados contornos, é um fenômeno histórico na constituição da sociedade brasileira.
Fatos que comprovam a tese	A escravidão (primeiro com os índios e depois, e especialmente, com a mão de obra africana), a colonização mercantilista, o coronelismo, as oligarquias antes e depois da independência, somados a um Estado

Fatos que comprovam a tese	caracterizado pelo autoritarismo burocrático, contribuíram enormemente para o aumento da violência que atravessa a história do Brasil. Diversos fatores colaboram para aumentar a violência, tais como a urbanização acelerada, que traz um grande fluxo de pessoas para as áreas urbanas e assim contribui para um crescimento desordenado e desorganizado das cidades. Colaboram também para o aumento da violência as fortes aspirações de consumo, em parte frustradas pelas dificuldades de inserção no mercado de trabalho. Por outro lado, o poder público, especialmente no Brasil, tem se mostrado incapaz de enfrentar essa calamidade social. Pior que tudo isso é constatar que a violência existe com a conivência de grupos das polícias, representantes do Legislativo de todos os níveis e, inclusive, de autoridades do poder judiciário. A corrupção, uma das piores chagas brasileiras, está associada à violência, uma aumentando a outra, faces da mesma moeda. As causas da violência são associadas, em parte, a problemas sociais como miséria, fome, desemprego. Mas nem todos os tipos de criminalidade derivam das condições econômicas. Além disso, um Estado ineficiente e sem programas de políticas públicas de segurança contribui para aumentar a sensação de injustiça e impunidade, que é, talvez, a principal causa da violência.
Conclusão	A solução para a questão da violência no Brasil envolve os mais diversos setores da sociedade, não só a segurança pública e um judiciário eficiente, mas também demanda com urgência, profundidade e extensão a melhoria do sistema educacional, de saúde, habitacional, oportunidades de emprego, dentre outros fatores. Requer principalmente uma grande mudança nas políticas públicas e uma participação maior da sociedade nas discussões e soluções desse problema de abrangência nacional.

Agora é a sua vez. Leia o texto a seguir e, depois, preencha o quadro.

Fazer o bem faz bem

Solidariedade não faz bem apenas para quem recebe ajuda, mas também para quem a pratica. E isso, agora, está comprovado cientificamente: um estudo realizado nos EUA por um neurocientista brasileiro revela que a boa ação (doar, ser voluntário ou visitar hospitais e instituições carentes) ativa uma região cerebral que proporciona uma sensação de prazer e bem-estar comparada aos atos de comer chocolate, ganhar dinheiro e fazer sexo!

Além de ter a oportunidade de ajudar pessoas que precisam, praticar o altruísmo alivia tensões, reduz o estresse e pode até aumentar a expectativa de vida. Segundo o neurocientista Jorge Moll Neto, autor da pesquisa, "se os egoístas não tinham um bom motivo para fazer algo em prol dos outros, agora têm!"

Então, não deixe o espírito natalino e solidário ir embora porque o Natal já passou. Faça (ou continue fazendo) doações e trabalhos beneficentes!

VIX. Disponível em: <https://goo.gl/aenHtn>.
Acesso em: 4 out. 2017.

Assunto	
Tema	
Ponto de vista	
Tese	
Fatos que comprovam a tese	
Conclusão	

Dissertação argumentativa

As frases que transmitem um conceito relativo suscitam dúvidas, hesitações. Entram em cena as opiniões, os pontos de vista diferentes e conflitantes. Nesse caso, o autor organiza seu texto em defesa de um ponto de vista sobre o assunto em questão e procura, ao mesmo tempo, discutir o grau de verdade e/ou falsidade desse ponto de vista. Para isso, argumenta utilizando razões, explicações e evidências sustentadas em um raciocínio coerente e consistente.

Ao escrever um texto desse tipo, o autor formula, portanto, uma tese a respeito do problema analisado. Essa tese representa um ponto de vista sobre o problema que será verdadeiro sob alguns aspectos, mas falso sob outros. Dessa forma, compete ao autor apresentar os argumentos favoráveis e/ou contrários a ela, tentando convencer o leitor de seu ponto de vista. Esse tipo de raciocínio denomina-se **dialético**.

Para resumir, podemos dizer, portanto, que, por meio do raciocínio dialético, o autor consegue discutir o grau de verdade e o grau de falsidade de uma opinião. Para isso, ele parte de uma **tese** (argumentos favoráveis); a seguir, formula uma **antítese** (argumentos contrários); e, finalmente, chega a uma **síntese** (conclusão). O texto dissertativo que apresenta o raciocínio dialético é denominado **dissertação argumentativa**.

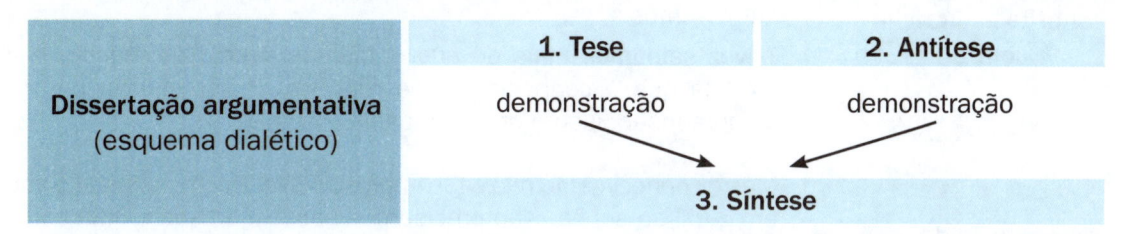

Dissertação argumentativa (esquema dialético)	1. Tese — demonstração	2. Antítese — demonstração
	3. Síntese	

A maioria das propostas de redações de vestibulares exige que o candidato escreva uma dissertação argumentativa.

Veja como o esquema acima se organiza no texto a seguir.

O ato e a arte de ler

Há hoje certa tendência para considerar a leitura menos necessária do que em outros tempos. O rádio e especialmente a televisão chamaram a si muitas das funções outrora exercidas pelo impresso, da mesma forma que a fotografia tomou conta das funções outrora desempenhadas pela pintura e por outras artes gráficas. Segundo a opinião geral, a televisão se desincumbe muito bem de algumas dessas funções; a comunicação visual das notícias, por exemplo, causa enorme impacto. A capacidade do rádio de nos transmitir informações enquanto estamos ocupados com outras coisas – dirigindo automóvel, por exemplo – é notável e representa grande economia de tempo. Mas é lícito perguntar se o advento dos modernos meios de comunicação aumentou muito nossa compreensão do mundo em que vivemos.

Talvez saibamos mais do que sabíamos acerca do mundo, e à medida que o conhecimento é requisito indispensável para a compreensão, isso é uma vantagem inegável. Mas o conhecimento não é tão imprescindível à compreensão como em geral se supõe. Não precisamos saber tudo sobre uma coisa para entendê-la; muitas vezes o excesso de fatos representa para o entendimento um obstáculo tão árduo quanto a escassez deles. Em certo sentido, nós, modernos, estamos abarrotados de fatos em prejuízo do entendimento.

Mortimer J. Adler e Charles Van Doren. *A arte de ler*. Rio de Janeiro: Agir, 1974.

Organização do texto

Observe a estruturação do texto que acabamos de ler – uma dissertação argumentativa – no quadro a seguir.

Tese	Há hoje certa tendência para considerar a leitura menos necessária do que em outros tempos. O rádio e especialmente a televisão chamaram a si muitas das funções outrora exercidas pelo impresso, da mesma forma que a fotografia tomou conta das funções outrora desempenhadas pela pintura e por outras artes gráficas.
Demonstração da tese	Segundo a opinião geral, a televisão se desincumbe muito bem de algumas dessas funções; a comunicação visual das notícias, por exemplo, causa enorme impacto. A capacidade do rádio de nos transmitir informações enquanto estamos ocupados com outras coisas – dirigindo automóvel, por exemplo – é notável e representa grande economia de tempo.
Antítese: posição contrária	Mas é lícito perguntar se o advento dos modernos meios de comunicação aumentou muito nossa compreensão do mundo em que vivemos. Talvez saibamos mais do que sabíamos acerca do mundo, e à medida que o conhecimento é requisito indispensável para a compreensão, isso é uma vantagem inegável.
Demonstração da antítese	Mas o conhecimento não é tão imprescindível à compreensão como em geral se supõe. Não precisamos saber tudo sobre uma coisa para entendê-la; muitas vezes o excesso de fatos representa para o entendimento um obstáculo tão árduo quanto a escassez deles.
Síntese: conclusão	Em certo sentido, nós, modernos, estamos abarrotados de fatos em prejuízo do entendimento.

Atividades

1. Marque:

(1) para as frases que informam uma verdade absoluta;

(2) para as frases que informam uma verdade relativa.

a) (   ) A Terra gira.

b) (   ) Os efeitos do aquecimento global serão sentidos mais rapidamente do que se esperava até agora e é bem provável que se comprove que o principal fator responsável pelo problema foi mesmo a ação humana sobre o meio ambiente.

c) (   ) A televisão é prejudicial às crianças.

d) (   ) A diferença essencial entre a cultura do passado e o entretenimento de hoje é que os produtos daquela pretendiam transcender o tempo presente, durar, continuar vivos nas gerações futuras, ao passo que os produtos deste são fabricados para serem consumidos no momento e desaparecer, tal como biscoitos ou pipoca.

e) ( ) A força da gravidade atua em toda a superfície terrestre.
f) ( ) Os estereótipos contra as mulheres, inevitavelmente internalizados por elas, mudam suas expectativas e a forma do seu cérebro decidir e agir, afastando-as de algumas carreiras.
g) ( ) De acordo com dados do IBGE de 2017, o Brasil possui uma extensão territorial de 8 515 759,090 km².
h) ( ) Em situações extremas na natureza, o ser humano pode morrer por pelo menos sete motivos: de sede, de fome, de calor, de frio, por ficar muito tempo sem respirar e por estar submetido aos efeitos de grandes altitudes ou profundidades.
i) ( ) As mudanças de temperatura não são provocadas pela atividade humana, mas por flutuações normais.
j) ( ) Atrás de cada criatura do universo existe um segredo muito simples: todas as espécies trabalham para proteger o nosso meio ambiente.

2. Oferecemos a seguir um tema. Formule uma tese relacionada a esse tema e apresente argumentos favoráveis e argumentos contrários à tese:

a) **Tema:** Motivos que levam alguns setores da sociedade a defender a redução da maioridade penal.

b) **Tese:** _____

- **Argumentos favoráveis:** _____

- **Argumentos contrários:** _____

3. As afirmações cujo conceito é relativo suscitam discussões, dúvidas, conflitos de opiniões, pois podem conter aspectos verdadeiros (favoráveis) e aspectos falsos (contraditórios).

São oferecidas a seguir algumas afirmações de valor relativo. Você deve apresentar argumentos favoráveis (que dão sustentação à tese) e argumentos contrários (que questionam a verdade proposta pela tese).

> **Afirmação 1 – O ser humano está tornando-se cada dia mais violento.**

a) Pró: argumentos favoráveis

b) Contra: argumentos contrários

Afirmação 2 – As propagandas de bebidas alcoólicas são responsáveis pelo consumo excessivo de álcool entre os jovens.

a) **Pró:** argumentos favoráveis

___

b) **Contra:** argumentos contrários

___

4. Com base na leitura do texto, faça uma síntese dos argumentos favoráveis e dos argumentos contrários à legalização da maconha.

Debate sobre legalização da maconha divide opiniões

Médicos de Minas alertam para explosão de consumo e efeitos negativos na saúde de uma legalização da maconha. Defensores citam uso medicinal e possível impacto sobre violência

Argumentos contra e a favor da legalização da maconha se multiplicam como o consumo da droga. Considerada mais leve entre as substâncias ilícitas, a *Cannabis sativa*, nome científico da erva, já fez a cabeça de pelo menos 7% dos adultos brasileiros, cerca de 8 milhões de pessoas, segundo o último Levantamento Nacional do Consumo de Álcool e Drogas, de 2012, da Universidade Federal de São Paulo (Unifesp). O debate em torno de sua regulamentação esquentou depois de o Uruguai aprovar, em dezembro, a produção e a venda da maconha, droga mais consumida no mundo.

O professor do Departamento de Saúde Mental da Universidade Federal de Minas Gerais (UFMG) Frederico Garcia considera que o *"lobby* positivo" em relação à droga tem contribuído para que mais pessoas a experimentem. "Parece algo menor, menos danoso. Acredito que a legalização poderia criar um *boom* de consumo e levar a uma epidemia mais grave. Quanto maior o acesso, maior o consumo", afirma Frederico, que trabalha com dependentes químicos.

Também contrário à legalização, o psiquiatra Valdir Ribeiro Campos, da Comissão de Controle do Tabagismo, Alcoolismo e Uso de Outras Drogas da Associação Médica de Minas Gerais, afirma que o risco é produzir doentes para um sistema de saúde já falido, porque a maconha pode desencadear esquizofrenia, levar à perda de memória, favorecer o abandono escolar e levar ao câncer, entre outros prejuízos. "Sabemos que é prejudicial, então não há motivo para legalizar. A maconha tem 400 substâncias em sua composição, a maioria maléfica ao organismo", afirma Valdir, para quem o uso científico da planta para o desenvolvimento de remédios não pode ser confundido com a legalização.

Pesquisas

Na outra ponta, pessoas e movimentos favoráveis ao consumo listam razões para a regulamentação da erva. O mais forte deles é o uso medicinal. Professor do Departamento de Psiquiatria da Unifesp, o médico Dartiu Xavier desenvolveu estudo que, na avaliação dele, derruba a tese de que a maconha seja porta de entrada para drogas. "É um mito e, na verdade, ela ajuda a sair. Nossa pesquisa com usuários de *crack* mostrou que 68% deles conseguiram largar a droga com uso da maconha", diz.

A proibição, na avaliação de Dartiu, é um empecilho a pesquisas científicas. "Não conseguimos desenvolver muitos remédios. Estudos já demonstraram a eficácia da maconha em casos de esclerose múltipla, glaucoma, Aids, câncer", cita. Segundo ele, 9% das pessoas que fumam maconha se tornam dependentes, enquanto no álcool esse percentual é de 15%. "Além de toda dificuldade de um dependente, ele tem o *status* de ilegal. Você trata um doente como criminoso", afirma o professor.

A violência gerada com a proibição é uma das principais críticas do Movimento pela Legalização da Maconha (MLM) e da Rede Nacional de Coletivos e Ativistas Antiproibicionistas. "As disputas de pontos de venda, a quantidade de homicídios e prisões têm a ver com a ilegalidade do mercado das drogas. Isso cria violência e leva também à corrupção dos agentes públicos", afirma Thiago Vieira, do MLM. "A proibição não impede ninguém de usar e ainda cria uma situação de que quem decidirá se a pessoa pega com a droga será presa por tráfico é o policial da rua, com critérios questionáveis", acrescenta.

Debate sobre legalização da maconha divide opiniões. *Jornal Estado de Minas*, 02 fev. 2014. Disponível em: <https://goo.gl/rFomQN>. Acesso em: 28 jul. 2017.

Tema: Vantagens e desvantagens da legalização da maconha.

- **Argumentos favoráveis:**

_____
_____
_____
_____
_____
_____
_____
_____
_____
_____
_____

- **Argumentos contrários:**

_____
_____
_____
_____
_____
_____
_____
_____
_____
_____
_____

Produção de Texto

ESCREVA na FICHA

A seguir, apresentaremos duas propostas de produção de texto. A primeira proposta mostra opiniões divergentes sobre o aquecimento global e, a segunda, sobre a redução da maioridade penal. Após ler cada uma das propostas, preencha as fichas de produção de texto que as acompanha antes de proceder à edição final da sua redação.

Proposta 1

(Mackenzie-2013) Analise as duas posições divergentes abaixo expressas sobre o mesmo tema e, em seguida, discorra sobre o assunto, expressando sua opinião com argumentos claros e bem definidos.

Posição 1:

Um estudo da ONU, com a participação de milhares de cientistas, comprova que os efeitos do aquecimento global serão sentidos mais rapidamente do que se esperava até agora e que o responsável foi mesmo a ação humana com a queima de combustíveis fósseis.

O estudo da ONU indica que até a mudança climática poderá provocar destruição num espaço de tempo menor do que se esperava: até o final deste século, o nível dos mares aumentará meio metro e a água salgada se tornará mais ácida; alguns locais se tornarão desertos; a neve desaparecerá das mais altas montanhas e o calor será mais frequente e intenso – como já se percebe atualmente.

As consequências socioeconômicas seriam catastróficas: centenas de milhões de refugiados ambientais fugirão de suas terras devastadas nas próximas décadas, principalmente nas regiões tropicais que incluem África e Brasil, e as ondas de imigrantes terão impacto negativo sobre as economias da Europa, Estados Unidos e Japão.

Posição 2:

Para Richard Lindzen, professor de Meteorologia do MIT, o problema não é o aquecimento global, mas o catastrofismo e o discurso contra o desenvolvimento. Ele critica os modelos com previsões alarmantes sobre as consequências do aquecimento do planeta e o uso político do discurso ambiental. Para ele, não há provas de que a elevação de temperatura da Terra aumentará o número de desastres climáticos. Segundo ele, com o discurso ambientalista, estamos negando a bilhões de pessoas a possibilidade de ter acesso à energia para viver decentemente. Sua finalidade é empurrar uma agenda política que prevê zero de crescimento populacional, impede o desenvolvimento dos países mais pobres etc.

PARTE 1
Estrutura da dissertação

Capítulo 5 – Dissertação expositiva e dissertação argumentativa – Proposta 1

FICHA 1

Autor(a): _____

Ano: _____ Data: ____/____/____

Planejamento

Antes de começar a escrever, pense e organize suas ideias. Para isso, faça um esboço do seu texto, especificando com clareza os itens abaixo.

Assunto: _____

Tema: _____

Ponto de vista: _____

_____

Tese (formule, com base no ponto de vista, a tese. Ela será a ideia central do seu texto):

_____

_____

Pró Argumentos favoráveis (enumere alguns argumentos que dão sustentação à opinião expressa pela tese):

_____

_____

Contra Argumentos contrários (enumere alguns argumentos que questionam a opinião expressa pela tese):

_____

_____

Conclusão (com base nos elementos anteriores, especifique a conclusão):

_____

_____

Escrita

Procure, nessa etapa, escrever com total liberdade. Caso você não saiba como continuar o texto, releia e questione o que escreveu. Esse procedimento, além de motivar a descoberta de novos aspectos de abordagem do texto, vai possibilitar uma continuidade com coerência entre as partes de seu texto.

Revisão

Escrever é um ato social. Por meio da escrita, as ideias são impressas e transmitidas aos demais membros da comunidade. O ato da escrita é também profissional. Os textos são intencionalmente orientados para públicos determinados. Você escreve, portanto, para ser lido. Por esse motivo, o texto final deve ser produto de muita análise. Nesta etapa, você se tornará o leitor crítico de seu próprio texto e fará uma revisão dele com base nos itens do Roteiro de revisão e avaliação abaixo. Releia seu texto como se estivesse lendo o texto de um colega. Não tenha medo de substituir, retirar ou acrescentar palavras. Às vezes, uma frase pode estar muito longa. Divida-a, então, em frases mais curtas. Outras vezes, há passagens confusas. Nesse caso, dê nova redação a esses trechos de modo que fiquem mais claros.

Roteiro de revisão e avaliação

A. Tipologia: a dissertação	☐	Estrutura o texto dissertativo em introdução, desenvolvimento e conclusão, fundamentando uma reflexão pertinente ao tema proposto?
B. Coerência	☐	Seleciona, relaciona e interpreta informações, fatos e opiniões que fundamentam os argumentos em defesa de um ponto de vista relacionado ao tema proposto?
C. Coesão	☐	Emprega elementos linguísticos que dão continuidade ao texto, construindo frases claras e com um vocabulário preciso?
D. Adequação à norma-padrão	☐	Demonstra domínio da norma-padrão, respeitando as convenções da escrita (ortografia/acentuação) e as normas gramaticais (pontuação, concordância, regência, crase e colocação pronominal)?
E. Edição do texto	☐	Escreve com legibilidade, uniformidade de margens e ausência de rasuras?
Total	☐	

Comentários do leitor (professor e/ou colega)

_____
_____
_____
_____
_____
_____

Reescrita e edição final

Na página seguinte, reescreva o seu texto para ser apresentado ao seu professor ou a um colega. Com base na avaliação e nos comentários desse leitor, reescreva-o e poste-o no *site*: www.editoraibep.com.br/oficinadeescritores.

PARTE 1
Estrutura da dissertação

Capítulo 5 – Dissertação expositiva e dissertação argumentativa – Proposta 1

FICHA 1

Autor(a): _____

Ano: _____ Data: ____/____/____

	Peso	Nota
A. Tipologia: dissertação	0 a 2,5	
B. Coerência	0 a 2,5	
C. Coesão	0 a 2,5	
D. Adequação à norma-padrão	0 a 2,5	
Total		

Comentários:

Proposta 2

A proposta que reduz a maioridade penal no Brasil de 18 para 16 anos tem suscitado muitas discussões. Escreva um texto sobre esse assunto, baseando-se nos argumentos favoráveis e contrários presentes na reportagem abaixo. É importante que você assuma e defenda um ponto de vista com uma argumentação consistente, clara e objetiva.

Veja cinco motivos a favor e cinco contra a redução da maioridade penal

Leandro Prazeres | Do UOL, em Brasília 31/03/2015, 13h54

Aprovada pela Comissão de Constituição e Justiça (CCJ) da Câmara, a proposta que reduz a maioridade penal no Brasil de 18 para 16 anos promete colocar ainda mais "lenha na fogueira" dessa já acalorada discussão.

Apesar da oposição de deputados ligados ao governo, a CCJ, fortemente influenciada pela Frente Parlamentar da Segurança Pública, conhecida como Bancada da Bala, aprovou a constitucionalidade da PEC (Proposta de Emenda Constitucional) nesta terça-feira (31).

Agora, a Câmara criará uma comissão especial para analisar a proposta. Só depois de ser votada duas vezes na Câmara e de passar pelo Senado (também em duas votações) é que poderá, se for aprovada, virar lei. A tramitação da PEC ainda pode ser questionada no STF (Supremo Tribunal Federal).

O UOL consultou juristas, artigos e ONGs e selecionou argumentos contra e a favor da redução da maioridade penal. Confira:

Contra

1. A redução da maioridade penal fere uma das cláusulas pétreas (aquelas que não podem ser modificadas por congressistas) da Constituição de 1988. O artigo 228 é claro: "São penalmente inimputáveis os menores de 18 anos";

2. A inclusão de jovens a partir de 16 anos no sistema prisional brasileiro não iria contribuir para a sua reinserção na sociedade. Relatórios de entidades nacionais e internacionais vêm criticando a qualidade do sistema prisional brasileiro;

3. A pressão para a redução da maioridade penal está baseada em casos isolados, e não em dados estatísticos. Segundo a Secretaria Nacional de Segurança Pública, jovens entre 16 e 18 anos são responsáveis por menos de 0,9% dos crimes praticados no país. Se forem considerados os homicídios e tentativas de homicídio, esse número cai para 0,5%;

4. Em vez de reduzir a maioridade penal, o governo deveria investir em educação e em políticas públicas para proteger os jovens e diminuir a vulnerabilidade deles ao crime. No Brasil, segundo dados do IBGE, 486 mil crianças entre cinco e 13 anos eram vítimas do trabalho infantil em todo o Brasil em 2013. No quesito educação, o Brasil ainda tem 13 milhões de analfabetos com 15 anos de idade ou mais;

5. A redução da maioridade penal iria afetar, preferencialmente, jovens negros, pobres e moradores de áreas periféricas do Brasil, na medida em que este é o perfil de boa parte da população carcerária brasileira. Estudo da UFSCar (Universidade Federal de São Carlos) aponta que 72% da população carcerária brasileira é composta por negros.

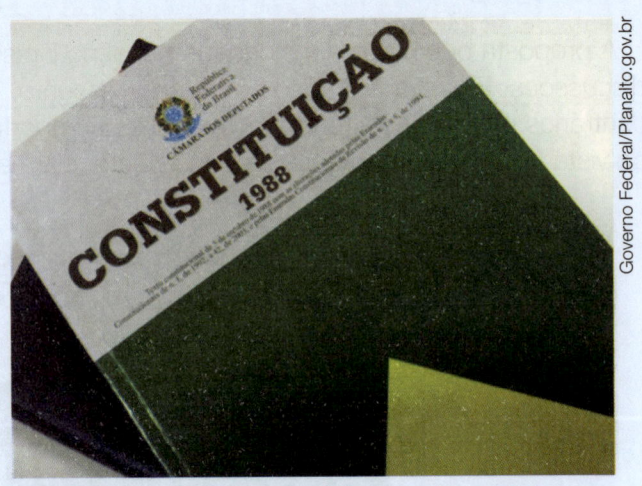

A Constituição é a lei suprema de um país, servindo de parâmetro de validade a todas as demais espécies normativas.

A favor

1. A mudança do artigo 228 da Constituição de 1988 não seria inconstitucional. O artigo 60 da Constituição, no seu inciso 4º, estabelece que as PECs não podem extinguir direitos e garantias individuais. Defensores da PEC 171 afirmam que ela não acaba com direitos, apenas impõe novas regras;

2. A impunidade gera mais violência. Os jovens "de hoje" têm consciência de que não podem ser presos e punidos como adultos. Por isso continuam a cometer crimes;

3. A redução da maioridade penal iria proteger os jovens do aliciamento feito pelo crime organizado, que tem recrutado menores de 18 anos para atividades, sobretudo, relacionadas ao tráfico de drogas;

4. O Brasil precisa alinhar a sua legislação à de países desenvolvidos como os Estados Unidos, onde, na maioria dos Estados, adolescentes acima de 12 anos de idade podem ser submetidos a processos judiciais da mesma forma que adultos;

5. A maioria da população brasileira é a favor da redução da maioridade penal. Em 2013, pesquisa realizada pelo instituto CNT/MDA indicou que 92,7% dos brasileiros são a favor da medida. No mesmo ano, pesquisa do instituto Datafolha indicou que 93% dos paulistanos são a favor da redução.

Leandro Prazeres. Veja cinco motivos a favor e cinco contra a redução da maioridade penal. *UOL notícias*, 31 mar. 2015. Disponível em: <https://goo.gl/enLD8k>. Acesso em: 16 fev. 2017.

PARTE 1
Estrutura da dissertação

Capítulo 5 – Dissertação expositiva e dissertação argumentativa – Proposta 2

FICHA 2

Autor(a): _____

Ano: _____ Data: ____/____/____

Planejamento

Antes de começar a escrever, pense e organize suas ideias. Para isso, faça um esboço do seu texto, especificando com clareza os itens abaixo.

Assunto: _____

Tema: _____

Ponto de vista: _____
_____

Tese (formule, com base no ponto de vista, a tese. Ela será a ideia central do seu texto):
_____
_____

Pró Argumentos favoráveis (enumere alguns argumentos que dão sustentação à opinião expressa pela tese):
_____
_____

Contra Argumentos contrários (enumere alguns argumentos que questionam a opinião expressa pela tese):
_____
_____

Conclusão (com base nos elementos anteriores, especifique a conclusão):
_____
_____

Escrita

Procure, nessa etapa, escrever com total liberdade. Caso você não saiba como continuar o texto, releia e questione o que escreveu. Esse procedimento, além de motivar a descoberta de novos aspectos de abordagem do texto, vai possibilitar uma continuidade com coerência entre as partes de seu texto.

Revisão

Escrever é um ato social. Por meio da escrita, as ideias são impressas e transmitidas aos demais membros da comunidade. O ato da escrita é também profissional. Os textos são intencionalmente orientados para públicos determinados. Você escreve, portanto, para ser lido. Por esse motivo, o texto final deve ser produto de muita análise. Nesta etapa, você se tornará o leitor crítico de seu próprio texto e fará uma revisão dele com base nos itens do Roteiro de revisão e avaliação abaixo. Releia seu texto como se estivesse lendo o texto de um colega. Não tenha medo de substituir, retirar ou acrescentar palavras. Às vezes, uma frase pode estar muito longa. Divida-a, então, em frases mais curtas. Outras vezes, há passagens confusas. Nesse caso, dê nova redação a esses trechos de modo que fiquem mais claros.

Roteiro de revisão e avaliação

A. Tipologia: a dissertação	☐	Estrutura o texto dissertativo em introdução, desenvolvimento e conclusão, fundamentando uma reflexão pertinente ao tema proposto?
B. Coerência	☐	Seleciona, relaciona e interpreta informações, fatos e opiniões que fundamentam os argumentos em defesa de um ponto de vista relacionado ao tema proposto?
C. Coesão	☐	Emprega elementos linguísticos que dão continuidade ao texto, construindo frases claras e com um vocabulário preciso?
D. Adequação à norma-padrão	☐	Demonstra domínio da norma-padrão, respeitando as convenções da escrita (ortografia/acentuação) e as normas gramaticais (pontuação, concordância, regência, crase e colocação pronominal)?
E. Edição do texto	☐	Escreve com legibilidade, uniformidade de margens e ausência de rasuras?
Total	☐	

Comentários do leitor (professor e/ou colega)

_____
_____
_____
_____
_____
_____

Reescrita e edição final

Na página seguinte, reescreva o seu texto para ser apresentado ao seu professor ou a um colega. Com base na avaliação e nos comentários desse leitor, reescreva-o e poste-o no *site*: www.editoraibep.com.br/oficinadeescritores.

PARTE 1
Estrutura da dissertação

Capítulo 5 – Dissertação expositiva e dissertação argumentativa – Proposta 2

FICHA 2

Autor(a): _____

Ano: _____   Data: ____/____/____

	Peso	Nota
A. Tipologia: dissertação	0 a 2,5	
B. Coerência	0 a 2,5	
C. Coesão	0 a 2,5	
D. Adequação à norma-padrão	0 a 2,5	
Total		

Comentários:

PARTE 2

Linguagem da dissertação

1. Substantivos abstratos

2. O verbo na frase dissertativa

3. Impessoalidade e coerência linguística

4. Possibilidade e certeza

PARTE 2
Linguagem da dissertação

CAPÍTULO 1

Substantivos abstratos

Na composição de textos dissertativos, há uma classe de palavras que constitui a base da elaboração desses textos: os **substantivos abstratos**. É ela que estudaremos neste capítulo.

Teoria

Leia e compare os textos. Em seguida, observe as palavras destacadas em cada um deles.

TEXTO 1

Aranha é chamado de "macaco" por torcida do Grêmio

Publicado em 28/08/2014, 22:09 | Atualizado em 29/08/2014, 02:38

O **jogo** entre **Santos** e **Grêmio** terminou 2 a 0 para o **time** alvinegro, mas a **cena** mais lamentável veio das **arquibancadas**. O **goleiro Aranha**, do **time** paulista, foi alvo de críticas racistas por parte da **torcida** atrás do **gol** onde estava no segundo **tempo**.

Em uma **imagem** flagrada pela **câmera**, é possível ver uma **torcedora** da **equipe** tricolor chamando **Aranha** de "macaco". Além disso, outros **torcedores** – inclusive, um **negro** – imitaram **sons** de **macaco** em direção ao **atleta**.

[...]

ESPN Brasil, 28 ago. 2014. Disponível em: <https://goo.gl/f3WDWq>. Acesso em: 17 fev. 2017.

TEXTO 2

Derrotar o racismo

Manifestações racistas dirigidas a jogadores de futebol, que se tornaram frequentes em torneios na Europa, propagam-se também no Brasil. Casos que antes pareciam esporádicos e isolados passaram a se repetir em estádios nacionais com preocupante **assiduidade**.

As **ofensas** que partiram de alguns torcedores do Grêmio contra Aranha, goleiro do Santos, durante jogo realizado em Porto Alegre na última quinta-feira, foram uma **evidência** de que esse tipo de **comportamento** já se incorporou ao **repertório** da **violência** que, lamentavelmente, se faz presente nas arenas esportivas.

[...]

Folha de S. Paulo, 30 ago. 2014. Editorial.

Ao ler esses textos, você deve ter notado que, embora tratem do mesmo assunto, cumprem funções diferentes:

a) O **texto 1** tem o objetivo de informar o leitor a respeito de um fato. Trata-se de um **texto informativo**. Nesse texto, para informar o fato ocorrido, predominam nomes que se referem a uma realidade física: pessoas, lugares, esportes (*Aranha, Grêmio, torcida, jogo, arquibancadas, gol, atleta* etc.). São **substantivos concretos**.

b) O **texto 2** tem o objetivo de refletir sobre o fato ocorrido e emitir um julgamento sobre ele. Trata-se de um **texto dissertativo**. Nesse texto, para emitir um juízo sobre a realidade, predominam nomes de significação mais genérica que se referem a propriedades dessa realidade (*racismo, manifestações, assiduidade, ofensas, evidência, comportamento, violência*). São **substantivos abstratos**.

Substantivo concreto e abstrato

Os substantivos podem indicar:

- *um conjunto de propriedades*. Trata-se de **substantivo concreto**;
- *uma só propriedade*. Trata-se de **substantivo abstrato**.

O texto dissertativo se constrói com base em substantivos abstratos.

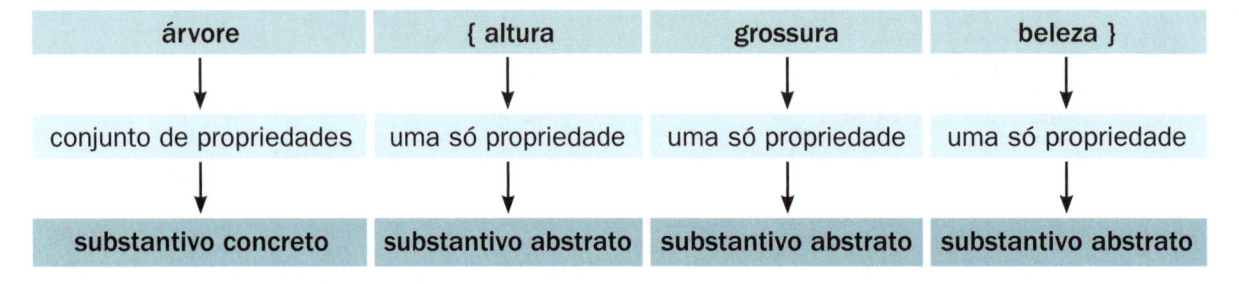

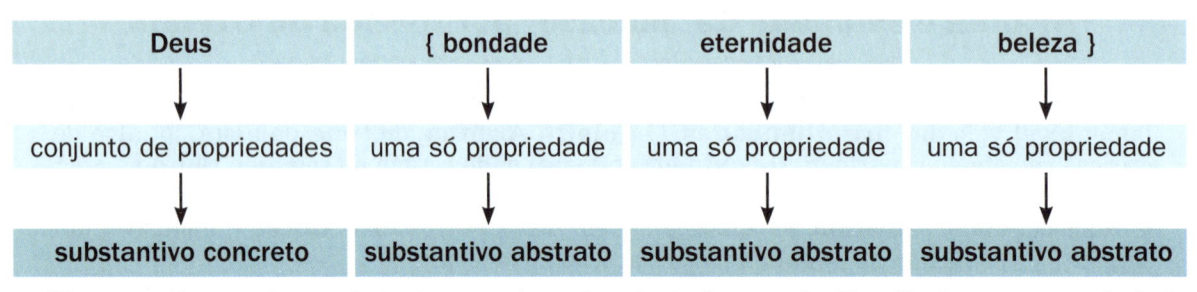

árvore	{ altura	grossura	beleza }
↓	↓	↓	↓
conjunto de propriedades	uma só propriedade	uma só propriedade	uma só propriedade
↓	↓	↓	↓
substantivo concreto	substantivo abstrato	substantivo abstrato	substantivo abstrato

Deus	{ bondade	eternidade	beleza }
↓	↓	↓	↓
conjunto de propriedades	uma só propriedade	uma só propriedade	uma só propriedade
↓	↓	↓	↓
substantivo concreto	substantivo abstrato	substantivo abstrato	substantivo abstrato

Observação: a palavra **abstrato** vem do verbo **abstrair**, que significa "isolar uma propriedade de um conjunto". O substantivo abstrato é derivado geralmente de um adjetivo ("beleza" vem de "belo") ou de um verbo ("ofensa" vem de "ofender").

Compare os textos:

Texto narrativo/informativo	Texto dissertativo
Predomínio de substantivos concretos.	Predomínio de substantivos abstratos.
Relato da realidade física.	Juízo sobre a realidade.
João levanta às 6h30. Toma o **ônibus**. Chega ao **escritório** às 8h, bate o **cartão** e começa a separar e carimbar as **fichas**. Às 17h, volta para **casa**. Assiste a uma **novela** e ao **jornal** na TV. Vai dormir. Todos os **dias** repete os mesmos atos. Ele parece um **robô**.	A **repetição** rotineira e quase inconsciente dos mesmos **atos** transforma o **indivíduo** num verdadeiro robô.

Nos textos seguintes, divididos em dois blocos, destacamos os principais substantivos abstratos. Observe como a presença desses substantivos é fundamental na composição do texto dissertativo.

Bloco 1

Trata-se de quatro textos apresentados como textos motivadores na proposta de redação do Enem 2016, que solicitava aos candidatos redigirem um texto dissertativo-argumentativo sobre o tema **Caminhos para combater o racismo no Brasil**.

I

Ascendendo à condição de trabalhador livre, antes ou depois da abolição, o negro se via jungido a novas formas de exploração que, embora melhores que a **escravidão**, só lhe permitiam integrar-se na sociedade e no mundo cultural, que se tornaram seus, na condição de um subproletariado compelido ao exercício de seu antigo papel, que continuava sendo principalmente o de animal de serviço. [...] As taxas de **analfabetismo**, de **criminalidade** e de **mortalidade** dos negros são, por isso, as mais elevadas, refletindo o **fracasso** da sociedade brasileira em cumprir, na prática, seu ideal professado de uma democracia racial que integrasse o negro na condição de cidadão indiferenciado dos demais.

RIBEIRO, D. *O povo brasileiro*: a formação e o sentido do Brasil. São Paulo: Companhia das Letras, 1995 (fragmento).

II

LEI Nº 7.716, DE 5 DE JANEIRO DE 1989
Define os crimes resultantes de preconceito de raça ou de cor

Art 1º – Serão punidos, na forma desta Lei, os crimes resultantes de discriminação ou **preconceito** de raça, cor, etnia, religião ou procedência nacional.

Disponível em: <www.planalto.gov.br>. Acesso em: 25 maio 2016 (fragmento).

III

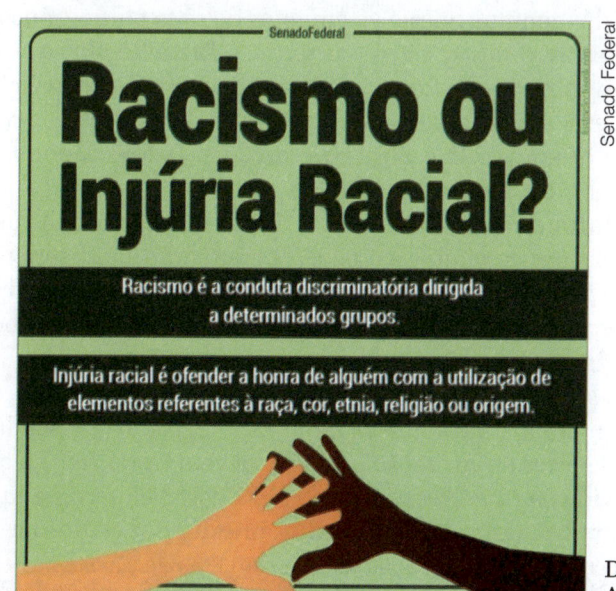

Racismo ou Injúria Racial?

Racismo é a conduta discriminatória dirigida a determinados grupos.

Injúria racial é ofender a honra de alguém com a utilização de elementos referentes à raça, cor, etnia, religião ou origem.

Senado Federal

Disponível em: <www12.senado.leg.br>. Acesso em: 25 maio 2016.

> **IV**
>
> ## O que são ações afirmativas
>
> Ações afirmativas são políticas públicas feitas pelo governo ou pela iniciativa privada com o objetivo de corrigir **desigualdades** raciais presentes na sociedade, acumuladas ao longo de anos.
>
> Uma ação afirmativa busca oferecer **igualdade** de oportunidades a todos. As ações afirmativas podem ser de três tipos: com o objetivo de reverter a representação negativa; para promover igualdade de oportunidades; e para combater o **preconceito** e o **racismo**.
>
> Em 2012, o Supremo Tribunal Federal (STF) decidiu por unanimidade que as ações afirmativas são constitucionais e políticas essenciais para a redução de desigualdades e **discriminações** existentes no país.
>
> No Brasil, as ações afirmativas integram uma agenda de combate à herança histórica de **escravidão**, **segregação** racial e racismo contra a população negra.
>
> Disponível em: <www.seppir.gov.br>. Acesso em: 25 maio 2016 (fragmento).

Bloco 2

Transcrevemos a seguir uma redação considerada "Redação nota 1 000" no Enem 2011, cuja proposta baseava-se no seguinte tema: **Viver em rede no século XXI: os limites entre o público e o privado**.

Quinze minutos de fama (ou a eternidade)

Estar em todos os lugares sem sair de casa, **acesso** rápido às **informações** e **contato** com as pessoas em frações de segundo: são algumas das **maravilhas** do mundo moderno. Porém é preciso cuidado ao lidar com tamanha **facilidade** de **interação**. Falta de **privacidade**, demasiada **exposição** individual e até mesmo a **perda** de **personalidade** são fatores que andam na contramão da progressiva internet.

Fazer parte de uma rede social hoje é, além de ferramenta de **comunicação**, **possibilidade** de usar a *web* a seu favor, personalizando-a e adequando-a às suas **necessidades** e **preferências**. Não raro acontecem **exageros** na hora de expor **detalhes** sobre a vida, o que representa sério risco, visto que a internet é um meio público, de fácil acesso e manipulação de dados. Sem **autorização**, é frequente o número de meninas que se vê em fotos de *sites* pornográficos.

Ainda no contexto de **exposição** individual, há outra vertente: a **falta** de **privacidade**. Embora todos queiram seus "quinze minutos de fama", esse tempo se torna incontrolável quando há minúcias sobre a vida pessoal disposta na rede. Passivo de **críticas**, **preconceito** e do tão famoso *bullyng*, está quem perde o **controle** de suas **informações**, além de o **problema** extravasar da vida digital para a vida real.

Para os jovens, a maior **dificuldade** parece ser discernir o real do literário. Ainda em **formação** moral, muitos deles assimilam as piadas e ideias alheias como suas, sem prévia **crítica**. Acontecem assim, sem que haja **controle**, **disseminações** de **brincadeiras** de mau gosto, de padrões comportamentais prejudiciais, muitas vezes, à **vida** em **sociedade** e à **construção** de sua **personalidade**.

Diante das inúmeras **discussões** comportamentais que a nova era digital propicia, é preciso repensar e nortear as **ações** individuais para que se mantenha agradável e saudável a **vivência** coletiva. Órgãos públicos, agentes de educação e família devem trabalhar na **disseminação** de **informações** sobre a vida *on-line*. Nesse sentido, será possível percebê-la como qualquer outro ambiente social, que implica **respeito** e **reconhecimento** de **limites** pessoais.

Manuela Marques Batista. Redação nota 1 000 do Enem 2011. *A redação no Enem 2012 – Guia do Participante*. Brasília: Ministério da Educação: Inep, 2012.

Atividades

1. Escreva frases dissertativas com base em frases informativas. Para isso, transforme os verbos ou locuções verbais destacados em substantivos abstratos e faça as alterações que julgar necessárias. Observe o exemplo:

A população **revoltou-se**, porque o governo **aumentou** o combustível.

- O **aumento** do combustível causou a **revolta** da população.
- A **revolta** da população foi decorrente do **aumento** do combustível.

a) Os juros **reduziram**-se, por isso a inflação **caiu**.

_____
_____

b) Um grupo de moradores **invadiu** a prefeitura para pedir que o transporte público **fosse melhorado**.

_____
_____
_____
_____

c) Os caminhoneiros **obstruíram** as estradas federais. Isso causou um enorme engarrafamento.

_____
_____
_____
_____

d) O juiz determinou que o preso **não pode se comunicar** durante a audiência.

_____
_____
_____

e) Algumas frases **foram incluídas**; outras, **excluídas**. Além disso, algumas palavras s e um parágrafo **foram inseridos** no final. Com isso a qualidade do texto melhorou.

_____
_____
_____

f) Uma redação cuja letra **não se consegue ler** será com certeza **eliminada**.

_____
_____

2. Complete os textos com as palavras abstratas do quadro correspondente.

a) exploração – degradação – agressões – extrativismo

Além de todos os impactos e _____ ao ambiente, causados pelas atividades ligadas à agropecuária e à _____ madeireira, o _____ mineral também representa uma fonte de _____ ambiental.

b) necessidade – mudanças – debate – caráter – soluções – superficialidade – causas

O _____ sobre o problema do desmatamento da Floresta Amazônica, que tem se expresso, entre outros, no debate sobre as _____ no Código Florestal, tem se caracterizado por sua _____ e pelo seu _____ ideológico. Inicialmente, há _____ de se identificar o processo de forma clara, após isto buscar as suas _____ e, finalmente, pensar nas _____ no curto, médio e longo prazos.

c) poder – efeitos – sorte – humanidade – dependência – capacidade – receio

Um _____ generalizado quanto à _____ da _____ reside nos _____ político-sociais da tecnologia moderna. Ao mesmo tempo que ela libera o homem da _____ do esforço muscular e multiplica a sua _____ de trabalho, ela é, em regra, concentradora de _____ econômico e social.

3. Construa frases empregando as seguintes palavras abstratas.

a) repressão – autoridade – conflito

_____
_____
_____
_____

b) criminalidade – violência – desespero

c) preconceito – igualdade – sociedade

d) pobreza – desigualdade – dignidade

e) expressão – liberdade – manipulação

PARTE 2
Linguagem da dissertação

CAPÍTULO 2

O verbo na frase dissertativa

> Na construção de textos dissertativos, além do emprego de substantivos abstratos, você deve atentar-se ao uso de outra classe de palavras muito importante para esse tipo de texto, uma vez que é a responsável por estabelecer relações entre ideias ou conceitos: o **verbo**.

Teoria

O verbo é responsável por estabelecer relações mais consistentes entre as palavras.

Compare dois inícios possíveis de uma frase:

1. O movimento feminista *é*...
2. O movimento feminista *pretende*...

O verbo da frase 1 – **ser** –, além de generalizar, não possui um significado preciso. Por isso, o autor dessa frase terá dificuldades para completá-la de forma clara e precisa.

O verbo da frase 2 – **pretender** – possui um significado preciso, estabelecendo uma relação de finalidade. Evidentemente, ao empregá-lo, será mais fácil para o autor transmitir uma informação clara e precisa.

Ao construir frases dissertativas, dê preferência a verbos que possuam significado preciso e, portanto, estabeleçam relações mais específicas entre as palavras.

Veja no quadro abaixo alguns desses verbos.

Relações	Afirmação	Causalidade	Finalidade	Oposição
Verbos	representar significar evidenciar revelar	determinar permitir causar gerar resultar	pretender objetivar visar negar	contrariar impedir opor-se

Nos textos a seguir, destacamos alguns verbos. Observe como o uso de verbos de sentido mais específico favorece a coesão textual.

TEXTO 1

Um estudo recente da OCDE (Organização para Cooperação e Desenvolvimento Econômico) **indicou** que apenas equipar massivamente as escolas com dispositivos eletrônicos não é suficiente para melhorar os resultados e as habilidades digitais dos estudantes, o que **aponta** para a importância de qualificar os usos da tecnologia: formar professores para identificar os melhores conteúdos educativos, *softwares* que **analisam** as dificuldades dos alunos e geram aulas mais personalizadas, por exemplo. [...]

Desigualdades marcam acesso à tecnologia em escolas brasileiras. *Instituto Ayrton Senna*, 07 jan. 2016. Disponível em: <https://goo.gl/3p7fGM>. Acesso em: 16 fev. 2017.

TEXTO 2

O presidente eleito dos Estados Unidos, Donald Trump, **declarou** em uma entrevista que pretende deportar até três milhões de imigrantes ilegais que tenham passagem pela polícia. E isso deve acontecer logo no começo do governo dele.

Em Washington, centenas de pessoas saíram às ruas para pedir respeito aos direitos humanos, em um protesto pacífico, que também aconteceu em Portland e Nova York, pela quarta noite seguida.

Em entrevista a uma rede de TV americana, Donald Trump **reafirmou** que vai construir um muro na fronteira com o México, mas **admitiu** que alguns trechos terão apenas uma cerca. Ele disse que a prioridade vai ser prender ou deportar os imigrantes ilegais que cometeram crimes, o que representa de dois a três milhões de pessoas, e que só depois de garantir a segurança da fronteira vai tomar decisões sobre os outros imigrantes ilegais, que ele chamou de "pessoas fantásticas".

Alan Severiano. Trump diz que pretende deportar até três milhões de imigrantes dos EUA. *G1*, 14 nov. 2016. Disponível em: <https://goo.gl/k2ctZu>. Acesso em: 12 fev. 2017.

TEXTO 3

No Rio de Janeiro, centenas de pessoas se aglomeraram nos cerca de 800 metros que separam os postos 4 e 5 da Praia de Copacabana, em manifestações contra a decisão da Câmara dos Deputados de aprovar, com alterações, a proposta de emenda à Constituição (PEC), de autoria popular e que **reuniu** 2,5 milhões de assinaturas, com 10 medidas de combate à corrupção.

O protesto na cidade **atendeu** convocação do Movimento Vem pra Rua, Associação dos Magistrados do Rio de Janeiro (Amaerj) e Associação do Ministério Público do Estado (Amperj). Na avaliação dessas entidades, "a manifestação é uma oportunidade para que todos se juntem contra a responsabilização criminal de juízes e membros do Ministério Público".

Protestos pela Lava Jato reúnem manifestantes em 200 cidades. *Notícias Terra*, 04 dez. 2016. Disponível em: <https://goo.gl/YGBPDm>. Acesso em: 02 ago. 2017.

TEXTO 4

O avanço da tecnologia **possibilita** um ambiente favorável para os consumidores realizarem compras pela internet. Entretanto, usuários têm sido vítimas de armadilhas de trapaceiros *online*. A Delegacia Especializada em Repressão aos Crimes Contra o Consumo, à Ordem Tributária e à Fraude (Corf) **registrou** cerca de 4 mil casos. De janeiro a outubro, foram 148 ocorrências desse tipo no DF, segundo a Secretaria da Segurança Pública e da Paz Social.

Correio Braziliense, 02 jan. 2017. Cidades.

Atividades

1. Complete as frases com um dos verbos do quadro abaixo. A seguir, copie a frase.

repudia – resultam – têm causado – reacende – gerar – evidencia – favorecem

a) O excesso de carga e de horas no volante _____ muitas mortes, principalmente nas estradas.

_____

_____

_____

b) O projeto de construção, no Brasil, de mais quatro usinas nucleares _____ a polêmica sobre o desenvolvimento e a utilização dessa tecnologia no país.

_____

_____

_____

_____

c) O assassinato do padre _____, com escandalosa clareza, o estado de ilegalidade permanente, de completa ausência da atuação do Estado em regiões extensas do território nacional.

_____

_____

_____

_____

d) A ausência de uma rigorosa fiscalização por parte dos órgãos públicos responsáveis e a predominância de visões imediatistas, que _____ na exploração predatória e irracional dos recursos naturais, _____ a depredação acelerada das matas primárias, a poluição de mananciais hídricos e a erosão do solo, entre outras formas de agressão.

_____
_____
_____
_____
_____

e) Há ainda o ponto de vista ecológico, que _____ os eventuais malefícios que a pesquisa genética pode _____ no funcionamento dos organismos em que interfere.

_____
_____
_____
_____

2. Faça uma afirmação a respeito dos temas a seguir, observando duas condições:

1ª) Evite o uso do verbo *ser*.

2ª) Empregue um dos verbos da relação abaixo, que, além de possuírem uma significação precisa, estabelecem relações de:
- **afirmação:** representar, significar, evidenciar...
- **causalidade:** determinar, permitir, causar, gerar, resultar...
- **finalidade:** pretender, objetivar, visar...
- **oposição:** contrariar, impedir, opor-se, negar...

a) O movimento feminista _____

_____
_____
_____

- Reescreva a frase considerando os seguintes aspectos: correção gramatical, clareza e precisão.

_____
_____
_____

b) A corrida armamentista _____

_____

_____

_____

- Reescreva a frase considerando os seguintes aspectos: correção gramatical, clareza e precisão.

_____

_____

_____

c) A má distribuição de renda _____

_____

_____

_____

- Reescreva a frase considerando os seguintes aspectos: correção gramatical, clareza e precisão.

_____

_____

_____

d) A escassez de água _____

_____

_____

_____

- Reescreva a frase considerando os seguintes aspectos: correção gramatical, clareza e precisão.

_____

_____

_____

e) A preservação da natureza _____
_____
_____
_____
_____

- Reescreva a frase considerando os seguintes aspectos: correção gramatical, clareza e precisão.

_____
_____
_____
_____
_____

3. Construa frases empregando os verbos de cada item.

a) gerar – impedir
_____
_____
_____
_____
_____

b) pretender – evidenciar
_____
_____
_____
_____
_____

c) contrariar – resultar
_____
_____
_____
_____
_____

PARTE 2
Linguagem da dissertação

CAPÍTULO 3

Impessoalidade e coerência linguística

Em um texto dissertativo, embora o autor exponha o seu ponto de vista a respeito de um assunto, deve empregar uma linguagem desprovida das marcas linguísticas de subjetividade.

Por outro lado, é importante que mantenha uma coerência dentro da variante escolhida sob o ponto de vista linguístico.

São esses dois aspectos que serão analisados neste capítulo.

Teoria

Impessoalidade do autor

Leia e compare os textos.

TEXTO 1

Para você ter uma ideia de quanto se rouba aqui neste país, basta ler as notícias dos jornais de hoje. Não dá para se admitir que esses políticos, esses partidos e esses executivos das grandes empreiteiras passem a mão no nosso dinheiro e o mandem para a Suíça. Não minha opinião, acho que alguma coisa deveria ser feita pelo povo para acabar com tanto roubo.

TEXTO 2

Para se ter uma ideia da corrupção que impera neste país, basta ler o noticiário dos jornais. É inadmissível que os políticos, os partidos, bem como os executivos de grandes empreiteiras se apoderem de impostos nacionais e o remetam para o exterior. Somente um movimento popular será capaz de frear e eliminar tanto roubo.

Ao comparar os dois textos, pode-se perceber que tratam do mesmo assunto. A diferença entre eles é fundamentalmente de linguagem.

O que distingue um texto de outro é basicamente a presença de marcas de subjetividade.

No **texto 1**, pode-se identificar uma série de marcas de individualidade do autor que não contribuem para aumentar o poder argumentativo e o descaracterizam como texto dissertativo:

1. uso da primeira ou da segunda pessoa (*eu*; *tu/você*);
2. presença de expressões de manifestações de juízo pessoal (*penso que*, *quero crer*, *na minha opinião*, *no meu ponto de vista*);
3. restrições de espaço (*aqui*) e de tempo (*agora*), que reduzem a validade de uma afirmação.

O **texto 2**, ao contrário, sem alterar fundamentalmente o conteúdo da verdade do primeiro, eliminou essas marcas de subjetividade, dando a ele uma generalização e uma objetividade características da linguagem de um texto dissertativo.

Observe as expressões destacadas nas afirmações abaixo:

- **Eu acho que** vivemos um dos mais perturbadores momentos de civilização que o homem já conheceu.
- **Na minha opinião**, vivemos um dos mais perturbadores momentos de civilização que o homem já conheceu.
- **A meu ver**, vivemos um dos mais perturbadores momentos de civilização que o homem já conheceu.
- **Para mim**, vivemos um dos mais perturbadores momentos de civilização que o homem já conheceu.
- **Eu creio que** vivemos um dos mais perturbadores momentos de civilização que o homem já conheceu.

Essas expressões destacadas são dispensáveis no texto, dado que se subtende que as afirmações do texto traduzem a opinião do autor.

O autor da frase poderia escrever assim:

- Vivemos um dos mais perturbadores momentos de civilização que o homem já conheceu.

Ao escrever sua dissertação, evite, portanto, empregar palavras ou expressões que explicitem desnecessariamente a subjetividade do autor.

Opinião coletiva

Observe a seguinte afirmação:

- O futebol exerce um grande fascínio sobre o povo.

Para indicar que essa opinião pertence à coletividade, dando a ela um caráter de generalidade, o autor pode antecedê-la de expressões do tipo:

- **Todos reconhecemos que** o futebol exerce um grande fascínio sobre o povo.
- **Tem sido generalizada a opinião de que** o futebol exerce um grande fascínio sobre o povo.
- **Tem sido generalizada a concepção de que** o futebol exerce um grande fascínio sobre o povo.
- **É de consenso que** o futebol exerce um grande fascínio sobre o povo.
- **Comumente, afirma-se que** o futebol exerce um grande fascínio sobre o povo.
- **Tornou-se comum a afirmação de que** o futebol exerce um grande fascínio sobre o povo.

Mudança de ponto de vista

Um outro problema presente em redações escolares é a mudança do ponto de vista em um mesmo texto.

Observe o parágrafo seguinte:

> Destruir a natureza é a forma mais fácil de o homem se aniquilar da face da terra. Dizimando certas espécies de animais, por exemplo, interfere nas teias alimentares, causando desequilíbrios ecológicos que poderão levar muitas espécies à extinção. Jogando diariamente toneladas e toneladas de produtos químicos poluentes, causa a destruição da fauna e da flora ambiental. Se não começarmos a refletir profundamente nas consequências de nossos atos, logo seremos, assim como os dinossauros, outra espécie extinta.
>
> Redação de aluno.

O problema básico desse parágrafo constitui a mudança de ponto de vista. O autor começa o texto em 3ª pessoa:

... o homem	se aniquilar...
(ele)	interfere nas teias alimentares...
(ele)	causa a destruição da fauna...

Na última frase, no entanto, o autor passa para a 1ª pessoa:

... o homem	se aniquilar...
Se (**nós**) não	começarmos a...
	seremos, assim como...

O texto deveria manter um mesmo ponto de vista: 1ª ou 3ª pessoa.

Ponto de vista em 3ª pessoa

> Destruir a natureza é a forma mais fácil de o homem se aniquilar da face da terra. Dizimando certas espécies de animais, por exemplo, interfere nas teias alimentares, causando desequilíbrios ecológicos que poderão levar muitas espécies à extinção. Jogando diariamente toneladas e toneladas de produtos químicos poluentes, causa a destruição da fauna e da flora ambiental. Se não começar a refletir profundamente nas consequências de seus atos, o homem logo será, assim como os dinossauros, outra espécie extinta.

Ponto de vista em 1ª pessoa

> Destruir a natureza é a forma mais fácil de nos aniquilarmos da face da terra. Dizimando certas espécies de animais, por exemplo, interferimos nas teias alimentares, causando desequilíbrios ecológicos que poderão levar muitas espécies à extinção. Jogando diariamente toneladas e toneladas de produtos químicos poluentes, causamos a destruição da fauna e da flora ambiental. Se não começarmos a refletir profundamente nas consequências de nossos atos, logo seremos, assim como os dinossauros, outra espécie extinta.

Atividades

1. Reescreva as frases eliminando as expressões com marcas de subjetividade.

a) Na minha opinião, não há, por certo, uma solução mágica para o problema populacional.

b) Na minha opinião, eu acho que o projeto de construção no Brasil de mais quatro usinas nucleares revela um devaneio megalomaníaco, típico de governantes de países subdesenvolvidos.

c) A violência é, a meu ver, um fenômeno que sempre esteve presente na história da humanidade.

d) Eu creio que se pode, sem exagero, dizer que o mundo vive uma fase caracterizada pela violência. Os jornais, o rádio e a televisão, a todo instante, abrem espaços para informar fatos marcados por um grau cada vez maior em que ela se manifesta.

e) Eu acho que a riqueza material tende a aprisionar o homem e prejudicar a busca da riqueza interior e o seu florescimento como pessoa.

___

2. Dê às afirmações abaixo um caráter genérico, eliminando as expressões em destaque e inserindo a partícula **se**.

Modelo:
1. **As pessoas** nem sempre encontram as soluções mais simples para os problemas diários.
2. Nem sempre **se** encontram as soluções mais simples para os problemas diários.

a) Todo mundo analisou a sugestão apresentada.

b) Nós não aceitamos cheques.

c) Para entender melhor a questão, **o órgão** realizou uma pesquisa de opinião.

d) Muitas pessoas não respeitam os horários previamente combinados.

e) Muita gente julga as pessoas pela aparência.

3. Reescreva o parágrafo eliminando as marcas de subjetividade e mantendo o ponto de vista.

> Ninguém confia mais em ninguém. As pessoas não se ajudam mais. Tudo é feito sem prazer e com pressa. Andamos depressa, comemos depressa, lemos o jornal depressa para não perdermos tempo. Não há tempo (e nem espaço) para se cuidar de uma planta ou de um animal e muito menos para se dar uma volta num parque para se fazer a digestão e bater um papo com algum colega de trabalho.
>
> Redação de aluno.

4. Substitua os trechos destacados por uma das expressões relacionadas a seguir, fazendo as adaptações que julgar necessárias:

- É de consenso geral que...
- Tem sido generalizada a opinião de que...
- Tem sido generalizada a concepção de que...
- Comumente, afirma-se que...
- É comum ouvir que...
- Todos reconhecemos que...

a) **Muita gente diz que** o ser humano, nascendo fraco e indefeso, torna-se automaticamente dependente dos cuidados dos adultos.

b) **Muitas pessoas acham que** a violência no campo atingiu escalas nunca antes conhecidas.

___
___
___
___
___
___

c) **Muitas pessoas afirmam que** a pena de morte seria a única solução para eliminar a onda de violência que assola o país.

___
___
___
___
___
___

d) **A maioria das pessoas acha que** a televisão inibe a criatividade e não desenvolve a imaginação.

___
___
___
___
___
___

e) **Grande parte dos brasileiros reconhece** a corrupção como um mal histórico de nosso país.

___
___
___
___
___
___

f) Muitas pessoas defendem que a melhora na educação passa inevitavelmente pela valorização da carreira docente.

_____
_____
_____
_____
_____
_____

g) Muita gente afirma que a comercialização de alimentos transgênicos deveria ter sido precedida de estudos mais aprofundados sobre seus efeitos para a saúde humana e o meio ambiente.

_____
_____
_____
_____
_____
_____

h) Grande parte das pessoas reconhece a influência da ação humana no fenômeno do aquecimento global.

_____
_____
_____
_____
_____
_____

i) Muita gente afirma que a Internet influenciou negativamente as relações e interações entre as pessoas.

_____
_____
_____
_____

PARTE 2
Linguagem da dissertação

CAPÍTULO 4

Possibilidade e certeza

Para evitar afirmações categóricas sobre assuntos polêmicos, é aconselhável expressar **possibilidade**. Por outro lado, quando se pretende realçar a verdade de uma afirmação, podem-se empregar palavras que transmitam **certeza**.

Neste capítulo, você vai conhecer alguns recursos da língua para transmitir certeza ou possibilidade.

Teoria

Possibilidade

Observe esta afirmação:

> O mundo morrerá asfixiado pela fumaça, envenenado pelas águas, se o homem não diminuir a poluição.

A verdade expressa por essa afirmação é discutível. Por esse motivo, aconselha-se acrescentar a essa afirmação uma possibilidade.

Veja algumas formas que a língua portuguesa oferece:

- O mundo **poderá** morrer asfixiado pela fumaça, envenenado pelas águas, se o homem não diminuir a poluição.
- Existe a **possibilidade** de o mundo morrer asfixiado pela fumaça, envenenado pelas águas, se o homem não diminuir a poluição.
- É **provável** (**possível**) que o mundo morra asfixiado pela fumaça, envenenado pelas águas, se o homem não diminuir a poluição.
- O mundo morrerá, **provavelmente** (**possivelmente**, **talvez**), asfixiado pela fumaça, envenenado pelas águas, se o homem não diminuir a poluição.

Certeza

Observe esta afirmação:

> A violência constitui o problema central dos grandes centros urbanos.

Para reforçar a verdade dessa afirmação, a língua portuguesa oferece vários recursos:

- É **inegável** (**certo**, **indiscutível**, **evidente**, **claro**) que a violência constitui o problema central dos grandes centros urbanos.
- A violência constitui, **certamente** (**seguramente**, **com toda certeza**, **positivamente**, **definitivamente**), o problema central dos grandes centros urbanos.

Atividades

1. Dê três redações a cada frase, acrescentando-lhe a ideia de possibilidade.

a) A educação reproduz a ideologia dominante.

1. _____
2. _____
3. _____

b) A Floresta Amazônica se transformará em um deserto, caso não haja uma exploração racional de seu solo.

1. _____
2. _____
3. _____

c) O aborto e o estupro são os dois maiores problemas das mulheres brasileiras.

1. _____
_____
_____

2. _____
_____
_____

3. _____
_____
_____

d) O Nordeste se tornará um deserto.

1. _____
_____
_____

2. _____
_____
_____

3. _____
_____
_____

2. Faça uma afirmação que expresse possibilidade a respeito dos seguintes assuntos:

a) Petróleo: _____
_____
_____

b) Televisão: _____
_____
_____
_____

c) Vestibular: _____

d) Casamento: _____

e) Brasil: _____

f) Família: _____

g) Escola: _____

3. Reescreva as frases acrescentando uma das seguintes expressões:
- É perfeitamente possível que
- É aceitável que
- É inegável que
- É inadmissível que
- É muito provável que

a) O baixo poder aquisitivo da população é a principal causa da violência urbana.

b) O alcoolismo, no mundo inteiro, é uma doença tão grave quanto o câncer.

c) O homem atual não consegue viver sem a televisão.

_____

_____

d) A família e outros agentes educativos inibem ou controlam o comportamento agressivo do homem.

_____

_____

e) A expansão imobiliária desenfreada está desfigurando as mais belas regiões do litoral paulista.

_____

_____

4. Dê duas novas redações às frases, acrescentando-lhes palavras que comunicam certeza.

a) O programa de geração de energia elétrica por reatores nucleares, iniciado na década de 1970, pode ser caracterizado como um fracasso absoluto.

1. _____

_____

2. _____

_____

b) O uso de videoteipe e a formação de redes de emissoras determinaram um novo modelo telejornalístico brasileiro.

1. _____

_____

2. _____

_____

c) A despeito dos riscos de que venha a ser utilizada nocivamente, a engenharia genética tem em suas mãos a solução para o problema da alimentação mundial.

1. _____

_____

2. _____

_____

PARTE 3

Estratégias de argumentação e mecanismos de coesão

1. Argumentos de causa e consequência
2. Argumentos baseados em fatos e/ou dados estatísticos
3. Argumento de autoridade
4. Estrutura do parágrafo
5. Análise de um problema
6. Enumeração no parágrafo
7. Enumeração no texto
8. Relação de oposição
9. Relação de concessão
10. Texto argumentativo: pró ou contra
11. Roteiro de um texto dissertativo-argumentativo

PARTE 3
Estratégias de argumentação e mecanismos de coesão

CAPÍTULO 1 — Argumentos de causa e consequência

> O texto dissertativo se organiza em torno de uma tese que traduz uma opinião (ou ponto de vista) do autor sobre um determinado assunto. Uma tese, para ser aceita, deve ser fundamentada com explicações e argumentos que a comprovem e conduzam a uma conclusão. É esse o objeto de estudo deste e dos próximos capítulos.

Teoria

Estratégias argumentativas

Um argumento é a justificativa utilizada pelo autor para convencer o leitor a concordar com a sua tese. Para apresentar os argumentos que dão fundamentação a uma tese, é importante analisar dois tipos de relações entre os fatos:

a) relação de causalidade – trata das causas e/ou das consequências de um determinado problema abordado pela tese.

b) relação de oposição – trata dos **prós** (argumentos favoráveis) e **contras** (argumentos contrários) ao ponto de vista apresentado pela tese sobre o problema analisado.

Tanto na relação de causalidade como na relação de oposição, o autor se vale de estratégias argumentativas que oferecem elementos para comprovar seus argumentos.

As principais estratégias argumentativas utilizadas em textos dissertativos consistem na menção a:

- fatos;
- dados estatísticos;
- exemplos;
- pesquisas;
- citações ou depoimentos de pessoas especializadas no assunto.

Relação de causalidade

Uma das formas de analisar os fatos é estabelecer entre eles uma relação de **causa** e **consequência**. A essa relação damos o nome de **causalidade**.

Causa – aquilo que faz uma coisa existir.

Consequência – o efeito, o resultado de algo.

Um fato pode ser, em relação a outro, a causa ou a consequência. Observe os fatos seguintes e a relação existente entre eles.

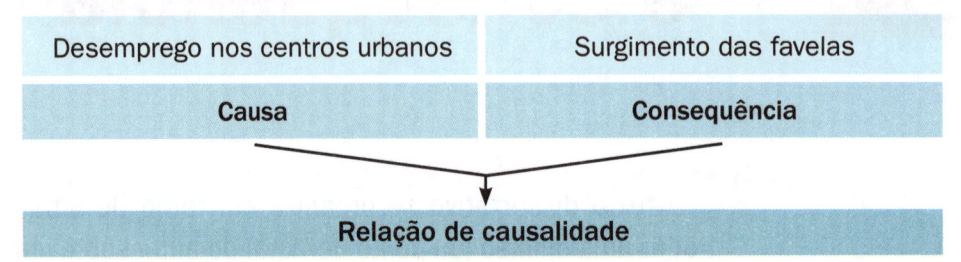

Desemprego nos centros urbanos	Surgimento das favelas
Causa	Consequência

Relação de causalidade

Causa

Para indicar a causa, a língua portuguesa oferece várias possibilidades. Veja algumas delas:

- O desemprego nos centros urbanos constitui uma das **causas** fundamentais do surgimento das favelas.
- O desemprego nos centros urbanos **gera** o surgimento das favelas.
- O surgimento das favelas é **decorrente** sobretudo do desemprego nos centros urbanos.
- Surgem as favelas **porque** nos centros urbanos aumenta o desemprego.

São muitas as palavras e expressões da língua portuguesa que estabelecem uma relação de causa. Observe algumas delas no quadro abaixo:

Substantivos	causa, motivo, razão, explicação, pretexto, base, fundamento, gênese, origem, o porquê etc.
Verbos	causar, gerar, acarretar, originar, provocar, motivar, permitir etc.
Palavras e expressões de coesão	em virtude de, em razão de, por causa de, em vista de, por motivo de, porque, pois, por isso que, já que, visto que, uma vez que, porquanto, como etc.

Consequência

Para indicar a consequência, a língua portuguesa também oferece várias possibilidades. Veja algumas delas a seguir:

- O surgimento das favelas constitui uma das **consequências** do desemprego nos centros urbanos.
- O surgimento das favelas **resulta** sobretudo do desemprego nos centros urbanos.
- Cresce o índice de desemprego nos centros urbanos, **consequentemente** surgem as favelas.
- Surgem as favelas **em virtude** sobretudo do desemprego nos centros urbanos.

Conheça as principais palavras e expressões da língua portuguesa que estabelecem relação de consequência:

Substantivos	efeito, produto, decorrência, fruto, reflexo, desfecho, desenlace etc.
Verbos	derivar, vir de, resultar, ser resultado de, ter origem em, decorrer, provir etc.
Palavras e expressões de coesão	pois, por isso, por consequência, portanto, por conseguinte, consequentemente, logo, então, por causa disso, em virtude disso, devido a isso, em vista disso, visto isso, à conta disso, como resultado, em conclusão, em suma, em resumo, enfim etc.

TEXTO

A pobreza no Brasil

A pobreza no Brasil vem diminuindo nos últimos anos, mas o país ainda apresenta uma grande quantidade de pessoas em condições de miséria

Publicado por: Rodolfo F. Alves Pena

A pobreza ainda é um problema no Brasil, apesar dos últimos avanços.

O Brasil, em função de seu histórico de colonização, desenvolvimento tardio e dependência econômica, além dos problemas internos antigos e recentes, possui uma grande quantidade de pessoas vivendo abaixo da linha da pobreza. Assim, por representar um país subdesenvolvido emergente, a pobreza no Brasil apresenta elevados patamares.

Segundo um dado oficial do Ministério de Desenvolvimento de Combate à Fome datado de 2011, existiam no Brasil até esse ano cerca de 16,27 milhões de pessoas em condição de "extrema pobreza", ou seja, com uma renda familiar mensal abaixo dos R$ 70,00 por pessoa. Vale lembrar que ultrapassar esse valor não significa abandonar a pobreza por completo, mas somente a pobreza extrema.

É preciso dizer, porém, que a pobreza não é uma condição exclusiva de uma região ou outra, como se costuma pensar. Praticamente todas as cidades do país (principalmente as periferias dos grandes centros metropolitanos) contam com pessoas abaixo da linha da pobreza.

No entanto, é válido ressaltar que, apesar dos problemas históricos, o Brasil vem avançando na área de combate à fome e à pobreza no país. Segundo um relatório divulgado pelo Instituto de Pesquisa Econômica Aplicada (Ipea), o número de pessoas que abandonaram a pobreza no Brasil em 2012 ultrapassou os 3,5 milhões. Nesse estudo, o critério para pobreza extrema era, inclusive, mais alto que o acima mencionado: R$ 75,00 por membro da família.

Outra boa notícia é a de um relatório apresentado pela Assembleia das Nações Unidas em 2013 que colocou o Brasil como o 13º país que mais investe no combate à pobreza no mundo, em um *ranking* composto por 126 países em desenvolvimento. Assim, o país investe mais do que todos os demais membros do BRICS (Rússia, Índia, China e África do Sul), mas ainda está atrás de nações como Argentina e Venezuela. Ao todo, segundo o relatório, o Brasil gasta quase US$ 4 mil dólares por ano para cada pessoa.

[...]

Recentemente, um apontamento do Banco Mundial revelou que o Brasil vem servindo de modelo e exemplo no que diz respeito ao combate à pobreza no mundo, com a redução da miséria, a diminuição de dependentes do próprio Bolsa Família e com a criação do Cadastro Único, que visa a identificar a quantidade de pessoas em extrema pobreza no país. Tais medidas vêm sendo estudadas e até copiadas por especialistas e governantes de outras localidades do mundo.

Rodolfo F. Alves Pena. A pobreza no Brasil. *Mundo Educação*.
Disponível em: <https://goo.gl/88URDG>. Acesso em: 17 fev. 2017.

O texto lido trata de um problema: **a pobreza no Brasil**.

Para falar desse problema, o texto apresenta, no primeiro parágrafo, um fato:

"**No Brasil, grande quantidade de pessoas vive abaixo da linha da pobreza.**"

E apresenta também as **causas** desse fato:

- histórico de colonização;
- desenvolvimento tardio;
- dependência econômica.

O texto **conclui** fazendo referência a um apontamento do Banco Mundial o qual revela que o Brasil vem servindo de modelo e exemplo no que diz respeito ao combate à pobreza no mundo e que as medidas aqui adotadas vêm sendo estudadas e até copiadas por especialistas e governantes de outras localidades do mundo.

Consequência	pobreza no Brasil
Causas	histórico de colonização; desenvolvimento tardio; dependência econômica.

Atividades

1. Formule frases que estabeleçam relação de causalidade entre os fatos apresentados. Observe algumas maneiras de fazer isso no modelo abaixo.

Modelo: Revolta da população / aumento do combustível

a) Uma das **causas** da revolta da população foi o aumento do combustível.

motivos – razões – explicações

b) O aumento do combustível **provocou** a revolta da população.

causou – gerou – tem gerado – motivou – determinou

c) A população revoltou-se **em virtude do** aumento do combustível.

em razão de – por causa de – por motivo de

d) A população revoltou-se **porque** houve aumento do combustível.

pois – já que – uma vez que – dado que

- Elevação dos juros / desequilíbrio econômico

    a) _____
    b) _____
    c) _____
    d) _____

- Emigração desordenada / marginalidade nos grandes centros urbanos

    a) _____
    b) _____
    c) _____
    d) _____

- Bebida e drogas / delinquência juvenil

    a) _____
    _____

    b) _____
    _____

    c) _____
    _____

    d) _____
    _____

2. Em cada item, apresentamos um problema que é consequência de vários outros. Cite uma causa que provavelmente o tenha gerado. A seguir, construa uma frase estabelecendo entre eles uma relação de causalidade.

    a) Problema (consequência): Aumento da criminalidade no Brasil.

    Causa: _____

    Frase: _____
    _____
    _____

    b) Problema (consequência): Desinteresse dos jovens pela leitura.

    Causa: _____

    Frase: _____
    _____
    _____

3. Em cada item, apresentamos um problema. Cite uma consequência para esse fato. A seguir, construa uma frase estabelecendo entre eles uma relação de causalidade.

    a) Problema (causa): Exploração indiscriminada da Floresta Amazônica.

    Consequência: _____
    _____

    Frase: _____
    _____
    _____

b) Problema (causa): Redução do poder aquisitivo dos trabalhadores.

Consequência: _____

_____

Frase: _____

_____

_____

c) Problema (causa): Robotização na indústria.

Consequência: _____

_____

Frase: _____

_____

_____

4. Amplie as frases acrescentando uma causa que fundamente a opinião.

Modelo: Opinião

A floresta é um extraordinário potencial biológico.

Opinião – causa

A floresta é um extraordinário potencial biológico, porque abriga uma diversidade de animais e plantas.

a) O equilíbrio ecológico do mundo está ameaçado.

_____

_____

_____

b) A televisão afasta as pessoas da leitura.

_____

_____

_____

c) O ser humano não consegue viver sozinho.

_____

_____

_____

d) Nos últimos anos tem aumentado significativamente a violência nos grandes centros urbanos.

_____
_____
_____
_____

5. Localize no trecho abaixo a causa e a consequência do fato mencionado.

> O desmatamento da Floresta Amazônica é um dos principais problemas ambientais do mundo atual, em função de sua grande importância para o meio ambiente. Este desmatamento causa extinção de espécies vegetais e animais, trazendo danos irreparáveis para o ecossistema amazônico.
>
> SuaPesquisa.com. Disponível em: <https: goo.gl/ZCJV00B>. Acesso em: 17 out. 2017.

a) Causa: _____
_____

b) Consequência: _____
_____

6. Leia a frase:

> O surgimento das favelas está associado à concentração de renda, ao desemprego e à falta de planejamento urbano.

Essa frase trata de um problema.

a) Qual?

_____

b) Para refletir sobre esse problema a frase aponta causas ou consequências? Quais?

_____
_____

c) Para traduzir essa relação de causalidade, a língua oferece várias possibilidades. Reescreva a frase usando uma dessas possibilidades.

_____
_____
_____

PARTE 3
Estratégias de argumentação e mecanismos de coesão

CAPÍTULO 2
Argumentos baseados em fatos e/ou dados estatísticos

Fatos ou dados estatísticos de pesquisas podem ser usados como uma estratégia argumentativa, seja para comprovar uma afirmação feita, seja para formular com base neles uma afirmação, que poderá servir de tese a ser desenvolvida.

É isso que será analisado neste capítulo.

Teoria

Os fatos ou dados estatísticos e de pesquisas podem ser uma importante ferramenta de estratégia argumentativa, uma vez que é possível empregá-los para comprovar afirmações feitas ao longo de todo o texto dissertativo. Isso pode se dar de duas maneiras: o autor pode fazer uma afirmação e utilizar os dados estatísticos e de pesquisas para comprová-la, ou pode, com base neles, fazer afirmações e tirar conclusões.

Nas duas possibilidades, os fatos ou dados estatísticos são recursos utilizados pelo autor para dar sustentação ao seu ponto de vista. Vejamos como isso se concretiza nos textos abaixo:

TEXTO 1

O consumo de drogas lícitas e ilícitas é um dos maiores desafios da sociedade contemporânea. (1) *O Escritório das Nações Unidas contra Drogas e Crime (UNODC) calcula que aproximadamente 200 milhões de pessoas usam drogas ilícitas em todo o mundo, o que representa 5% da população mundial acima de 15 anos. Para a Organização Mundial da Saúde (OMS), o consumo de tabaco e álcool é estimado, respectivamente, em 30% e 50% da população nessa faixa etária. São números que dão uma boa dimensão do problema.* (2) [...]

(1) OPINIÃO
(2) FATO

A importância das campanhas de prevenção às drogas. *Antidrogas*.
Disponível em: <https://goo.gl/QTaZWn>. Acesso em: 20 fev. 2017.

TEXTO 2

De 2002 a 2012, 303 187 mil jovens foram assassinados no Brasil. (2) Tais mortes não apenas provocaram inúmeros dramas familiares como também representaram perda irreparável para o país, que se viu privado de considerável contingente populacional cuja vida produtiva acabara de começar. (1)
[...]

Custo do homicídio. *Folha de S.Paulo*, 05 maio 2015. Editorial.
Disponível em: <https://goo.gl/NwcFN8>. Acesso em: 20 fev. 2017.

(2) FATO
(1) OPINIÃO

TEXTO 3

Fatos concretos sustentam a mudança de humor do país. Chegamos neste domingo, 12 de abril, com uma coleção de razões para o descontentamento. Nada foi fabricado pela imprensa nem pela oposição. Não há conspirações nem conjuração dos astros contra o governo. (1) *Quase um milhão de pessoas entraram no time dos sem emprego, a inflação pulou para 8%, os juros subiram e os cintos foram apertados.* (2)
[...]

Míriam Leitão. Razão conhecida. *O Globo*, 12 abr. 2015.
Disponível em: <https://goo.gl/poQbqJ>. Acesso em: 20 fev. 2017.

(1) OPINIÃO
(2) FATO

TEXTO 4

Na segunda passada, foram divulgados os resultados de uma pesquisa que a Fundação Getúlio Vargas realizou para o Fórum de Segurança Pública. Nada surpreendente: 81% dos brasileiros concordam com a ideia de que, no Brasil, é fácil desobedecer às leis, e 57% acreditam que há poucos motivos para segui-las. (2)
Há diferenças segundo a renda e os Estados, mas nada que altere a sensação de que existe, em geral, uma desconfiança do cidadão em relação à Justiça, à polícia e à autoridade pública. (1)
[...]

Contardo Calligaris. Os safanões e a autoridade. *Folha de S.Paulo*, 13 nov. 2014.
Disponível em: <https://goo.gl/vnyJj2>. Acesso em: 20 fev. 2017.

(2) FATO
(1) OPINIÃO

TEXTO 5

A agricultura vai enfrentar diversos desafios no século 21. (1) *De acordo com a FAO (Organização das Nações Unidas para Agricultura e Alimentação), a população mundial deve chegar a 9 bilhões de pessoas em 2050. Esse crescimento demográfico vai impor a necessidade de produzir mais alimentos e fibras sem aumentar muito as fronteiras agrícolas, preservando o meio ambiente e em um cenário de redução da força de trabalho rural.* (2)
[...]

Roberto Rodrigues. Tecnologia em prol da sustentabilidade. *Folha de S.Paulo*, 22 set. 2014.
Tendências/Debates. Disponível em: <https://goo.gl/sA57K8>. Acesso em: 20 fev. 2017.

(1) OPINIÃO
(2) FATO

Palavras de coesão

Apresentamos no quadro abaixo algumas palavras (expressões, nomes e verbos) usadas para apresentar ou fazer referências a fatos, dados estatísticos ou pesquisas.

Expressões	Nomes	Verbos
Como...	O jornal...	mostra
	Um estudo...	divulgou
De acordo com...	O instituto de pesquisa...	apresentou
	Dados mais recentes...	aponta
Conforme...	Dados do ano...	sugere
	A pesquisa...	publicada
Para...	O resultado...	mostrada
	Reportagem...	afirma
	Estimativa...	indica

Observe o emprego dessas palavras nos textos a seguir:

TEXTO 1

A agricultura vai enfrentar diversos desafios no século 21. **De acordo com** a FAO (Organização das Nações Unidas para Agricultura e Alimentação), a população mundial deve chegar a 9 bilhões de pessoas em 2050. Esse crescimento demográfico vai impor a necessidade de produzir mais alimentos e fibras sem aumentar muito as fronteiras agrícolas, preservando o meio ambiente e em um cenário de redução da força de trabalho rural.

O uso de tecnologias inovadoras na agricultura é fundamental para atingir esse objetivo e, sem dúvida, a biotecnologia é uma ferramenta poderosa. **Dados do mais recente relatório** do Serviço Internacional para Aquisição de Aplicações em Agrobiotecnologia **mostram** que os transgênicos, desde sua introdução, em 1996, deram importante contribuição para alcançar essa meta.

Roberto Rodrigues. Tecnologia em prol da sustentabilidade. *Folha de S.Paulo*, 22 set. 2014. Tendências/Debates. Disponível em: <https://goo.gl/sA57K8>. Acesso em: 20 fev. 2017.

TEXTO 2

De 2002 a 2012, 303 187 mil jovens foram assassinados no Brasil. Tais mortes não apenas provocaram inúmeros dramas familiares como também representaram perda irreparável para o país, que se viu privado de considerável contingente populacional cuja vida produtiva acabara de começar.

Reportagem publicada pelo jornal "Valor Econômico" indica o impacto dessa tragédia para a economia brasileira. **De acordo com estimativa** do Ipea (Instituto de Pesquisa Econômica Aplicada), o país desperdiçou, somente em 2014, R$ 88 bilhões (ou 1,6% do PIB) em decorrência dos homicídios de pessoas que têm de 15 a 29 anos.

Custo do homicídio. *Folha de S.Paulo*, 05 maio 2015. Editorial. Disponível em: <https://goo.gl/NwcFN8>. Acesso em: 20 fev. 2017.

Atividades

1. O autor do texto "Tecnologia em prol da sustentabilidade", para dar sustentação à sua tese de que a sustentabilidade vai possibilitar um aumento na produtividade agrícola preservando o meio ambiente, utiliza dados estatísticos de pesquisa.

Localize no texto essas passagens, grifando-as.

TEXTO

Tecnologia em prol da sustentabilidade
22/09/2014 02h00

A agricultura vai enfrentar diversos desafios no século 21. De acordo com a FAO (Organização das Nações Unidas para Agricultura e Alimentação), a população mundial deve chegar a 9 bilhões de pessoas em 2050. Esse crescimento demográfico vai impor a necessidade de produzir mais alimentos e fibras sem aumentar muito as fronteiras agrícolas, preservando o meio ambiente e em um cenário de redução da força de trabalho rural.

Nos países em desenvolvimento, projeções apontam que a produção de cereais e de proteína animal, por exemplo, teria que quase dobrar. Para resolver essa equação de acordo com os preceitos da sustentabilidade, uma das alternativas mais óbvias é aumentar a produtividade.

O uso de tecnologias inovadoras na agricultura é fundamental para atingir esse objetivo e, sem dúvida, a biotecnologia é uma ferramenta poderosa. Dados do mais recente relatório do Serviço Internacional para Aquisição de Aplicações em Agrobiotecnologia mostram que os transgênicos, desde sua introdução, em 1996, deram importante contribuição para alcançar essa meta.

Desde aquele ano, quando começaram os plantios de variedades transgênicas, a produção de grãos e fibras teve um incremento de 377 milhões de toneladas: se não fosse isso, seriam necessários 123 milhões de hectares adicionais para obter o mesmo desempenho.

Na safra 2006/2007 aqui no Brasil, imediatamente antes da aprovação do primeiro milho transgênico pela CTNBio (Comissão Técnica Nacional de Biossegurança), a produtividade do cereal foi de 3,6 mil kg por ha (hectare) de acordo com dados da Companhia Nacional de Abastecimento.

Na safra 2013/2014, a previsão é que esse número seja de 5,1 mil kg por ha. Cerca de 81% das lavouras da *commodity* foram plantadas com variedades geneticamente modificadas no último ano. Da mesma maneira, a soja em 1997/1998 rendia 2,3 mil kg por ha; hoje, 3 mil kg por ha, com uma taxa de adoção de sementes transgênicas superior a 90%.

Esses dados apontam para uma significativa contribuição da biotecnologia para a produtividade do milho e da soja no país. Claro que essa não é a única causa, mas seu peso é expressivo.

Aliás, os transgênicos otimizaram o uso de insumos agrícolas. As características já introduzidas pela transgenia, tolerância a herbicidas e resistência a insetos, permitem ao agricultor maior flexibilidade e segurança no manejo. É claro que quanto mais tecnologias estiverem disponíveis, maior o potencial produtivo. Especialmente nas zonas tropicais, a competitividade do agronegócio está ligada à aplicação de ferramentas tecnológicas para superação de limitações e adição de novas funcionalidades.

▶▶

> Cientistas de todo o mundo estudam plantas com características complexas modificadas, cuja expressão envolve vários genes, a exemplo da tolerância a seca, a inundações e ao solo com alta salinidade. O futuro também aponta para a criação de outros transgênicos – cana-de-açúcar, eucalipto, laranja, trigo, feijão, berinjela, além dos tradicionais soja, milho e algodão – que contenham propriedades agronômicas, nutricionais ou sintetizem compostos medicinais.
>
> No Brasil, instituições públicas e privadas de pesquisa e ensino desenvolvem novas variedades por meio da engenharia genética. A combinação de técnicas de melhoramento genético convencionais e biotecnológicas é uma valiosa opção para garantir a segurança alimentar, preservar o meio ambiente e, ao mesmo tempo, alimentar a todos.
>
> **ROBERTO RODRIGUES**, 71, coordenador do Centro de Agronegócio da FGV, é embaixador especial da FAO (braço da ONU para agricultura e alimentação) e presidente da Academia Nacional de Agricultura. Foi ministro da Agricultura (governo Lula).
>
> Roberto Rodrigues. Tecnologia em prol da sustentabilidade. *Folha de S.Paulo*, 22 set. 2014. Tendências/Debates. Disponível em: <htttps://goo.gl/sA57K8>. Acesso em: 20 fev. 2017.

2. Colocamos, no quadro abaixo, as palavras e expressões de coesão responsáveis pelas referências a fatos, dados estatísticos ou pesquisas, que foram retiradas do texto. Complete os espaços adequadamente com essas palavras e expressões.

> Campeões do desmatamento: De acordo com – alertou
> Os dados – O estudo alerta – afirmou

TEXTO

Metade das espécies florestais do mundo está ameaçada por causa da agricultura e do impacto das mudanças climáticas e o Brasil é o país que mais perde cobertura florestal por ano em todo o mundo, _____ a Organização das Nações Unidas para a Agricultura e a Alimentação (FAO), nesta terça-feira.

_____ são do primeiro estudo global sobre recursos genéticos florestais, que mapeou as 8 000 espécies de árvores e vegetais mais utilizadas pelo homem em 86 países. Desse total, cerca de 2 400 são cultivadas com técnicas adequadas e apenas 700 espécies são desenvolvidas por meio de seleção ou melhoramento genético.

"As florestas fornecem alimento, bens e serviços essenciais para a sobrevivência e o bem-estar da humanidade. Esses benefícios dependem da manutenção do rico estoque de diversidade genética contido nas florestas do mundo, que está em risco", _____ Eduardo Rojas-Briales, um dos diretores da FAO, no comunicado do órgão.

_____ o estudo, os dez países que mais perderam cobertura florestal entre 1990 e 2010 foram Brasil, Indonésia, Nigéria, Tanzânia, Zimbábue, República Democrática do Congo, Birmânia, Bolívia, Venezuela e Austrália. Estima-se que existam entre 80 000 e 100 000 espécies florestais em todo o mundo e essa biodiversidade é o que impulsiona a melhora da produção e qualidade de vegetais usados para a alimentação. Além disso, a variabilidade genética protege o ambiente de pestes e garante a capacidade de adaptação a condições naturais favoráveis, incluindo as causadas por mudanças climáticas.

_____ para uma ação urgente para melhor administrar as florestas e seus recursos genéticos, para que a biodiversidade seja mantida a longo prazo. Além disso, pede o comprometimento dos países para desenvolver programas nacionais para garanti-la.

DA REDAÇÃO. Brasil é o país que mais perde florestas por ano, diz ONU. *Veja.com*, 04 jun. 2014. Disponível em: <https://goo.gl/XcpDMc>. Acesso em: 20 fev. 2017.

3. Escreva uma tese para cada conjunto de fatos ou dados estatísticos apresentados em cada item. A seguir, comprove essa tese utilizando alguns desses dados ou fatos.

a)

"O Brasil é o 4º país no mundo em mortes no trânsito. Os jovens de 20 e 29 anos estão na faixa de maior incidência de vítimas de acidentes". A informação é de Renata Marques, coordenadora de uma campanha voltada à direção segura, ao lembrar levantamento do Instituto Avante Brasil, entidade sem fins lucrativos voltada à prevenção do crime e da violência.

Renata coordena a campanha *Best Driver* (melhor motorista, em tradução livre do inglês), da fabricante de pneus Michelin, destinada a premiar no final do ano com um carro 0 km o universitário que, através de monitoramento eletrônico, provar ser o condutor mais seguro entre concorrentes de um total de 15 instituições de ensino superior do país.

Ela citou dois fatores como prejudiciais e perigosos: o uso de celular e a ingestão de bebida alcoólica. Estudo feito pela Universidade Federal de São Paulo mostra que 27% dos jovens disseram ter dirigido após beber e 57% pegaram carona com algum amigo bêbado. Pesquisa da seguradora Allianz sobre o uso do celular aponta que esta ação já é responsável por três em cada dez acidentes.

Luiza Cadidé. Brasil é o 4º país com mais mortes no trânsito, diz pesquisa. *A Tarde*, 06 set. 2014. Disponível em: <https://goo.gl/FbxCRE>. Acesso em: 20 fev. 2017.

b) Fatos:
1. Turista italiano é morto após entrar por engano em favela no Rio.
2. Criança morre após ser atingida por bala perdida em São Luiz Gonzaga.
3. Policial militar morre depois de ser baleado em assalto no Gama/DF.
4. Polícia invade Rocinha e mata chefe do tráfico.
5. Polícia mata dois ladrões em tiroteio.
6. Engenheiro assaltado na Avenida São João.

c)

PROGRAMA DE ALIMENTAÇÃO DO TRABALHADOR

19,5 MILHÕES DE BRASILEIROS FORAM BENEFICIADOS EM 2015

Criado em 1976, o **Programa de Alimentação do Trabalhador** estimula o empregador a fornecer alimentação adequada ao trabalhador, em troca de incentivos fiscais.

OS BENEFÍCIOS DO PROGRAMA SÃO DE NATUREZA NÃO SALARIAL E INCLUEM

REFEIÇÕES PREPARADAS — CESTAS BÁSICAS — VALES, CARTÕES-REFEIÇÃO OU ALIMENTAÇÃO

Em 2015, **223,4 MIL** empresas participaram do programa

O programa teve 13,8 mil empresas fornecedoras de alimentação coletiva registradas

FONTE: MINISTÉRIO DO TRABALHO E PREVIDÊNCIA SOCIAL

Ministério do Trabalho e da Previdência Social

d)

Gravidez na adolescência passa de 20% em áreas mais pobres de Curitiba

Média na cidade é de 11%, de acordo com a Secretaria Municipal da Saúde.
G1 ouviu uma jovem mãe de 17 anos e uma avó de 34 anos.

22/11/2016 06h00 – Atualizado em 22/11/2016 06h00

Mesmo que em uma trajetória de redução, a maternidade na adolescência ainda está presente na realidade brasileira. Em algumas regiões, como na Vila Esperança, em Curitiba, a gravidez precoce tem caráter cultural e social – a cada 100 mães, 21 são adolescentes.

[...]

Para o Ministério da Saúde, gravidez na adolescência ocorre quando a mãe tem entre 10 e 19 anos. Em 2015, foram 533 893 bebês nascidos vivos por partos de adolescentes. Este montante corresponde a 18,1% do total de partos. No Paraná, foram 26 783 nascimentos nesta condição.

Os dados da Prefeitura de Curitiba indicam que, em média, 11% das gestantes são adolescentes. Todavia, quando se analisam os números das regiões mais pobres, de acordo com a Secretaria Municipal de Saúde, a taxa é similar à verificada na Vila Esperança.

Bibiana Dionísio. Gravidez na adolescência passa de 20% em áreas mais pobres de Curitiba. *G1*, 22 nov. 2016. Disponível em: <https://goo.gl/zRFo89>. Acesso em: 12 dez. 2016.

e) Dados estatísticos:

1. A matrícula no Ensino Superior cresceu, em média, apenas 0,9% ao ano, nos últimos cinco anos.
2. A taxa de crescimento da faixa etária correspondente (20 a 24 anos), no mesmo período, foi de 3,7% ao ano.
3. A taxa de escolarização da população de 15 a 19 anos, no Ensino Médio, continua crescendo, estando agora em torno de 22%.

PARTE 3
Estratégias de argumentação e mecanismos de coesão

CAPÍTULO 3
Argumento de autoridade

Um argumento terá mais credibilidade se for sustentado por alguém que seja autoridade no assunto abordado: um especialista no assunto, um líder político, um pensador reconhecido, um escritor.

Ao se basear nessa fonte, o autor lança mão de um **argumento de autoridade**. É isso que veremos neste capítulo.

Teoria

Argumento de autoridade é uma estratégia de argumentação em que o autor do texto se apoia na citação de uma fonte confiável, que pode ser um especialista no assunto abordado ou dados de instituição de pesquisa. A citação objetiva dar consistência à tese defendida pelo autor.

Pode-se citar essa fonte de duas formas:

1. Citação direta: reprodução textual das palavras da fonte. Nesse caso, a fala ou as palavras citadas devem vir entre aspas.

> Conforme sustenta o antropólogo e ex-Secretário Nacional de Segurança Pública, Luiz Eduardo Soares: "Temos de conceber, divulgar, defender e implantar uma política de segurança pública, sem prejuízo da preservação de nossos compromissos históricos com a defesa de políticas econômico-sociais. Os dois não são contraditórios."
>
> Orson Camargo. Violência no Brasil, outro olhar. *Brasil Escola*.
> Disponível em: <https://goo.gl/A7rWUV>. Acesso em: 20 fev. 2017.

> O que se passa no Brasil de hoje já foi diagnosticado por Viktor E. Frankl – psiquiatra austríaco e fundador da logoterapia – em seu livro "Em Busca de Sentido – Um Psicólogo no Campo de Concentração", em que afirma categoricamente: "há ampla evidência empírica de que as três facetas desta síndrome – depressão, agressão, dependência de drogas – são devidas ao que se chama em logoterapia de 'o vazio existencial', um sentimento de vacuidade e de falta de sentido".
>
> Wagner Bento. A legalização da maconha tem consequências. *Mídia sem máscara*, 09 jan. 2014.
> Disponível em: <https://goo.gl/AuKn6a>. Acesso em: 20 fev. 2017.

2. Citação indireta: paráfrase da fala da fonte – o autor diz com as próprias palavras o que foi dito pela fonte.

> Rushkoff compara a habilidade das crianças de lidarem com a multiplicidade oferecida pelos meios à estratégia do surfista ou do skatista [...]. Por isso a mídia é surfável, conclui, comparando o controle remoto à prancha através da qual o espectador-surfista pode reagir à linearidade da programação.
>
> Gilka Girardello. A televisão e a imaginação infantil: referências para o debate. In: *Anais do XXIV Congresso Brasileiro da Comunicação*. Campo Grande/MS: Intercom – Sociedade Brasileira de Estudos Interdisciplinares da Comunicação, set. 2001. Disponível em: <https://goo.gl/6eBch2>. Acesso em: 20 fev. 2017.

> Enfim, uma famosa observação de Max Weber: existe Estado quando só UMA autoridade pode exercer a violência. Se alguém estiver exposto a várias violências de origens diferentes e conflitantes, nenhuma delas tem chance de se transformar em autoridade reconhecida espontaneamente.
>
> Acabo de ler um artigo de Joanna Wheeler ("Accord", nº 25) sobre autoridade e cidadania em várias favelas cariocas. Entre as razões pela falta de uma autoridade simbólica, Wheeler aponta, justamente, a variedade das fontes da violência (tráfico, milícia, polícia) e, portanto, a dificuldade de os cidadãos enxergarem uma legitimidade qualquer.
>
> Contardo Calligaris. Os safanões e a autoridade. *Folha de S.Paulo*, 13 nov. 2014. Disponível em: <https://goo.gl/vnyJj2>. Acesso em: 20 fev. 2017.

Inserções de citação

Para introduzir a citação, podem ser usados vários recursos da língua.

Conheça, no quadro abaixo, as palavras e expressões mais usuais utilizadas na introdução de uma citação:

- **Para** XXXX, ...
- **De acordo com o que afirma** XXXX, ...
- XXXX **já afirmou que**...
- **Conforme** XXXX, ...
- **Em sua obra** ..., XXXX **propõe**...
- **A partir do trabalho de** XXXX, ...
- **A exemplo de** ..., XXXX ...
- **Ao comparar** ..., XXXX...

Verbos de uma citação

De acordo com a intencionalidade da fala de uma autoridade, podem ser usados diferentes verbos, que, por introduzirem falas, são chamados **verbos *dicendi*.**

Inserção de citações		
Autor	Voz (verbos *dicendi*)	
XXXX	dizer	corroborar
	declarar	demonstrar
	explicar	expor
	informar	replicar
	ponderar	mencionar
	descrever	assegurar
	comprovar	testemunhar
	confirmar	registrar
	argumentar	acentuar
	denunciar	indicar
	discutir	aconselhar
	afirmar	ratificar
	esclarecer	refutar
	concluir	citar
	discorrer	questionar
	expressar	alegar
	narrar	

Atividades

1. Identifique nos textos abaixo as citações diretas e as citações indiretas. A seguir destaque os verbos *dicendi* e as palavras de inserções de citação.

> Nunca a Universidade de Harvard, uma das mais tradicionais do mundo, teve tantos brasileiros. São 104 alunos entre os cerca de 21 mil estudantes da instituição americana. Parece pouco, mas é um crescimento de 70% nos últimos oito anos.
>
> Quantos brasileiros deveriam estudar em Harvard? "A resposta é simples: mais", afirma o vice-reitor de Relações Internacionais da universidade, Jorge Domínguez, de 70 anos, em entrevista. "Os alunos brasileiros têm feito um trabalho extraordinário", acrescenta ele, professor de política e história da América Latina.
>
> Segundo Domínguez, a formação acadêmica fora do País é um caminho para melhorar a internacionalização do ensino superior do País e também preparar profissionais para o período pós-crise econômica.
>
> Victor Vieira. "Harvard deveria ter mais brasileiros".
> *O Estado de S. Paulo*, 27 abr. 2015. Disponível em: <https://goo.gl/otV8Ez>.
> Acesso em: 20 fev. 2017.

b)

"É claro que existe reprovação na educação a distância. Aliás, há muita evasão e reprovação". Tal afirmação, feita pelo professor Zacarias Gama, dá uma pista de como se dá a avaliação na modalidade. E derruba falsos mitos, que dão conta de que EAD é uma opção para aqueles que buscam um esquema menos rigoroso de aprendizado. Mas, flexibilidade, neste caso, não significa exatamente mais facilidade, como destaca o educador.

Afinal, como avaliar na modalidade à distância? *Pedagogia Educacional Blogspot*.
Disponível em: <https://goo.gl/Y9qJcu>. Acesso em: 07 ago. 2017.

c)

Para quem deseja uma boa alimentação, não há saída que não envolva a preparação culinária, defende o professor da Faculdade de Saúde Pública da Universidade de São Paulo (FSP-USP) Carlos Augusto Monteiro, coordenador técnico do novo *Guia alimentar para a população brasileira*.

"Você não precisa cozinhar a própria comida, alguém pode prepará-la para você, mas ela não pode basicamente ser feita pela indústria de alimentos", argumenta Monteiro.

Karina Toledo. "Alimentos ultraprocessados são ruins para as pessoas e para o ambiente", diz pesquisador. *Planeta sustentável*, 17 mar. 2015.
Disponível em: <https://goo.gl/1vcycg>. Acesso em: 20 fev. 2017.

2. Complete o texto com verbos *dicendi* e com palavras de inserções de citação responsáveis pela coesão do texto.

Observa-se que o combate à desigualdade deixou de ser responsabilidade nacional e sofre a regulação de instituições multilaterais, como o Banco Mundial. _____ socióloga Amélia Cohn, a partir dessa ideia "se inventou a teoria do capital humano, pela qual se investe nas pessoas para que elas possam competir no mercado". _____ a socióloga, a saúde perdeu seu *status* de direito, tornando-se um investimento na qualificação do indivíduo.

Ou, _____ Hélio Jaguaribe em seu artigo "No limiar do século 21": "Num país com 190 milhões de habitantes, um terço da população dispõe de condições de educação e vida comparáveis às de um país europeu. Outro terço, entretanto, se situa num nível extremamente modesto, comparável aos mais pobres padrões afro-asiáticos. O terço intermediário se aproxima mais do inferior que do superior".

A sociedade brasileira deve perceber que, sem um efetivo Estado democrático, não há como combater ou mesmo reduzir significativamente a desigualdade social no Brasil.

Orson Camargo. Desigualdade social. *Brasil Escola*.
Disponível em: <https://goo.gl/Jnx3gr>. Acesso em: 07 mar. 2017.

3. Coloque-se no lugar de um jornalista. Escreva um artigo sobre a corrupção no Brasil tendo como base um trecho da fala do juiz Sérgio Moro em entrevista concedida a um jornal de São Paulo. Para reproduzir as falas dele, empregue citações diretas e citações indiretas.

TEXTO

"Jamais entraria para a política", diz Sérgio Moro

Fausto Macedo e Ricardo Brandt | 05 novembro 2016

Estadão – O que mais chocou o senhor na Operação Lava Jato?

Juiz Sérgio Moro – A própria dimensão dos fatos. Considerando os casos já julgados aqui, o que nós vimos foi um caso de corrupção sistêmica, corrupção como uma espécie de regra do jogo. O que mais me chamou a atenção talvez tenha sido uma quase naturalização da prática da corrupção. Empresários pagavam como uma prática habitual e agentes públicos recebiam como se fosse algo também natural. Isso foi bastante perturbador. (*Chamou a atenção*) Também a constatação, e aí me refiro a casos que já foram julgados, de que algumas pessoas que haviam sido condenadas na ação penal 470 (mensalão no Supremo Tribunal Federal) persistiam recebendo propinas nesse outro esquema criminoso na Petrobrás. Foi uma coisa bastante perturbadora.

Estadão – Mesmo depois de deflagrada a Lava Jato, o esquema continuou por alguns meses?

Juiz Sérgio Moro – Houve situações constatadas de pessoas recebendo propina em fase adiantada (*da Lava Jato*). Um dos casos que chamou muito a atenção, um caso já julgado, por isso posso afirmar mais livremente, de um pagamento de propina a um membro da CPMI da Petrobrás, instalada em 2014. Então, se instalou uma comissão parlamentar de inquérito para apurar os fatos e, depois, se constatou que o vice-presidente da comissão solicitou e recebeu propina dos investigados. Por isso tenho dito: precisa aplicar remédios amargos. A Justiça precisa ser efetiva para demonstrar que essa prática não é tolerada.
[...]

Estadão – O que fez a Lava Jato funcionar?

Juiz Sérgio Moro – É difícil fazer uma avaliação do que foi diferente. Tem muito de circunstancial. Acho que os crimes, considerando os casos que já foram julgados, foram sendo descobertos, eles tinham uma grande dimensão.

Isso gerou, na sociedade, uma expectativa de que as instituições funcionassem. Nós tivemos aí milhões de pessoas que saíram às ruas, protestando sobre várias coisas, mas protestando também contra a corrupção e dando apoio às investigações. Ao meu ver, isso é algo muito significativo. E situa de uma maneira muito clara esse enfrentamento da corrupção como uma conquista da democracia brasileira.

Estadão – A Lava Jato vai acabar com a corrupção no Brasil?

Juiz Sérgio Moro – Não, não existe uma salvação nacional, não existe um fato ou uma pessoa que vai salvar o País. Um caso, pela escala que ele tem, como esse da Lava Jato, pode auxiliar a melhorar a qualidade da nossa democracia.
[...]

Estadão – Dois anos e meio depois de deflagrada a Lava Jato, por que o senhor decidiu dar a primeira entrevista? Está acabando a operação?

Juiz Sérgio Moro – Tem tido muitos convites para entrevistas, eu tenho sido, em geral, refratário aos convites. Mas dada a dimensão desse caso, e há uma natural curiosidade do público em relação a algumas posições do juiz, acabei concordando em dar essa entrevista para prestar alguns esclarecimentos. Quanto ao término da operação, é um pouco imprevisível. Porque, embora haja muitas vezes expectativa de que os trabalhos se aproximam do fim, muitas vezes se encontram novos fatos, novas provas, e as instituições não podem simplesmente fechar os olhos, têm de trabalhar com o que aparece. Então, é imprevisível.

Juiz Sérgio Moro no Plenário do Senado Federal durante segunda sessão de debates para discutir o Projeto de Lei do Senado nº 280, de 2016, que define os crimes de abuso de autoridade.

Fausto Macedo e Ricardo Brandt. "Jamais entraria para a política", diz Sérgio Moro. *O Estado de S. Paulo*, 05 nov. 2016. Disponível em: <https://goo.gl/Vm4Tw7>. Acesso em: 20 fev. 2017.

PARTE 3
Estratégias de argumentação e mecanismos de coesão

CAPÍTULO 4 — Estrutura do parágrafo

> O desenvolvimento das ideias em um texto dissertativo está organizado em **parágrafos**, cuja estrutura oferece ao autor, sob o ponto de vista da composição, e ao leitor, sob o ponto de vista da compreensão, um guia da organização textual.

Teoria

O parágrafo constitui uma unidade de composição, responsável pela coesão e pelo encadeamento textual. Ele apresenta, geralmente, duas partes:

Parte 1 – Afirmação de caráter genérico que expressa a ideia principal a respeito do assunto focalizado. Essa parte é chamada de **tópico frasal**.

Parte 2 – Argumentos que comprovam, fundamentam e explicam a afirmação presente no tópico frasal. Essa parte é chamada de **desenvolvimento**.

Observe essa organização no parágrafo a seguir.

> Talvez por não contar com os recursos modernos, o homem tentou no passado encontrar consolo valorizando a dor. Sofrer, como escreveu o poeta francês Charles Baudelaire (1821-1867), "é um divino remédio para as nossas impurezas". Várias religiões programaram essa ideia: basta lembrar os sofrimentos da paixão de Cristo ou o martírio dos santos. Apenas em 1957 uma encíclica de Pio XII autorizou os médicos católicos a usar a morfina "em doses moderadas" para acalmar o suplício dos pacientes. Em geral, é sempre assim: no cinema, o bandido leva um soco e fica se contorcendo no chão; o herói leva um tiro, range os dentes, passa a mão na camisa ensanguentada e vai à luta. Isso porque permanece inconscientemente a ideia de que quem aguenta a dor é íntegro e corajoso.
>
> Da Redação. E como dói. *Superinteressante*, 29 fev. 1988.
> Disponível em: <https://goo.gl/rqcSLT>. Acesso em: 21 fev. 2017.

Nesse parágrafo, podemos identificar duas partes:

Tópico frasal (ideia principal)	Talvez por não contar com os recursos modernos, o homem tentou no passado encontrar consolo valorizando a dor.
Desenvolvimento (comprovação)	Sofrer, como escreveu o poeta francês Charles Baudelaire (1821-1867), "é um divino remédio para as nossas impurezas". Várias religiões propagaram essa ideia: basta lembrar os sofrimentos da paixão de Cristo ou o martírio dos santos. Apenas em 1957 uma encíclica de Pio XII autorizou os médicos católicos a usar a morfina "em doses moderadas" para aclamar o suplício dos pacientes. Em geral, é sempre assim: no cinema, o bandido leva um soco e fica se contorcendo no chão; o herói leva um tiro, range os dentes, passa a mão na camisa ensanguentada e vai à luta. Isso porque permanece inconscientemente a ideia de que quem aguenta a dor é íntegro e corajoso.

No texto a seguir, uma Redação nota 1 000 do Enem 2011, observe a importância do parágrafo como recurso de organização textual.

Universalização com informação	
Parágrafo 1 INTRODUÇÃO: apresentação da tese	Devido à sua natureza social, o ser humano, durante toda a sua história, dependeu dos relacionamentos para conviver em comunidade e assim transformar o mundo. Hoje, as redes sociais na internet adquirem extrema importância, visto que são os principais meios através dos quais as pessoas se relacionam diariamente. Além de universalizar o acesso a elas, devemos também conhecer esse novo ambiente em que agimos.
Parágrafo 2 DESENVOLVIMENTO: argumentação (aspectos positivos)	As inovações tecnológicas, em sua maioria, buscam criar soluções que facilitem cada vez mais as nossas tarefas do cotidiano. Uma dessas tarefas, imposta pela sociedade, é a de mantermo-nos presentes e participativos em nossos círculos de relacionamentos, principalmente no dos amigos. Tarefa árdua em meio ao agito e falta de tempo do nosso estilo de vida contemporâneo, tornou-se muito mais simples com o advento das redes sociais digitais, como o "Facebook" e "Orkut", por exemplo. O sucesso dessas inovações é notado pela adesão maciça e pelo aumento considerável no número de acessos.
Parágrafo 3 DESENVOLVIMENTO: argumentação – antítese (aspectos negativos)	Porém, um ponto importante a ser analisado é a questão do futuro da privacidade. O fato de acessarmos essas redes até mesmo do conforto do nosso lar [...] nos faz esquecer de que a internet é um ambiente público. Nele as outras pessoas podem, e vão, julgar comportamentos, criticar ideias, acompanhar os "passos" dos outros e inclusive proporcionar constrangimentos.
Parágrafo 4 CONCLUSÃO: retomada da tese e proposta de intervenção	A velocidade com a qual as redes virtuais foram inseridas em nossa sociedade ainda não permitiu que as pessoas assimilassem e reconhecessem os limites que separam o ambiente público do privado. Mediante esse descompasso, é importantíssimo que os governos incluam na agenda da universalização do acesso às redes também ações educativas – palestras ou cursos – a fim de orientar os cidadãos, novos atores, sobre o que é e como funciona esse novo palco de relações. Atitudes como essa é que vão garantir, com dignidade, o acesso a esse mundo virtual de relações.

Wellington Gomes de Souza. *A redação no Enem 2012 – Guia do Participante*. Brasília: Ministério da Educação: Inep, 2012.

Atividades

1. Ordene as frases na sequência correta e em seguida copie-as, formando um parágrafo.

Parágrafo 1

( ) As duas opções não são excludentes.

( ) De um lado, enfatiza-se a importância de investir no chamado esporte de alto rendimento, ou seja, em melhores condições para o aperfeiçoamento de uma elite de atletas que poderia obter mais vitórias em competições de nível internacional.

( ) O sentimento de que o país permanece aquém de suas potencialidades nos esportes tem alimentado discussões sobre quais devem ser as diretrizes da política esportiva governamental. Esquematicamente, o debate gira em torno de duas alternativas.

( ) Ao contrário, complementam-se, embora a escassez de recursos possa levar a uma disputa entre os mais interessados numa ou noutra.

( ) De outro, salienta-se a importância de o Estado investir no esporte de base, que teria como principal objetivo não a formação de medalhistas olímpicos, mas a disseminação social da prática esportiva.

Política esportiva. *Folha de S.Paulo*, 31 ago. 2014. Editorial.

Parágrafo 2

( ) São números que dão uma boa dimensão do problema.

( ) Para a Organização Mundial da Saúde (OMS), o consumo de tabaco e álcool é estimado, respectivamente, em 30% e 50% da população nessa faixa etária.

( ) O consumo de drogas lícitas e ilícitas é um dos maiores desafios da sociedade contemporânea.

( ) O Escritório das Nações Unidas contra Drogas e Crime (UNODC) calcula que aproximadamente 200 milhões de pessoas usam drogas ilícitas em todo o mundo, o que representa 5% da população mundial acima de 15 anos.

As campanhas contra as drogas. *Opinião*.
Disponível em: <hhttps://goo.gl/Qu7QDG>. Acesso em: 07 mar. 2017.

_____
_____
_____
_____
_____
_____
_____
_____

Parágrafo 3

( ) Desde sua legalização, fazer uso dessa ferramenta tem sido algo cada vez mais naturalizado.

( ) Expressão ao mesmo tempo da liberdade individual do sujeito moderno, o divórcio como afirmação da lealdade a si mesmo por vezes esbarra, no outro polo, com um sistema de trocas e consumos que nos diz que o novo tem valor sempre superior.

( ) A ideia de viver uns 50 ou 60 anos compartilhando a vida e o teto com outro ser humano talvez não seduza tão profundamente os jovens de hoje como já o fez no passado.

( ) O divórcio, como qualquer outra prática social, tem uma história e um sentido.

Maria Homem. Divórcio – Sintoma de uma era ou ferramenta máxima da liberdade individual?
Casa do Saber. Disponível em: <https://goo.gl/nNtHNE>. Acesso em: 07 mar. 2017.

_____
_____
_____
_____

2. Escolha uma das frases abaixo para compor o tópico frasal do parágrafo que você irá escrever. Ao desenvolvê-lo, apresente argumentos que comprovem a frase.

1. O racismo sobrevive em forma residual, como uma espécie de síndrome resultante da época da escravidão.

   Gilberto Gil, cantor.

2. Todos os homens nascem iguais, mas essa é a última vez que o são.

   Abraham Lincoln, presidente dos Estados Unidos.

3. Todos querem voltar à natureza, mas ninguém quer ir a pé.

   Petra Kelly, deputada pelo Partido Verde Alemão.

4. O problema da mulher sempre foi um problema de homens.

   Simone de Beauvoir, escritora francesa.

5. O casamento feliz é uma prisão de cinco estrelas.

   Hélio Pellegrino, escritor e psicanalista.

3. Construa um parágrafo a respeito dos assuntos sugeridos. Siga, de preferência, o esquema abaixo:

1º Escreva uma frase que expresse seu ponto de vista a respeito do assunto.

2º Apresente os argumentos que deem sustentação à sua tese. Uma das possibilidades é apresentar as causas que justifiquem a opinião expressa. Para encontrar as causas, pergunte-se: "por quê?"

3º Conclua com base nos argumentos utilizados.

a) Escassez de água

_____
_____
_____
_____
_____
_____
_____
_____
_____
_____

b) Maioridade penal

_____
_____
_____
_____
_____
_____
_____
_____
_____
_____

c) Corrupção

_____
_____
_____
_____
_____
_____
_____
_____
_____

d) Tecnologia

_____
_____
_____
_____
_____
_____
_____
_____
_____
_____
_____
_____

4. Os parágrafos seguintes formam um texto. Numere-os de acordo com uma sequência lógica: introdução, desenvolvimento e conclusão.

a) (   ) As motivações dessa minoria certamente dariam margem a estudos sociológicos e psicossociais – e o contexto de rivalidade e do conflito entre torcidas certamente é um fator a ser considerado. Campanhas contra o racismo têm sido patrocinadas por entidades do esporte, como a própria Fifa, e precisam continuar.

b) (   ) Não é o primeiro episódio dessa natureza a envolver membros da torcida gremista, mas o problema não está localizado nesta ou naquela agremiação ou cidade. Em abril, reportagem do portal "Globo Esporte" contabilizava 14 casos de atletas ou treinadores que relataram ofensas racistas em diversos estádios do país num intervalo de 12 meses, até março de 2014. Muitos desses fatos não tiveram suficiente visibilidade, por terem ocorrido em partidas de pouco interesse do público, algumas delas em divisões inferiores.

c) (   ) As ofensas que partiram de alguns torcedores do Grêmio contra Aranha, goleiro do Santos, durante jogo realizado em Porto Alegre na última quinta-feira, foram mais uma evidência de que esse tipo de comportamento já se incorporou ao repertório da violência que, lamentavelmente, se faz presente nas arenas esportivas.

d) (   ) É indispensável, ao mesmo tempo, que se aplique a lei. A Constituição veta a discriminação por sexo, raça ou religião, e a legislação esportiva prevê sanções para os clubes cujos torcedores incorram nesse tipo de delito. É imperioso que os transgressores sejam julgados e punidos e o Grêmio, na parte que lhe cabia, agiu com rigor e celeridade exemplares. Só assim a violência e a intolerância serão derrotadas.

e) (   ) Trata-se de uma questão internacional, à qual o Brasil talvez se sentisse imune por ser um país miscigenado, com tradição de relativa tolerância étnica, em que jogadores negros se destacaram como protagonistas. Se não fosse por todos os outros motivos, ao menos parecia um contrassenso lançar ofensas racistas na terra em que Pelé é chamado de rei.

f) (   ) Não é demais lembrar que manifestações de preconceito também se verificam em outros esportes e não se resumem à cor da pele. Ataques verbais contra atletas homossexuais já ocorreram, por exemplo, no vôlei brasileiro e em diversas modalidades no exterior.

g) (   ) Manifestações racistas dirigidas a jogadores de futebol, que se tornaram frequentes em torneios na Europa, propagam-se também no Brasil. Casos que antes pareciam esporádicos e isolados passaram a se repetir em estádios nacionais com preocupante assiduidade.

Fonte: *Folha de S. Paulo*, 30 ago. 2014.

Comentários

PARTE 3
Estratégias de argumentação e mecanismos de coesão

CAPÍTULO 5 — Análise de um problema

Ao escrever uma dissertação, você irá sustentar uma afirmação, desenvolver um ponto de vista ou expressar uma opinião. Para isso é preciso, inicialmente, que informe ao leitor o objeto dessa discussão. É necessário, também, justificar a razão que o leva a abordar o problema. A seguir, você irá desenvolver a análise, indicando ao leitor a maneira como o faz. Ao indicar esses caminhos, você usará palavras de coesão. Vamos conhecê-las.

Teoria

Primeira parte: como propor o problema

Você pode abordar um problema baseado em um fato ou em afirmações lidas ou ouvidas.

1ª possibilidade – Abordar um problema baseado em um fato.

Fato	A cada ano, os acidentes de moto tornam-se mais numerosos. Domingo passado, quatro jovens mataram-se por imprudência. As duas motos rodavam a mais de 150 km/h e derraparam numa curva.

Para expor um problema baseando-se nesse fato, você pode utilizar várias estruturas da língua. Vejamos algumas:

Fato × Problema
1 — **Há alguns dias**, mais quatro jovens mataram-se num acidente de moto. Esse lamentável acontecimento **apresenta** mais uma vez **o problema** da imprudência dos jovens sobre as "duas rodas".

2	**Depois do** acidente ocorrido domingo passado, no qual quatro pessoas faleceram, **a questão** da utilização das motos por jovens imprudentes **está novamente em pauta**.
3	**A cada ano que passa** o número de acidentes sofridos por jovens motociclistas não cessa de crescer. Foi o que ocorreu domingo passado com quatro jovens que encontraram a morte a mais de 150 km/h. **Quando alguém se decidirá, enfim**, a tomar as medidas necessárias para a solução do problema?
4	**É imprescindível, num futuro próximo**, rever o problema da utilização das motos por jovens. O acidente ocorrido domingo passado, no qual quatro jovens morreram, mostra que é preciso tomar algumas providências.
5	O recente acidente de moto que custou a vida de quatro jovens **trouxe à luz os problemas** causados pela utilização das "duas rodas". **Vamos permanecer muito tempo sem** fazer nada e deixar alongar-se a cada dia a lista das vítimas?

2ª possibilidade – Abordar um problema baseado em afirmações lidas ou ouvidas.

Problema: A influência da televisão.

Afirmações:

1. A televisão é prejudicial às crianças.

2. Ela não desenvolve o raciocínio, nem desperta a criatividade.

3. O telespectador assume, diante da TV, um comportamento passivo.

Veja algumas possibilidades para se começar a abordar o problema:

Fato × Problema	
1	A televisão é prejudicial às crianças. Ela não desenvolve o raciocínio, nem desperta a criatividade. **Essas são algumas das afirmações frequentemente ouvidas a respeito da influência da televisão. Serão exatas?**
2	**É verdade que** a televisão é prejudicial às crianças por não desenvolver o raciocínio, nem despertar a criatividade, **como afirmam muitas pessoas?**
3	**Fala-se muito, atualmente**, que a televisão é prejudicial às crianças. Não desenvolve o raciocínio, nem desperta a criatividade. **A questão está colocada**: a influência que a televisão exerce no desenvolvimento cultural de uma criança.
4	**Algumas pessoas afirmam que seria melhor que** as crianças não assistissem à televisão, pois ela não desenvolve o raciocínio, nem desperta a criatividade. **Colocam, assim, o problema** da influência da televisão no desenvolvimento cultural de uma criança.
5	**Num estudo dedicado** à influência da televisão no desenvolvimento cultural de uma criança, ...x... (o autor... a revista... o sociólogo...) **afirma que** a televisão não desenvolve o raciocínio, nem desperta a criatividade. **Podemos aceitar tais conclusões?**

Oferecemos a seguir alguns começos de textos dissertativos baseados em fatos ou em afirmações.

	Inícios de textos com base em fatos
1	O assassinato de uma professora da rede pública do Ensino Médio por dois antigos alunos viciados em drogas, em Jacareí (SP), é a confirmação trágica das conclusões de um importante levantamento feito pelo Grupo de Apoio e Proteção à Escola (Gape), vinculado ao Departamento de Investigações sobre Narcóticos da Polícia Civil (Denarc). Segundo o trabalho, feito com base em visitas de investigadores do órgão às 2 703 escolas de São Paulo, as escolas se converteram no alvo preferencial do narcotráfico.
2	A notícia de que cientistas norte-americanos têm desenvolvido um tipo de suíno com menos gordura e maiores dimensões a partir da injeção, nestes animais, de genes humanos, despertou, mais uma vez, críticas aos geneticistas.
3	O acelerado processo de crescimento das favelas no município de São Paulo – nos últimos 14 anos o número dos que ali habitam elevou-se a uma taxa de 1,039%, enquanto a população total da cidade aumentou apenas 59% – revela com dramaticidade a falta de alternativas de moradia para as camadas de baixa renda e a ausência de iniciativas governamentais para enfrentar a questão.

	Inícios de textos com base em afirmações
1	Há quem faça a comparação entre o motorista de Brasília que é prudente e não tem perícia e o motorista do Rio de Janeiro, que tem, opostamente, perícia e é imprudente. As estatísticas, apesar de ainda limitadas, indicam que o resultado é quase o mesmo: muitos acidentes em ambas as cidades.
2	Tem sido generalizada, há vários anos, a concepção de que a educação superior brasileira deve ser contida em seu crescimento. Apontam-se, para tanto, o crescimento exagerado observado no final da década de 1960 e princípio dos anos 1970, a baixa qualidade do ensino, a saturação do mercado de trabalho, o subemprego, a necessidade de se concentrar na expansão do Ensino Fundamental e Médio.

Segunda parte: como desenvolver a análise

Proposto o problema, você vai analisá-lo. Para ajudar o leitor a acompanhar o seu raciocínio, é necessário, muitas vezes, indicar a maneira como você organiza suas ideias. Para isso, podem ser utilizados elementos de coesão. Eles são responsáveis pela ligação entre as partes do texto.

Para começar a análise...
- É preciso, inicialmente, observar...
- Deve-se analisar, primeiramente...
- A primeira observação se referirá a...
- Iniciemos a análise observando...
- Analisemos, em primeiro lugar...

Para insistir no problema...
- Não podemos esquecer que...
- É necessário frisar, por outro lado, que...
- É preciso insistir também no fato de que...

Para concluir a análise...
- Consequentemente...
- Por isso...
- Assim...
- Nesse sentido...
- Em suma...
- Definitivamente...

A combinação dos elementos de coesão que lhe foram oferecidos para a elaboração de um texto pode resultar em várias possibilidades. Vejamos algumas:

Possibilidade 1

É verdade que a televisão é prejudicial à criança por não desenvolver o raciocínio, nem despertar a criatividade, **como afirmam muitas pessoas**?

Devem-se analisar, primeiramente, as horas diárias que uma criança dedica aos programas de televisão. Grande parte das crianças permanece diante da tela durante várias horas seguidas no dia. Isso significa que pode não estar havendo uma seleção adequada de uma programação que atenda aos interesses da criança. Consequentemente, elas ficam sujeitas a informações indiscriminadas e, muitas vezes, inadequadas.

Não podemos esquecer que o telespectador assume diante da televisão uma atitude passiva, pois a TV não possibilita qualquer interação entre emissor e receptor. Dessa forma, a criança recebe informações prontas, não favorecendo a uma compreensão e a um possível questionamento.

Nesse sentido, parece que a opinião segundo a qual a televisão é prejudicial à criança corresponde à realidade.

Possibilidade 2

A televisão é prejudicial às crianças. Ela não desenvolve o raciocínio, nem desperta a criatividade. **Essas são algumas das afirmações frequentemente** ouvidas a respeito da influência desse meio de comunicação de massa. Serão exatas?

É preciso, inicialmente, considerar que grande parte das crianças permanece diante da televisão durante várias horas seguidas no dia. Isso significa que pode não estar havendo uma seleção adequada de uma programação que atenda aos interesses da criança. Consequentemente, ela fica sujeita a informações indiscriminadas e, muitas vezes, inadequadas.

Observa-se também que o telespectador assume diante da televisão uma atitude passiva, pois a TV não possibilita qualquer interação entre emissor e receptor. Dessa forma, a criança recebe informações prontas, não favorecendo a uma compreensão e a um possível questionamento.

Consequentemente, parece que a opinião segundo a qual a televisão é prejudicial à criança corresponde à realidade.

Síntese

	Divisão em parágrafos	Sequência	Relações	Elementos de coesão
	§ 1º	Formulação do problema	Fatos ou afirmações	**Fato ou declaração** Há alguns dias... Há algum tempo... Por causa de... Os recentes acontecimentos de... evidenciaram... Num estudo (livro, revista) sobre... o autor afirma que... Algumas pessoas afirmam que seria... **Problema** Este... evidencia o problema de... A questão de... está novamente em evidência... É certo que... É verdade que... É possível aceitar que... Será a melhor solução...
Demonstração	§ 2º	Análise do problema	Causa(s) e/ou consequências	É preciso, em primeiro lugar, lembrar... É preciso, primeiramente, observar... É preciso, inicialmente, analisar... É preciso considerar... A primeira observação se refere a... Tratemos rapidamente o problema de... Analisemos a questão de...
Demonstração	§ 3º	Análise do problema	Causa(s) e/ou consequências	Não podemos esquecer que... É necessário frisar também que... Nota-se, por outro lado, que... Observa-se também que... É fundamental observar que... É imprescindível insistir no fato de que... Lembremos também que...
	§ 4º	Conclusão	Consequências	Portanto... Assim... Finalmente... Resumindo... Em suma... Nesse sentido... Dessa forma... Definitivamente...

Atividades

1. Leia:

Fato: Enquanto trabalhavam, dois motoristas de ônibus foram brutalmente assassinados anteontem à noite na capital. O primeiro caso aconteceu no Parque da Mooca, Zona Leste. Cerca de duas horas depois, ocorreu outro crime no bairro do Capão Redondo, Zona Sul de São Paulo.

Problema: A violência nos grandes centros urbanos.

Como você começaria a tratar do problema da violência nos grandes centros urbanos a partir desse fato? Utilize os elementos de coesão sugeridos.

_____
_____
_____
_____
_____
_____
_____

2. Relate sucintamente dois fatos transmitidos por um dos meios de comunicação: jornal, revista, rádio, televisão. Informe os problemas que esses fatos revelam.

Em seguida, em cada caso, comece a expor o problema relacionando-o com o fato exposto. Utilize os elementos de coesão sugeridos.

Fato: _____
_____
_____
_____

Problema: _____

Exposição do problema: _____
_____
_____
_____
_____

_____

Fato: _____

_____

Problema: _____

Exposição do problema: _____

_____

3. Nos exercícios anteriores, você expôs um problema a partir de um fato. Nos próximos exercícios, você irá começar a expor um problema a partir de afirmações lidas ou ouvidas.

Nós lhe apresentamos o problema, seguido de algumas afirmações. Para começar a abordar o problema, utilize uma das estruturas frasais sugeridas.

Problema: O abandono da religião.

Afirmações: **1.** O homem moderno somente se preocupa com bens materiais.

2. O homem moderno substitui a religião pela tecnologia.

Exposição do problema: _____

_____

4. Neste exercício, apresentamos-lhe apenas o problema. Compete a você:
- formular algumas afirmações a respeito do problema;
- começar a expor o problema relacionando-o com as afirmações feitas.

a) Problema: A destruição da natureza.

1. _____

2. _____

Exposição do problema: _____

_____
_____
_____
_____
_____

b) Problema: A escassez de mão de obra qualificada no Brasil.
Afirmações:

1. _____

2. _____

Exposição do problema: _____

_____
_____
_____
_____
_____
_____

PARTE 3
Estratégias de argumentação e mecanismos de coesão

CAPÍTULO 6 — Enumeração no parágrafo

> Enumerar argumentos, vantagens, inconvenientes, soluções e erros significa apresentar uma lista. Mas é preferível colocar uma ordem nessa lista, classificar os argumentos e indicar qual é essa ordem com a ajuda de determinadas expressões que dão coesão ao texto. Assim, sua apresentação será mais clara e obedecerá a uma progressão, o que ajudará a convencer o leitor. Neste capítulo, veremos como fazer isso no parágrafo.

Teoria

Procedimentos para realizar uma enumeração no parágrafo

Suponhamos que você devesse falar sobre as vantagens da utilização do álcool como substitutivo da gasolina. Inicialmente, você formularia uma frase na qual informaria ao leitor o assunto tratado. A seguir, enumeraria as vantagens, como fizemos abaixo:

Assunto	O governo brasileiro pretende restringir o consumo dos derivados de petróleo. Para isso, está incentivando o uso do álcool como substitutivo da gasolina. Essa mudança de combustível trará ao país e, consequentemente, à população algumas vantagens:
Enumeração	1. redução da importação de petróleo; 2. desenvolvimento da agricultura; 3. maior participação de mão de obra; 4. redução do custo de combustível.

Contudo, em vez de simplesmente indicar as vantagens, você poderia desenvolvê-las e apresentá-las ao leitor por meio de elementos de coesão. Isso tornaria seu texto mais claro e o leitor acompanharia com maior facilidade seu raciocínio. Veja alguns procedimentos linguísticos utilizados para expressar uma enumeração de vantagens ou desvantagens de um determinado assunto.

1º procedimento

O governo brasileiro pretende restringir o consumo dos derivados de petróleo. Para isso, está incentivando o uso do álcool nos automóveis como substitutivo da gasolina. Essa mudança de combustível trará ao país e, consequentemente, à população algumas vantagens. **Já se sabe, por exemplo, que** haveria uma redução nas importações de petróleo. Ainda mais importante: possibilitaria o desenvolvimento da agricultura em regiões do país não exploradas. **É possível contar também com** o aproveitamento da mão de obra ociosa. **Enfim, a hipótese de que** haveria uma redução no custo do combustível não deve ser excluída.

2º procedimento

O governo brasileiro pretende restringir o consumo dos derivados de petróleo. Para isso, está incentivando o uso do álcool nos automóveis como substitutivo da gasolina. Essa mudança de combustível trará ao país e, consequentemente, à população algumas vantagens. **Em primeiro lugar**, é preciso observar uma redução significativa que se operará nas importações de petróleo. **Além do mais**, o plantio da cana-de-açúcar possibilitará o desenvolvimento da agricultura, principalmente em regiões ainda não exploradas. **Em terceiro lugar**, é preciso prever também um aproveitamento maior da mão de obra, seja na agricultura, seja nas usinas. **Por último, não devemos excluir a hipótese de** ocorrer uma redução no custo do combustível.

3º procedimento

O governo brasileiro pretende restringir o consumo dos derivados de petróleo. Para isso, está incentivando o uso do álcool nos automóveis como substitutivo da gasolina. Essa mudança de combustível trará ao país e, consequentemente, à população algumas vantagens. A utilização do álcool como combustível para acionar automóveis possibilitará uma redução significativa nas importações de petróleo. **A essa primeira vantagem se acrescenta** o desenvolvimento da agricultura principalmente em regiões ainda não exploradas. **Paralelamente, podemos prever** um aproveitamento maior da mão de obra ociosa, seja na agricultura, seja nas usinas a serem criadas. **Se acrescentarmos, enfim, a possibilidade de** uma redução do custo do combustível **veremos** que sua implantação só trará benefícios.

Síntese dos elementos de coesão

Para começar	Para continuar	Para terminar
Em primeiro lugar... Primeiramente... Inicialmente... Por um lado...	Em segundo lugar... Em seguida... Deve-se acrescentar... Por outro lado... Ainda... Além do mais... Paralelamente...	Em terceiro lugar... Além disso... Em último lugar... Enfim... Finalmente...

Nos parágrafos seguintes, extraídos de diferentes textos, destacamos os elementos de coesão. Observe como o uso desses elementos é fundamental para a compreensão das ideias que se deseja transmitir, assim como para a progressão textual.

No último decênio do século XIX criou-se uma situação excepcionalmente favorável à expansão da cultura do café no Brasil. **Por um lado**, a oferta não brasileira atravessou uma etapa de dificuldades, sendo a produção asiática grandemente prejudicada por enfermidades, que praticamente destruíram os cafezais da ilha de Ceilão. **Por outro lado**, com a descentralização republicana, o problema da imigração passou às mãos dos Estados, sendo abordado de forma muito mais ampla pelo governo do Estado de São Paulo, vale dizer, pela própria classe dos fazendeiros de café. **Finalmente**, os efeitos estimulantes da grande inflação de crédito desse período beneficiaram duplamente a classe de cafeicultores: proporcionando o crédito necessário para financiar a abertura de novas terras e elevando os preços do produto em moeda nacional com a depreciação cambial.

Celso Furtado. *Formação econômica do Brasil*. São Paulo: Companhia das Letras, 2007.

O sentimento de que o país permanece aquém de suas potencialidades nos esportes tem alimentado discussões sobre quais devem ser as diretrizes da política esportiva governamental. Esquematicamente, o debate gira em torno de duas alternativas. **De um lado**, enfatiza-se a importância de investir no chamado esporte de alto rendimento, ou seja, em melhores condições para o aperfeiçoamento de uma elite de atletas que poderia obter mais vitórias em competições de nível internacional. **De outro**, salienta-se a importância de o Estado investir no esporte de base, que teria como principal objetivo não a formação de medalhistas olímpicos, mas a disseminação social da prática esportiva. As duas opções não são excludentes. Ao contrário, complementam-se, embora a escassez de recursos possa levar a uma disputa entre os mais interessados numa ou noutra.

Política esportiva. *Folha de S. Paulo*, 31 ago. 2014. Editorial.

Atividades

1. Elabore um parágrafo seguindo as instruções de cada item.

a) Observe as inconveniências da exploração indiscriminada da Floresta Amazônica.

Assunto	A exploração indiscriminada e desenfreada da Floresta Amazônica pode acarretar ao país e ao planeta sérios problemas:
Enumeração	1) desequilíbrio no complexo mecanismo ecológico da região; 2) impossibilidade de utilização de toda a riqueza natural; 3) extinção da fauna com suas espécies raríssimas; 4) destruição da maior área verde do planeta.

b) Como você enumeraria esses inconvenientes em um texto para transmiti-los ao leitor com maior ênfase? (Utilize os elementos de coesão.)

Assunto	A exploração indiscriminada e desenfreada da Floresta Amazônica pode acarretar ao país e ao planeta sérios problemas:
Enumeração	Em primeiro lugar, _____ _____ _____ Deve-se acrescentar também _____ _____ _____ Por outro lado, _____ _____ _____ Finalmente, _____ _____ _____

c) Dê outra redação a esse parágrafo, alterando os elementos de coesão.

2. Complete o texto com elementos de coesão para enumerar várias justificativas. A seguir, copie todo o texto alterando os elementos inicialmente empregados.

> O argumento de que o menor poderia cometer graves infrações de trânsito e, por ser inimputável, não ser punido criminalmente é também inconsistente. _____, todo menor que comete ato infracional fica sujeito às medidas socioeducativas do Estatuto da Criança e do Adolescente. Elas não são de natureza repressiva, mas não deixam de representar instrumentos de controle do Estado. _____, porque o adolescente, mesmo sem ser motorista, pode cometer outros atos infracionais graves, como matar, traficar etc. _____, é sabido que muitos jovens entre 16 e 18 anos dirigem automóveis ou motos com a necessária aptidão e, normalmente, não cometem atos infracionais, a não ser a infringência à própria norma que lhes proíbe de ser motoristas.
>
> João José Leal. Menores ao volante. *Folha de S. Paulo*, 24 out. 1998.

3. Escreva um parágrafo com base no assunto sugerido. Siga, de preferência, os passos abaixo sugeridos:

1º) Enumere pelo menos três aspectos (causas, inconvenientes, vantagens etc.) propostos em cada assunto.

2º) Redija um parágrafo utilizando uma das possibilidades de organização do texto, com base nas palavras de coesão.

a) Assunto: Vantagens da leitura.

Enumeração:

_____
_____
_____
_____
_____

Redação do parágrafo:

_____
_____
_____
_____
_____
_____
_____
_____
_____
_____
_____
_____
_____

b) Assunto: Consequências da poluição ambiental.

Enumeração:

___

Redação do parágrafo:

___

c) Assunto: Causas da corrupção.

Enumeração:

Redação do parágrafo:

4. Escreva dois parágrafos sobre o desmatamento da Floresta Amazônica dando continuidade ao primeiro parágrafo, apresentado a seguir. Um dos parágrafos deverá abordar as causas e o outro, as consequências do problema. Use elementos de coesão adequados para cada uma das partes.

Primeiro parágrafo: introdução

O desmatamento da Floresta Amazônica é um dos principais problemas ambientais do mundo atual, em função da grande importância da floresta para o planeta.

Segundo parágrafo: principais causas

1) Degradação provocada pelo corte ilegal de árvores, destinadas ao comércio ilegal de madeira.
2) Queimadas ilegais para abertura de pastagens para o gado ou áreas agrícolas (principalmente para a cultura de soja).
3) Assentamentos humanos em função da implantação de atividades econômicas.

Terceiro parágrafo: principais consequências

1) Extinção de espécies vegetais e animais.
2) Desequilíbrio no ecossistema da região.
3) Aumento da poluição do ar nos casos de queimadas.
4) Aumento de casos de erosão do solo.

PARTE 3
Estratégias de argumentação e mecanismos de coesão

CAPÍTULO 7
Enumeração no texto

Assim como você pode escrever um parágrafo enumerando aspectos do assunto focalizado, é possível estruturar um texto enumerando causas, consequências, fatos e soluções de um determinado problema.

Veja a concretização desse procedimento no texto a seguir.

Teoria

Leia o texto abaixo.

Formação da individualidade

No processo de formação de opiniões individuais atuam três fatores básicos.

Um primeiro fator fundamental é a educação. Ela vai conformando a mentalidade dos indivíduos e abrindo-lhes horizontes específicos: desde o momento em que nasce e se incorpora à sociedade, o cidadão participa de todo um processo educativo, que vai moldando o seu comportamento e delineando normas de conduta. Esse processo educativo envolve não apenas a educação informal – conjunto de experiências que as pessoas vão adquirindo pelo fato de viverem em sociedade – mas também a educação formal – aquela proporcionada pela escola, pela universidade.

Outro fator importante é a vida familiar, que se insere no próprio contexto da educação informal. Da família o indivíduo recebe uma série de padrões de comportamento, aos quais se vai acostumando, e em torno dos quais vai girar a sua atividade social. Toda a sua vida em sociedade estará orientada pelos marcos de referência que advêm da vida familiar e condicionam a adoção de opiniões e atitudes.

Um último fator a ser considerado é a participação do indivíduo nos grupos primários: vizinhança, clubes, trabalho, associações etc. O indivíduo se integra nesses grupos, porque as suas normas estão de acordo com os seus próprios padrões de comportamento. Ele aprende a cumprir as normas do grupo e a receber as sanções delas decorrentes.

José Marques de Melo. *Comunicação, opinião, desenvolvimento*. Petrópolis: Vozes, 1971.

Organização do texto

Para apresentarmos os elementos de coesão utilizados para traduzir a ideia de enumeração no texto, elencamos a seguir algumas possibilidades de redação para cada parte do texto lido.

- **1º parágrafo:** Abordagem do assunto a ser analisado.

Algumas possibilidades:

1. **É possível analisar** o processo de formação de opiniões individuais **com base em** três fatores fundamentais.
2. **É possível analisar** o processo de formação de opiniões individuais **a partir de** três fatores básicos.
3. O processo de formação de opiniões individuais **pode ser analisado** a partir de três **aspectos fundamentais**.
4. **Vários fatores** atuam no processo de formação de opiniões individuais.
5. **Dentre os vários fatores que** atuam no processo de formação de opiniões, **destacam-se** três fundamentais.

- **2º parágrafo:** Indicação e análise de um dos fatores (aspectos, vantagens, inconvenientes, causas, consequências, problemas).

Algumas possibilidades para se introduzir o parágrafo:

1. **É possível apontar, inicialmente**, a educação **como fator fundamental**. [...]
2. **Em primeiro lugar, podemos apontar** a educação **como fator básico**. [...]
3. A educação é, **seguramente, o primeiro fator básico**. [...]
4. **Em primeiro lugar, destaca-se** a educação. [...]

- **3º parágrafo:** Indicação e análise de um outro fator (aspecto, vantagem, inconveniente, causa, consequência, problema).

Algumas possibilidades para se introduzir o parágrafo:

1. **Um segundo fator importante é** a vida familiar. [...]
2. **Um outro aspecto importante é** a vida familiar. [...]
3. **Em segundo lugar, deve-se observar** a vida familiar. [...]
4. **Além disso, é importante considerar-se** a vida familiar. [...]
5. **Além desse fator, não é possível esquecer** a vida familiar. [...]
6. **Paralelamente a esse fator, deve-se acrescentar** a vida familiar. [...]
7. **Por outro lado, não podemos esquecer** a vida familiar. [...]

- **4º parágrafo:** Indicação e análise do último fator (aspecto, vantagem, inconveniente, causa, consequência, problema).

Algumas possibilidades para se introduzir o parágrafo:

1. **Um terceiro fator que adquire importância é** a participação do indivíduo...
2. **Um último fator a ser considerado é** a participação do indivíduo...
3. **Por último, deve-se considerar** a participação do indivíduo...
4. **Finalmente, não podemos esquecer** a participação do indivíduo...
5. **Enfim, não se deve excluir** a participação do indivíduo...

Atividades

1. Complete o texto "Formação da individualidade" alterando os elementos de coesão.

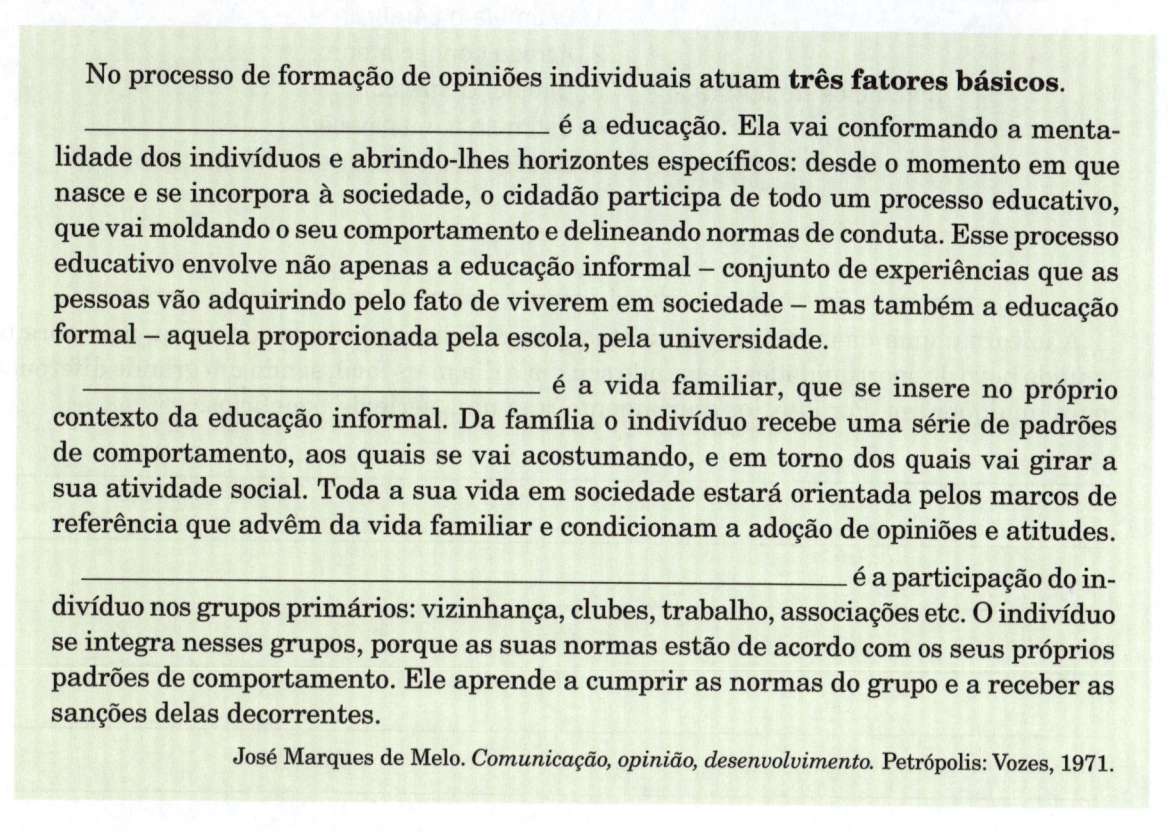

No processo de formação de opiniões individuais atuam **três fatores básicos**.

_____ é a educação. Ela vai conformando a mentalidade dos indivíduos e abrindo-lhes horizontes específicos: desde o momento em que nasce e se incorpora à sociedade, o cidadão participa de todo um processo educativo, que vai moldando o seu comportamento e delineando normas de conduta. Esse processo educativo envolve não apenas a educação informal – conjunto de experiências que as pessoas vão adquirindo pelo fato de viverem em sociedade – mas também a educação formal – aquela proporcionada pela escola, pela universidade.

_____ é a vida familiar, que se insere no próprio contexto da educação informal. Da família o indivíduo recebe uma série de padrões de comportamento, aos quais se vai acostumando, e em torno dos quais vai girar a sua atividade social. Toda a sua vida em sociedade estará orientada pelos marcos de referência que advêm da vida familiar e condicionam a adoção de opiniões e atitudes.

_____ é a participação do indivíduo nos grupos primários: vizinhança, clubes, trabalho, associações etc. O indivíduo se integra nesses grupos, porque as suas normas estão de acordo com os seus próprios padrões de comportamento. Ele aprende a cumprir as normas do grupo e a receber as sanções delas decorrentes.

José Marques de Melo. *Comunicação, opinião, desenvolvimento*. Petrópolis: Vozes, 1971.

2. Complete o texto a seguir com os elementos de coesão adequados.

Por que assistir a alguém apanhar até sangrar, como acontece no MMA e nos filmes de ação, soa divertido em vez de causar repulsa? Por que se tornou normal nossas crianças assistirem a desenhos animados repletos de tiro, porrada e bomba? Por três razões.

_____ porque a proteção da tela garante que nenhum golpe irá nos acertar, pelo menos não fisicamente, o que ajuda a manter a sensação de conforto. _____ porque ver cenas violentas nos ajuda a extravasar nossa própria agressividade, tolhida em favor da civilidade. _____ porque precisamos manter nossa agressividade natural para garantir a sobrevivência. As três características não implicam nada patológico, segundo especialistas, a não ser quando há exagero no acesso a conteúdos violentos, especialmente entre as crianças.

Essas são as conclusões de estudos realizados por cientistas do Rio Grande do Sul que estudam a influência da violência no comportamento humano. Os estudos foram abordados no Congresso Internacional do Cérebro, Comportamento e Emoções, que aconteceu em Porto Alegre (RS), no começo do mês.

Camila Neumam. Por que gostamos de ver as lutas de MMA na TV? *UOL notícias*, 20 maio 2015. Disponível em: <https://goo.gl/ewDWC8>. Acesso em: 21 fev. 2017.

3. Escreva um texto sobre **os benefícios da leitura**, com base em alguns dos itens selecionados no quadro abaixo, dando continuidade ao primeiro parágrafo. Não se esqueça de dar um título à sua redação. Na escrita do texto, você pode utilizar os elementos de coesão apresentados neste capítulo.

Benefícios da leitura	1. Estimula o cérebro. 2. Agrega conhecimento. 3. Diminui o *stress*. 4. Estimula a imaginação. 5. Desenvolve o poder de concentração.

_____

    A leitura é uma das maiores conquistas que o ser humano pode conseguir, pois abre um mundo novo de oportunidades, deixando seu dia a dia mais fácil, sendo um grande diferencial para qualquer um. Por isso, ler diariamente traz uma série de benefícios.

_____
_____
_____
_____
_____
_____
_____
_____
_____
_____
_____
_____
_____
_____
_____
_____
_____

4. Oferecemos a seguir o primeiro parágrafo de algumas possíveis dissertações. Escolha um deles e desenvolva o texto empregando os elementos de coesão.

Parágrafos iniciais

1. O problema da corrupção pode ser analisado a partir de três fatores básicos.
2. A violência nos grandes centros urbanos é decorrente de três causas fundamentais.
3. O alto índice de analfabetismo no Brasil gera sérios problemas no desenvolvimento cultural e econômico do país.

1ª fase: PENSE E ORGANIZE SUAS IDEIAS.

I. Escolha o parágrafo: _____

II. Faça uma relação a mais completa possível de vantagens, causas, inconvenientes, erros, soluções ou consequências relacionados ao problema focalizado.

_____
_____
_____
_____
_____
_____
_____

III. Escolha três ou, no máximo, quatro itens.

_____
_____
_____
_____
_____
_____
_____
_____

2ª fase: ESCREVA O TEXTO.

- Escreva o texto, introduzindo os itens selecionados por meio de elementos de coesão. Eles serão os responsáveis pela ligação entre os parágrafos do texto.

_____
_____

5. Escreva um texto sobre **as causas** ou **as consequências da desigualdade social**, com base em alguns dos itens selecionados na lista abaixo. Na escrita do texto, utilize os elementos de coesão apresentados neste capítulo.

Tema: desigualdade social

Causas da desigualdade social

- Má distribuição de renda.
- Má administração dos recursos.
- Lógica do mercado capitalista (consumo, mais-valia).
- Falta de investimento nas áreas sociais, culturais, saúde e educação.
- Falta de oportunidades de trabalho.
- Corrupção.

Consequências da desigualdade social

- Pobreza, miséria e favelização.
- Fome, desnutrição e mortalidade infantil.
- Aumento das taxas de desemprego.
- Diferentes classes sociais.
- Marginalização de parte da sociedade.
- Atraso no progresso da economia do país.
- Aumento dos índices de violência e criminalidade.

PARTE 3
Estratégias de argumentação e mecanismos de coesão

CAPÍTULO 8 — Relação de oposição

Você conheceu, nos capítulos anteriores, recursos da língua utilizados para expressar uma relação de causalidade.

Uma outra estratégia de argumentação é apresentar ao leitor os argumentos contrários à tese.

Para mostrar os contrastes entre opiniões ou fatos, a língua nos oferece um outro tipo de relação: a **relação de oposição**.

Teoria

Para comprovar uma afirmação e sobretudo para argumentar e convencer o leitor sobre determinado ponto de vista, é importante explorar a oposição entre fatos e opiniões.

Fato 1	Fato 2
O país possui uma grande extensão de terras produtivas.	Milhões de brasileiros passam fome.

Para comunicar a oposição existente entre esses fatos, a língua portuguesa oferece várias possibilidades:

1	Há um contraste entre a grande extensão de terras produtivas do país e os milhões de brasileiros que passam fome.
2	A grande extensão de terras produtivas do país contrasta com a fome de milhões de brasileiros.
3	Apesar de o país possuir uma grande extensão de terras produtivas, milhões de brasileiros ainda passam fome.
4	O país possui uma grande extensão de terras produtivas, mas milhões de brasileiros ainda passam fome.
5	Embora o país possua uma grande extensão de terras produtivas, milhões de brasileiros passam fome.

Para cada uma dessas possibilidades, a língua oferece uma série de palavras e expressões. Conheça no quadro abaixo algumas delas.

	Palavras e expressões que transmitem a ideia de oposição	
Elementos de coesão	1. Substantivos	contraste, objeção, antagonismo, reação, resistência, rejeição, oposição, impedimento, empecilho, animosidade, contrariedade, obstáculo etc.
	2. Adjetivos	contrário, oposto, antagônico etc.
	3. Verbos	objetar, impedir, contrariar, defrontar-se com, ir de encontro a, embargar, obstar, contrastar etc.
	4. Locuções e preposições	apesar de, a despeito de, não obstante, pelo contrário, malgrado, em contraste com, contra etc.
	5. Conjunções adversativas	mas, porém, contudo, todavia, entretanto, no entanto, senão etc.
	6. Conjunções concessivas	embora, apesar de que, se bem que, ainda que, posto que, conquanto que, em que pese, muito embora, mesmo que, enquanto, ao passo que etc.

Na dissertação argumentativa, explorar a relação de oposição é fundamental. Por meio dela, trabalha-se com os argumentos contrários, possibilitando ao autor uma fundamentação mais consistente da tese. Veja como essa relação está presente nos textos seguintes observando os elementos de coesão utilizados para traduzir essa relação.

TEXTO 1

O verdadeiro preço de um brinquedo

É comum vermos comerciais direcionados ao público infantil. Com a existência de personagens famosos, músicas para crianças e parques temáticos, a indústria de produtos destinados a essa faixa etária cresce de forma nunca vista antes. **No entanto**, tendo em vista a idade desse público, surge a pergunta: as crianças estariam preparadas para o bombardeio de consumo que as propagandas veiculam?

Há quem duvide da capacidade de convencimento dos meios de comunicação. **No entanto**, tais artifícios já foram responsáveis por mudar o curso da História. A imprensa, no século XVIII, disseminou as ideias iluministas e foi uma das causas da queda do absolutismo. **Mas** não é preciso ir tão longe: no Brasil redemocratizado, as propagandas políticas e os debates eleitorais são capazes de definir o resultado de eleições. É impossível negar o impacto provocado por um anúncio ou uma retórica bem estruturada.

O problema surge quando tal discurso é direcionado ao público infantil. Comerciais para essa faixa etária seguem um certo padrão: enfeitados por músicas temáticas, as cenas mostram crianças, em grupo, utilizando o produto em questão. Tal manobra de "marketing" acaba transmitindo a mensagem de que a aceitação em seu grupo de amigos está condicionada ao fato dela possuir ou não os mesmos brinquedos que seus colegas. Uma estratégia como essa gera um ciclo interminável de consumo que abusa da pouca capacidade de discernimento infantil.

Fica clara, portanto, a necessidade de uma ampliação da legislação atual a fim de limitar, como já acontece em países como Canadá e Noruega, a propaganda para esse público, visando à proibição de técnicas abusivas e inadequadas. Além disso, é preciso focar na conscientização dessa faixa etária em escolas, com professores que abordem esse assunto de forma compreensível e responsável. Só assim construiremos um sistema que, ao mesmo tempo, consiga vender seus produtos sem obter vantagem abusiva da ingenuidade infantil.

Carlos Eduardo Lopes Marciano. In: Lauro Neto. Enem 2014: leia exemplos de redações nota 1000. *O Globo*, 14 jan. 2015. Disponível em: <https://goo.gl/ek1q5e>. Acesso em: 21 fev. 2017.

TEXTO 2

A importância da educação ambiental e da sustentabilidade

Com o grande crescimento populacional e industrial, o consumo e a demanda por riquezas naturais e minerais têm atingido níveis cada vez mais críticos. E, com tanta exploração, é normal que o planeta responda de maneira agressiva, seja através de mudanças climáticas ou de outros desastres naturais. **Mas**, felizmente, é possível reverter esse quadro através da sustentabilidade e educação ambiental, desde que todos os âmbitos da sociedade cooperem.

A sustentabilidade ambiental consiste em várias ações, diretas e indiretas, que buscam o equilíbrio entre o desenvolvimento econômico, o bem-estar social e a preservação do meio ambiente. Ou seja, trata-se do consumo responsável dos recursos naturais. Medidas como o uso de fontes de energias limpas e renováveis (biodiesel, por exemplo) e o plantio de árvores, principalmente nas áreas degradadas, são algumas políticas adotadas para se viver em um mundo mais ecológico. **No entanto**, a sociedade como um todo deve participar: do mesmo modo que as indústrias investem em novas tecnologias para prejudicar o mínimo possível a natureza, é preciso que as pessoas tenham iniciativas sustentáveis em suas casas também, como a reciclagem de lixo e o uso inteligente de água e energia.

Por outro lado, a sustentabilidade não deve se limitar apenas ao plano econômico, são necessários programas que incentivem a educação ambiental e social. Entende-se por educação ambiental a disseminação de informações sobre o meio ambiente e a importância de preservá-lo, ao passo que o ser humano entenda sua relação de causa e consequência com a natureza e se conscientize de que, ao destrui-la, estará destruindo a sua própria existência. Resumindo, nada mais é do que a metodologia utilizada pela sociedade para a construção de valores, conhecimentos e atitudes voltadas para a sustentabilidade ambiental e, consequentemente, para a melhoria na qualidade de vida. A importância da educação ambiental dá-se em vários processos, sendo essencial nos primeiros anos escolares, uma vez que as crianças já crescerão com a devida consciência e, desse modo, as novas gerações não depredarão os recursos oferecidos. **No entanto**, não basta incentivar a produção e o consumo "verde", é necessário que haja punição às práticas que vão contra a preservação do planeta.

De um modo mais amplo, a sustentabilidade ambiental pode ser vista como um meio de abrandar e até de consertar, mesmo que lentamente, os estragos provocados pelo desenvolvimento industrial. E uma das maneiras de reverter o quadro de devastação é através da educação ambiental, que, se passada corretamente, vai além da conservação do meio ambiente, proporcionando melhorias na qualidade de vida de todos nós.

Atitudes sustentáveis. Disponível em: <https://goo.gl/4jR3dP>. Acesso em: 21 fev. 2017.

Atividades

1. Estabeleça a relação de oposição entre os fatos, empregando algumas das possibilidades apresentadas neste capítulo. Faça as alterações que julgar necessárias.

Fato 1	No Brasil urbano, o transporte coletivo é o mais demandado pela população.
Fato 2	Os governos gastam 14 vezes mais em despesas relacionadas ao transporte individual.

Frase 1

_____
_____
_____
_____
_____
_____

Frase 2

_____
_____
_____
_____
_____
_____
_____

Frase 3

_____
_____
_____
_____
_____
_____

2. Construa frases que transmitam oposição entre os dados sugeridos em cada item.

a) poluição do meio ambiente / progresso

_____
_____
_____
_____

b) tecnologia de comunicação / atividade intelectual

_____
_____
_____
_____

c) juventude / velhice

_____
_____
_____
_____

d) demanda de mão de obra especializada / baixo nível educacional

_____
_____
_____
_____

e) escola / sociedade

_____
_____
_____

f) reservas hídricas / escassez de água

_____
_____
_____

3. Substitua a conjunção **mas** por outra conjunção adversativa (**porém**, **contudo**, **entretanto**, **todavia**), alterando a redação da frase, de acordo com o modelo.

Modelo: A inflação aumenta, **mas** o salário não acompanha o mesmo ritmo.
A inflação aumenta; o salário, **porém**, não acompanha o mesmo ritmo.

a) A televisão diverte e informa, mas não desenvolve o espírito crítico.

b) O país possui uma grande extensão de terras produtivas, mas milhões de brasileiros ainda passam fome.

c) O desenvolvimento tecnológico tem oferecido conforto ao homem, mas tirou-lhe a tranquilidade.

d) Ouvir é um ato consciente e positivo, mas as pessoas, em sua maioria, ouvem apenas a si mesmas.

e) Bebidas alcoólicas prejudicam a saúde, mas o governo não proíbe sua propaganda.

4. Reescreva duas vezes cada frase, estabelecendo entre os fatos uma relação de oposição. Empregue as conjunções **embora** e **apesar de**, seguindo o modelo.

Modelo: O mercado consumidor aumenta/muitas empresas continuam deficitárias.

    1. Embora o mercado consumidor tenha aumentado, muitas empresas continuam deficitárias.

    2. Apesar de o mercado consumidor ter aumentado, muitas empresas continuam deficitárias.

a) A preservação do meio ambiente é essencial para a sobrevivência do homem / prossegue a exploração predatória e irracional dos recursos naturais.

1. _____

2. _____

b) O desenvolvimento tecnológico na agricultura tem favorecido o aumento da produção / trouxe uma série de prejuízos sociais para o trabalhador rural.

1. _____

2. _____

c) O capitalismo promove a livre iniciativa / favorece a concentração de riquezas.

1. _____

2. _____

5. Os trechos a seguir foram extraídos de redações nota 1000 do Enem. Neles, as autoras fizeram uso da relação de oposição para desenvolver sua argumentação. Localize essas passagens, grifando-as.

a) Estar em todos os lugares sem sair de casa, acesso rápido às informações e contato com as pessoas em frações de segundo: são algumas das maravilhas do mundo moderno. Porém é preciso cuidado ao lidar com tamanha facilidade de interação. Falta de privacidade, demasiada exposição individual e até mesmo a perda de personalidade, são fatores que andam na contramão da progressiva internet.
[...]

Manuela Marques Batista. Quinze minutos de fama (ou a eternidade) – Redação nota 1000 do Enem 2011. *A redação no Enem 2012 – Guia do Participante*. Brasília: Ministério da Educação: Inep, 2012. [Tema: Viver em rede no século XXI: os limites entre o público e o privado].

b) Durante, principalmente, a década de 1980, o Brasil mostrou-se um país de emigração. Na chamada década perdida, inúmeros brasileiros deixaram o país em busca de melhores condições de vida. No século XXI, um fenômeno inverso é evidente: a chegada ao Brasil de grandes contingentes imigratórios, com indivíduos de países subdesenvolvidos latino-americanos. No entanto, as condições precárias de vida dessas pessoas são desafios ao governo e à sociedade brasileira para a plena adaptação de todos os cidadãos à nova realidade.

A ascensão do Brasil ao posto de uma das dez maiores economias do mundo é um importante fator atrativo aos estrangeiros. Embora o crescimento do PIB (Produto Interno Bruto) nacional, segundo previsões, seja menor em 2012 em relação a anos anteriores, o país mostra um verdadeiro aquecimento nos setores econômicos, representado, por exemplo, pelo aumento do poder de consumo da classe C.
[...]

Gabriela Araujo Attie. A imigração no Brasil – Redação nota 1000 do Enem 2012. *A redação no Enem 2013 – Guia do Participante*. Brasília: Ministério da Educação: Inep, 2013. [Tema: O movimento imigratório para o Brasil no século XXI].

PARTE 3
Estratégias de argumentação e mecanismos de coesão

CAPÍTULO 9

Relação de concessão

As afirmações cujo conceito é relativo suscitam discussões, dúvidas, conflitos de opiniões, dado que podem ter aspectos verdadeiros (pró) e falsos (contra).

Uma análise mais abrangente do problema deve prever, por esse motivo, a abordagem dos argumentos favoráveis e contrários. O texto ganhará, assim, consistência na fundamentação de um determinado ponto de vista.

Para você expor um ponto de vista contrário, é aconselhável retomar o argumento de seu adversário. Reconhecendo que ele pode ter razão, você se disporá a escutá-lo. Basta fazer uma **concessão** e, em seguida, formular sua oposição.

Vamos conhecer algumas estruturas da língua que possibilitam esse recurso de argumentação.

Teoria

Como fazer concessão

Concessão é um recurso de argumentação que consiste em se concordar com o adversário em ideia passível de contestação, aceitando-a como possibilidade ou hipótese válida. A língua portuguesa oferece várias possibilidades para se fazer uma concessão. A seguir, você encontrará algumas delas.

Vamos supor que você é contra a limitação da velocidade nas estradas. Você acredita que, para evitar acidentes, é preferível lutar contra o alcoolismo dos motoristas. Como você pode dizer isso? Veja, a seguir, algumas possibilidades.

1. **É certo que** a limitação da velocidade nas rodovias pode levar à diminuição do número de acidentes, **mas seria mais** eficaz lutar contra o alcoolismo dos motoristas.

2. **Se é verdade que** a limitação da velocidade nas estradas pode resultar em diminuição do número de acidentes, **não é menos exato que** seria mais eficaz combater o alcoolismo dos motoristas.

3. **É realmente possível que** a diminuição do número de acidentes nas estradas seja devida à redução da velocidade, **no entanto, seria** bem mais eficaz combater o alcoolismo dos motoristas.

4. **Embora reconheçamos que** a limitação da velocidade nas rodovias pode levar à diminuição do número de acidentes, **é preciso notar que** seria bem mais eficaz lutar contra o alcoolismo dos motoristas.

5. A limitação da velocidade nas rodovias pode, **certamente**, resultar em diminuição do número de acidentes; seria, **porém**, muito mais eficaz combater o alcoolismo dos motoristas.

6. **Por mais eficaz que** seja a limitação da velocidade em rodovias, ela não poderá reduzir suficientemente o número de acidentes, **se não** lutarmos, **ao mesmo tempo**, contra o alcoolismo dos motoristas.

7. **É inegável que** a limitação da velocidade nas rodovias pode levar à diminuição do número de acidentes, **no entanto, é preciso considerar que** somente um combate ao alcoolismo dos motoristas pode conduzir à solução do problema.

Atividades

1. Utilizando uma das possibilidades para se fazer concessão apresentadas, redija uma frase com os dados oferecidos em cada item.

   a) O governo pretende emancipar o índio, possibilitando-lhe maior integração à sociedade. Os antropólogos, no entanto, divergem da posição governamental. Eles consideram que a emancipação indígena significará a extinção dessa cultura. Interroga-se um antropólogo sobre isso. O que ele poderá declarar?

   _____
   _____
   _____
   _____
   _____
   _____

   b) O tema "Maioridade penal" tem dividido estudiosos, políticos e entidades da sociedade civil. Em linhas gerais, os contrários à mudança na maioridade dizem que o sistema prisional comum vai ser uma escola do crime para os jovens.

   Os que a defendem dizem que jovens de 16 anos já têm discernimento para entender o que é crime e estão sendo aliciados por adultos para praticar delitos, já que sofrem punições mais brandas. Imagine que você é entrevistado para dar uma opinião sobre esse tema. O que você tem a declarar?

2. Oferecemos-lhe a seguir algumas afirmações de valor relativo. Você deve apresentar pelo menos um argumento favorável e um argumento contrário a cada uma delas. Redija uma frase na qual você apresenta seu ponto de vista, fazendo uma concessão ao argumento contrário. Utilize para isso uma das possibilidades para se fazer concessão apresentadas neste capítulo.

   a) O ensino universitário deve ser gratuito.

   b) A pena de morte é a maneira mais eficaz para se combater a violência.

   c) A tecnologia de comunicação trouxe muitos benefícios para o homem.

d) Votar não deve ser obrigatório.

_____
_____
_____
_____
_____

3. Leia a notícia abaixo, que faz referência à "Lei Antifumo".

TEXTO

Regulamentação da nova Lei Antifumo gera incertezas e divide goianos. Rigidez e "falta de planejamento" são criticadas

03/12/2014 18h24 | Por Alexandre Parrode

A partir desta quarta (3/12), fumódromos e áreas para fumante estão extintos. Sociedade civil, especialistas e empresários se posicionam de maneira distinta, mas o sentimento de dúvida é comum.

Pode respirar fundo: ambientes coletivos 100% livres de fumaça.

Clique aqui e saiba mais.

INCA — ANVISA Agência Nacional de Vigilância Sanitária — SUS — Ministério da Saúde — GOVERNO FEDERAL BRASIL PÁTRIA EDUCADORA

Ministério da Saúde

A nova e rigorosa Lei Antifumo começa a vigorar em todo o País nesta quarta-feira (3/12). A partir desta data, ambientes fechados de uso coletivo deverão ser 100% livres de tabaco. É o que versa o texto do decreto assinado pela presidente Dilma Rousseff (PT) e publicado no Diário Oficial da União há exatos 180 dias. Entre os itens mais polêmicos, está a extinção dos fumódromos e das áreas reservadas para fumantes em bares e restaurantes.

De acordo com a nova regra, está proibido o consumo de cigarros, cigarrilhas, charutos, cachimbos e outros produtos fumígenos em locais de uso coletivo, públicos ou privados, como hall e corredores de condomínio, restaurantes e clubes, mesmo que o ambiente esteja só parcialmente fechado por uma parede, divisória, teto ou até toldo. Os narguilés também estão vetados.

> *A norma também extingue os fumódromos e acaba com a possibilidade de propaganda comercial de cigarros até mesmo nos pontos de venda, permitindo somente a exposição dos produtos, acompanhada por mensagens sobre os malefícios provocados pelo fumo. A legislação anterior permitia as propagandas no display*
> *– versa a lei.*
>
> [...]
>
> Entretanto, as novas imposições da lei não agradam, claro, aos fumantes. Engenheiro civil, Alexandre Antônio de Castro Rosa é fumante há quase 50 anos. "É uma babaquice dos ditos 'politicamente corretos'! Estão querendo cercear os direitos das pessoas", critica. Para ele, aceitar a imposição é "hipocrisia", pois o governo necessita da receita advinda do consumo do fumo, bem como dos impostos arrecadados. "Por que não proíbem a fabricação? Seria mais lógico, não?", questiona.
>
> [...]
>
> Já a chef e coordenadora do curso de Gastronomia da Cambury, Tatiana Mendes, se diz "feliz da vida" com a nova legislação. "Acho que vem para que a população se sinta mais à vontade. A fumaça do cigarro, por mais que existam as áreas de fumantes, acaba entrando em contato com todos, em um restaurante, por exemplo", explica. De acordo com ela, leis deste tipo acabam por incentivar a população a fumar menos: "cada dia fica mais difícil ser fumante e isso tem efeito positivo". "Agora, reconheço que em ambientes de festa e álcool é mais difícil evitar o fumo", relata.
>
> Neste sentido, a nova Lei Antifumo tem em seu texto um ponto delicado: não se pode mais existir, em boates e casas noturnas, os chamados "fumódromos".
>
> [...]
>
> *Jornal Opção*, edição 2056, 03 dez. 2014. Disponível em: <https://goo.gl/1671Xb>. Acesso em: 21 fev. 2017.

Escreva dois textos.

Texto 1 – Suponha que você fosse a favor da Lei Antifumo. Escreva um parágrafo dando a sua opinião. Faça, porém, uma concessão a um argumento contrário.

Texto 2 – Suponha que você fosse contrário à lei. Escreva um parágrafo dando a sua opinião. Faça, no entanto, uma concessão a um argumento contrário.

Para escrever seu texto, você pode aproveitar argumentos presentes no depoimento contrário ou favorável à lei.

Texto 1

_____
_____
_____
_____
_____
_____
_____

Texto 2

PARTE 3
Estratégias de argumentação e mecanismos de coesão

CAPÍTULO 10
Texto argumentativo: pró ou contra

Quando tomamos a defesa de alguém, ou de uma determinada ideia, muitos vezes, devemos responder às críticas que já foram feitas à posição que assumimos. Poderíamos apenas expor argumentos em favor da posição que queremos defender. Mas é muito mais útil retomar os argumentos do adversário para podermos, em seguida, replicar. Mostramos, assim, que conhecemos as críticas feitas, as acusações formuladas. E nossa defesa será, com certeza, mais sólida.

As páginas seguintes apresentam um caminho para se atingir esse objetivo.

Teoria

Pró ou contra

Para começar, façamos uma análise da questão da propaganda na televisão. Observe o quadro abaixo, que contém uma síntese dos argumentos favoráveis e contrários a essa prática.

Tema	A propaganda na televisão.
Pró	• Os anúncios são agradáveis de se ver. • Os anúncios informam os consumidores. • Os anúncios permitem que as emissoras melhorem o nível dos programas.
Contra	• Os anúncios invadem a televisão. Os telespectadores são obrigados a suportá-los. • Os anúncios induzem as pessoas a comprar produtos inúteis. • Os anúncios são caros, aumentando o preço dos produtos.

Agora, observe como esses argumentos podem ser relacionados para a defesa de uma ou outra posição.

- Os que são favoráveis à presença de anúncios na televisão dizem:

1. Referência ao problema	Os adversários dos anúncios na televisão, para justificar seu ponto de vista, apresentam três tipos de argumentos.
2. Referência ao primeiro argumento do adversário, que é criticado. Argumento favorável.	A crítica inicial refere-se à suposta invasão dos comerciais, que influenciariam excessivamente as pessoas. Ninguém, entretanto, é obrigado a prestar atenção neles. É preciso notar, por outro lado, que muitos telespectadores consideram-nos agradáveis. Por que, então, deveriam ser suprimidos?
3. Referência ao segundo argumento do adversário. Réplica.	O segundo argumento é mais sólido. Os anúncios, dizem, levariam as pessoas a comprar produtos inúteis. Ora, ninguém é obrigado a fazê-lo, e o fabricante tem o direito de informar o cliente da existência de um novo produto e mostrar-lhe suas qualidades.
4. Último argumento do adversário. Réplica.	O terceiro argumento insiste no fato de que os anúncios custam caro para o industrial, o que acarreta um aumento no preço do produto. É preciso, então, suprimir os comerciais que permitem à televisão melhorar o nível dos programas?

- Os opositores da invasão dos anúncios retrucam:

1. Referência ao problema e às posições do adversário.	Os indivíduos favoráveis à propaganda não admitem a redução de sua frequência na televisão.
2. Segundo argumento do adversário. Réplica.	Eles utilizam como argumento o fato de os anúncios serem agradáveis ao olhar e tornarem a propaganda mais atraente. É preciso observar, entretanto, que, mesmo sendo agradáveis, eles ocupam tempo significativo demais, fragmentando a sequência dos programas.
3. Terceiro argumento do adversário. Réplica.	Afirmam também que os anúncios são indispensáveis porque informam os consumidores. Na realidade, eles induzem as pessoas a comprar produtos inúteis. Não informam, enganam.
4. Último argumento do adversário. Réplica.	Quanto ao argumento segundo o qual os anúncios são necessários porque melhoram o nível dos programas, é inútil insistir. Os anúncios custam caro ao fabricante do produto, e é, definitivamente, o consumidor quem os paga. Será essa a grande vantagem?

Síntese

Observe no quadro a seguir uma síntese das estratégias argumentativas utilizadas em textos que apresentam argumentos pró e contra.

	Os momentos da defesa	Elementos de coesão
Proposição do problema	1. Retomar a posição geral do adversário, o que diz habitualmente.	... essas são as afirmativas (palavras). Isso é o que ouvimos habitualmente... O sr. X disse que... (pensa que..., acredita que..., julga que..., declara que..., afirma que...)
Exposição das críticas do adversário	2. Retomar e expor as críticas do adversário, reconhecendo, assim, que ele pode ter razão, que seu ponto de vista pode ser justificado. Desse modo, o leitor será mais favorável a você. Você pode utilizar: – as fórmulas de concessão; – os procedimentos de enumeração; – exemplos. Essa primeira parte termina com uma conclusão provisória. Você parece aprovar o ponto de vista do adversário.	É certo que... É verdade que... É possível que... Isso pode fazer crer que... Isso pode dar a impressão... etc.
Transição	3. Transição: passa-se da exposição dos argumentos do adversário à crítica.	Entretanto... Ora,...
Respostas às críticas	4. Responde-se às acusações do adversário enumerando alguns argumentos.	Primeiramente... Em primeiro lugar... Por outro lado... Além disso... Enfim,... Quanto a...
Conclusão	5. Conclusão geral que contradiz o que se expôs na introdução.	Percebe-se, então, que... Observa-se, pelo que precede, que...

Produção de Texto

A legislação brasileira pune com a prisão aquele que produz maconha, faz tráfico, comercializa ou leva consigo qualquer quantidade da substância, assim como impõe o tratamento a quem faz uso dela, mesmo ocasional. Discute-se no Congresso um projeto que torna o uso da maconha descriminalizado (ou seja, para que deixe de ser crime). Algumas pessoas têm se posicionado favoráveis ao projeto; outras, contrárias.

Escreva uma redação que desenvolva o tema: **Legalização da maconha**.

Para isso, você deverá assumir uma posição favorável ou contrária ao projeto de legalização. Mas, qualquer que seja a sua posição, ela somente será aceita se for apresentada com argumentos claros e coerentes.

1. Faça um levantamento o mais completo possível dos argumentos favoráveis a cada uma das posições.
2. Com base nesse levantamento, decida qual posição você irá tomar.
3. O esquema mais adequado para você desenvolver esse texto é o dialético, pois permite a você trabalhar com os argumentos favoráveis e contrários para chegar a uma conclusão. Você não pode simplesmente dizer que o outro está errado e você, certo. É preciso argumentar concordando parcialmente com ele, para depois contra-argumentar com a sua posição.
4. Para ajudá-lo nessa organização, você encontra a seguir alguns argumentos favoráveis e contrários à legalização da maconha.

Argumentos favoráveis:

1. O uso, sendo descriminalizado (ou seja, caso deixe de ser crime), permitiria distinguir e punir com maior propriedade os traficantes, não os confundindo com os usuários ou portadores.
2. Um maior controle na produção e na venda poderia garantir maior pureza e melhor qualidade do produto, evitando riscos mais graves, além de diminuir a violência e os problemas econômicos que cercam o tráfico de drogas.
3. Haveria possibilidade do uso médico de maconha, para casos de tratamento ou problemas associados a doenças como glaucoma, câncer e Aids. Seria um tipo de legalização, sob prescrição médica, para determinadas pessoas.

Argumentos contrários:

1. Nossa sociedade tem demonstrado enormes dificuldades em criar e fazer cumprir leis que controlem as drogas já legalizadas e não dispõe de recursos técnicos, humanos e financeiros para ampliar sua ação na prevenção e tratamento de usuários de um maior número de substâncias.
2. As aparentes vantagens do controle econômico pelo fato de esta droga sair da clandestinidade, ficar sob o domínio da lei e gerar impostos, são contrapostas pela certeza de que o que hoje é do domínio do tráfico passaria imediatamente para o domínio das indústrias, que procurariam ampliar seus lucros com o aumento da propaganda e da divulgação, tal como o fazem as de bebidas, ampliando o mercado consumidor e os consequentes problemas sociais e de saúde.
3. O fato de uma droga ser legal ou ilegal não a torna mais nem menos nociva. Os efeitos tóxicos da maconha afetam os indivíduos e lhes causam problemas, qualquer que seja o *status* dessa substância diante da lei.

Escreva o texto

Escolha a posição que você irá defender e comece a escrever.

Para ajudar você, no processo de composição, e o leitor, na compreensão dos argumentos, utilize a estrutura sugerida para as etapas de defesa e os meios de exposição que têm, sobretudo, o objetivo de dar coesão ao texto.

PARTE 3
Estratégias de argumentação e mecanismos de coesão

Capítulo 10 – Texto argumentativo: pró ou contra

FICHA 1

Autor(a): _____

Ano: _____ Data: ____/____/____

Planejamento

Antes de começar a escrever, pense e organize suas ideias. Para isso, faça um esboço do seu texto, especificando com clareza os itens abaixo.

Assunto: _____

Tema: _____

Ponto de vista: _____
_____

Tese (formule, com base no ponto de vista, a tese. Ela será a ideia central do seu texto):
_____
_____

Pró Argumentos favoráveis (enumere alguns argumentos que dão sustentação à opinião expressa pela tese):
_____
_____

Contra Argumentos contrários (enumere alguns argumentos que questionam a opinião expressa pela tese):
_____
_____

Conclusão (com base nos elementos anteriores, especifique a conclusão):
_____
_____

Escrita

Procure, nessa etapa, escrever com total liberdade. Caso você não saiba como continuar o texto, releia e questione o que escreveu. Esse procedimento, além de motivar a descoberta de novos aspectos de abordagem do texto, vai possibilitar uma continuidade com coerência entre as partes de seu texto.

Revisão

Escrever é um ato social. Por meio da escrita, as ideias são impressas e transmitidas aos demais membros da comunidade. O ato da escrita é também profissional. Os textos são intencionalmente orientados para públicos determinados. Você escreve, portanto, para ser lido. Por esse motivo, o texto final deve ser produto de muita análise. Nesta etapa, você se tornará o leitor crítico de seu próprio texto e fará uma revisão dele com base nos itens do Roteiro de revisão e avaliação abaixo. Releia seu texto como se estivesse lendo o texto de um colega. Não tenha medo de substituir, retirar ou acrescentar palavras. Às vezes, uma frase pode estar muito longa. Divida-a, então, em frases mais curtas. Outras vezes, há passagens confusas. Nesse caso, dê nova redação a esses trechos de modo que fiquem mais claros.

Roteiro de revisão e avaliação

A. Tipologia: a dissertação	☐	Estrutura o texto dissertativo em introdução, desenvolvimento e conclusão, fundamentando uma reflexão pertinente ao tema proposto?
B. Coerência	☐	Seleciona, relaciona e interpreta informações, fatos e opiniões que fundamentam os argumentos em defesa de um ponto de vista relacionado ao tema proposto?
C. Coesão	☐	Emprega elementos linguísticos que dão continuidade ao texto, construindo frases claras e com um vocabulário preciso?
D. Adequação à norma-padrão	☐	Demonstra domínio da norma-padrão, respeitando as convenções da escrita (ortografia/acentuação) e as normas gramaticais (pontuação, concordância, regência, crase e colocação pronominal)?
E. Edição do texto	☐	Escreve com legibilidade, uniformidade de margens e ausência de rasuras?
Total	☐	

Comentários do leitor (professor e/ou colega)

_____
_____
_____
_____
_____
_____

Reescrita e edição final

Na página seguinte, reescreva o seu texto para ser apresentado ao seu professor ou a um colega. Com base na avaliação e nos comentários desse leitor, reescreva-o e poste-o no *site*: www.editoraibep.com.br/oficinadeescritores.

PARTE 3
Estratégias de argumentação e mecanismos de coesão

Capítulo 10 – Texto argumentativo: pró ou contra

FICHA 1

Autor(a): _____

Ano: _____   Data: ____/____/____

	Peso	Nota
A. Tipologia: dissertação	0 a 2,5	
B. Coerência	0 a 2,5	
C. Coesão	0 a 2,5	
D. Adequação à norma-padrão	0 a 2,5	
Total		

Comentários:

PARTE 3
Estratégias de argumentação e mecanismos de coesão

CAPÍTULO 11
Roteiro de um texto dissertativo-argumentativo

Um texto argumentativo não se reduz apenas à apresentação dos argumentos favoráveis à tese. Uma boa argumentação antecipa as críticas aos argumentos favoráveis, prevê possíveis objeções e refuta esses argumentos. Assim, a argumentação inclui não só a defesa das teses, mas também a contestação de posições alternativas ou contrárias.

Veja a concretização disso no texto "Menores ao volante".

Teoria

Leia o texto a seguir.

Menores ao volante

Baixada a poeira das discussões acaloradas sobre o novo código de trânsito, questões importantes dividem opiniões e estão longe de encontrar uma solução pacificadora. Uma delas é a que diz respeito à proibição ao menor de 18 anos de conduzir veículos automotores.

Os que a defendem argumentam que o menor de 18 anos não possui amadurecimento psicológico suficiente para conduzir veículo automotor. Entendem que ele é necessariamente imprudente, imaturo e irresponsável e, por isso, incapaz de dirigir um automóvel com a disciplina e a cautela que a segurança do trânsito requer.

Na linguagem do CTB, o menor de 18 anos não cumpre o requisito legal de ser penalmente imputável (art. 140). Ou seja, de forma lacônica, a lei não o considera com a necessária aptidão mental ou física para se submeter ao processo de habilitação (art. 147).

Na verdade, o fundamento da proibição é uma questão de política jurídica: partiu-se da premissa, politicamente discutível, de que interessa à sociedade brasileira proibir o jovem entre 16 e 18 anos de dirigir veículo automotor.

Entendemos que a posição mantida pelo novo código é conservadora, repressiva e não corresponde mais aos interesses da população e da própria segurança do trânsito. A realidade social se transformou. Após os 16 anos, muitos jovens estudam à noite, votam, trabalham, frequentam festas noturnas e viajam com a maior liberdade. Poderiam dirigir um carro ou pilotar uma moto.

Ao amarrar a idade mínima para dirigir à imputabilidade penal, o código adotou um critério político-jurídico discutível e que representa um retrocesso em relação à situação anterior. Do ponto de vista criminológico, não é boa política vincular as duas coisas. Não é porque o jovem seja inimputável até os 18 anos que se deve também, necessariamente, proibi-lo de ser motorista. Nada obriga a fazer coincidir a capacidade criminal com a capacidade legal para conduzir veículo automotor.

O argumento de que o menor poderia cometer graves infrações de trânsito e, por ser inimputável, não ser punido criminalmente é também inconsistente. Primeiro, todo menor que comete ato infracional fica sujeito às medidas socioeducativas do Estatuto da Criança e do Adolescente. Elas não são de natureza repressiva, mas não deixam de representar instrumentos de controle do Estado.

Segundo, porque o adolescente, mesmo sem ser motorista, pode cometer outros atos infracionais graves, como matar, traficar etc. Terceiro, é sabido que muitos jovens entre 16 e 18 anos dirigem automóveis ou motos com a necessária aptidão e, normalmente, não cometem atos infracionais, a não ser a infringência à própria norma que lhes proíbe de ser motoristas.

O código manteve uma regra conservadora ao proibir que o jovem acima de 16 anos possa, ao menos, dirigir automóveis ou moto (habilitação nas categorias A e B, conforme prevê o art. 143, incisos 1 e 2). Todos sabemos o quanto é difícil para os pais segurar os filhos para não dirigirem após os 16 anos. Sabemos também das dificuldades da polícia para fiscalizar e impedir que menores dirijam.

Diminuída a idade para dirigir, os pais e as autoridades de trânsito concentrariam suas ações educativas e repressivas no controle dos menores de 16 anos. E esse controle seria mais fácil, efetivo, razoável e compatível com a realidade.

João José Leal. *Folha de S. Paulo*, 24 out. 1998.

Atividades

1. Leia atentamente o texto e numere os parágrafos.

2. No primeiro parágrafo, o autor faz a colocação do problema que será discutido. Que problema é esse?

_____

_____

3. Nos parágrafos dois e três, o autor apresenta os argumentos dos adversários.

   a) Como ele os introduz?

_____

_____

   b) Quais são os argumentos que os defensores da proibição ao menor de 18 anos de dirigir veículos apresentam?

_____

_____

_____

4. As questões a seguir referem-se à parte que podemos chamar de "transição" do texto.

   a) No quarto parágrafo, o autor começa a rebater esses argumentos. Com que expressão ele faz essa transição?

_____

_____

   b) "Premissa" é um fato ou princípio que serve de base para um raciocínio. Qual seria, segundo o autor, a premissa dos opositores?

_____

_____

   c) Quais argumentos o autor apresenta para defender sua posição?

_____

_____

_____

_____

Organização do texto

Para expor e defender sua posição em relação ao problema apresentado, o autor desenvolveu o seguinte roteiro:

Roteiro da argumentação	
1. Colocação do problema	No primeiro parágrafo, o autor faz a colocação do problema.
2. Apresentação dos argumentos dos adversários	Nos parágrafos dois e três, o autor apresenta os argumentos dos adversários.
3. Exposição da contra-argumentação	No quarto parágrafo, o autor começa a rebater esses argumentos. Sua contra-argumentação vai até o nono parágrafo.
4. Conclusão	A conclusão é apresentada no décimo parágrafo do texto.

Apresentamos a proposta da Unicamp 2009 e uma redação de um candidato selecionada pela banca de vestibular como acima da média. Essa redação é um exemplo de uma **dissertação argumentativa**.

Apresentação da Coletânea

De acordo com a época e a cultura, o homem se relaciona de diferentes formas com os animais. Essa relação tem sido motivo de intenso debate, principalmente no que diz respeito à responsabilidade do homem sobre a vida e o bem-estar das demais espécies do planeta.

Coletânea

> **1** O fundamento jurídico para a proteção dos animais, no Brasil, está no artigo 225 da Constituição Federal, que incumbe o Poder Público de *"proteger a fauna e a flora, vedadas, na forma da lei, as práticas que coloquem em risco sua função ecológica, provoquem a extinção das espécies ou submetam os animais à crueldade"*. Apoiada na Constituição, a Lei 9.605, de 1998, conhecida como Lei de Crimes Ambientais, criminaliza a conduta de quem *"praticar ato de abuso, maus-tratos, ferir ou mutilar animais silvestres, domésticos ou domesticados, nativos ou exóticos"*. Contudo, perguntas inevitáveis surgem: como o Brasil ainda compactua, em meio à vigência de leis ambientais avançadas, com tantas situações de crueldade com os animais, por vezes aceitas e legitimadas pelo próprio Estado? Rinhas, farra do boi, carrocinha, rodeios, vaquejadas, circos, veículos de tração, gaiolas, vivissecção (operações feitas em animais vivos para fins de ensino e pesquisa), abate etc. – por que se mostra tão difícil coibir a ação de pessoas que agridem, exploram e matam os animais?
>
> Fernando Laerte Levai, *Promotoria de Defesa Animal*.
> Disponível em: <www.sentiens.net>, abr. 2008. Adaptado.

2 A Câmara Municipal do Rio de Janeiro aprovou, no início de 2008, uma lei que, se levada à prática, obstruiria uma parte significativa da pesquisa científica realizada na cidade por instituições como a Fundação Oswaldo Cruz (Fiocruz), as universidades federal e estadual do Rio de Janeiro e o Instituto Nacional do Câncer (Inca). De autoria do vereador e ator Cláudio Cavalcanti, um destacado militante na defesa dos direitos dos animais, a lei tornou ilegal o uso de animais em experiências científicas na cidade. A comunidade acadêmica reagiu e mobilizou a bancada de deputados federais do Estado para ajudar a aprovar o projeto de lei conhecido como Lei Arouca. A lei municipal perderia efeito se o projeto federal saísse do papel. Paralelamente, os pesquisadores também decidiram partir para a desobediência e ignorar a lei municipal. "Continuaremos trabalhando com animais em pesquisas cujos protocolos foram aprovados pelos comitês de ética", diz Marcelo Morales, presidente da Sociedade Brasileira de Biofísica (SBBF) e professor da Universidade Federal do Rio de Janeiro (UFRJ), um dos líderes da reação dos cientistas. A interrupção do uso de animais geraria prejuízos imediatos com repercussão nacional, como a falta de vacinas (hepatite B, raiva, meningite, BCG e febre amarela), fabricadas, no Rio, pela Fiocruz, pois a inoculação em camundongos atesta a qualidade dos antígenos antes que eles sejam aplicados nas pessoas. "Também é fundamental esclarecer à população que, se essas experiências forem proibidas, todos os nossos esforços recentes para descobrir vacinas contra dengue, Aids, malária e leishmaniose seriam jogados literalmente no lixo", diz Renato Cordeiro, pesquisador do Departamento de Fisiologia e Farmacodinâmica da Fiocruz.

Marcelo Morales enumera outros prejuízos: "pesquisas sobre células-tronco no campo da cardiologia, da neurologia e de moléstias pulmonares e renais, lideradas por pesquisadores da UFRJ, e de terapias contra o câncer, realizadas pelo Inca, teriam de ser interrompidas".

Fabrício Marques, Sem eles não há avanço.
Revista Pesquisa Fapesp, nº 144, fev. 2008, pp. 2-6. Adaptado.

3 O Senado aprovou, em 9 de setembro de 2008, o projeto da Lei Arouca, que estabelece procedimentos para o uso científico de animais. A matéria vai agora à sanção presidencial. A lei cria o Conselho Nacional de Controle de Experimentação Animal (CONCEA), que será responsável por credenciar instituições para criação e utilização de animais destinados a fins científicos e estabelecer normas para o uso e cuidado dos animais. Além de credenciar as instituições, o CONCEA terá a atribuição de monitorar e avaliar a introdução de técnicas alternativas que substituam o uso de animais tanto no ensino quanto nas pesquisas científicas. O CONCEA será presidido pelo Ministro da Ciência e Tecnologia e terá representantes dos Ministérios da Educação, do Meio Ambiente, da Saúde e da Agricultura. Dentre outros membros, integram o CONCEA a Sociedade Brasileira para o Progresso da Ciência (SBPC), a Academia Brasileira de Ciências, a Federação de Sociedades de Biologia Experimental (FeSBE), a Federação Nacional da Indústria Farmacêutica e dois representantes de sociedades protetoras dos animais legalmente estabelecidas no país.

Daniela Oliveira e Carla Ferenshitz, Após 13 anos de tramitação Lei Arouca é aprovada. *Jornal da Ciência* (SBPC). Disponível em: <https: www.jornaldaciencia.org.br>. set. 2008. Adaptado.

4 Grande parte de nossa sociedade acredita na necessidade incondicional das experiências com animais. Essa crença baseia-se em mitos, não em fatos, e esses mitos precisam ser divulgados a fim de evitar a consolidação de um sistema pseudocientífico. As experiências com animais pertencem – assim como a tecnologia genética ou o uso da energia atômica – a um sistema de pesquisas e exploração que despreza a vida. Um desses mitos é o de que tais experiências possibilitaram o combate às doenças e assim permitiram aumentar a média de vida. Esse aumento, entretanto, deve-se, principalmente, ao declínio das doenças infecciosas e à consequente diminuição da mortalidade infantil, cujas causas foram as melhorias das condições de saneamento, a tomada de consciência em questões de higiene e uma alimentação mais saudável, e não a introdução constante de novos medicamentos e vacinas. Da mesma maneira, os elevados coeficientes de mortalidade infantil no Terceiro Mundo podem ser atribuídos aos problemas sociais, como a pobreza, a desnutrição, e não à falta de medicamentos ou vacinas. Outro mito é o de que as experiências com animais não prejudicam a humanidade. Na realidade, elas é que tornam as atuais doenças da civilização ainda mais estáveis. A esperança da descoberta de um medicamento por meio de pesquisas com animais destrói a motivação das pessoas para tomarem uma iniciativa própria e mudarem significativamente seu estilo de vida. Enquanto nos agarramos à esperança de um novo remédio contra o câncer ou contra as doenças cardiovasculares, nós mesmos – e todo o sistema de saúde – não estamos suficientemente motivados para abolir as causas dessas enfermidades, ou seja, o fumo, as bebidas alcoólicas, a alimentação inadequada, o *stress* etc. Um último mito a ser destacado é o de que leigos, por falta de conhecimento especializado, não podem opinar sobre experiências com animais. Esse mito proporcionou, durante dezenas de anos, um campo livre para os vivisseccionistas. Deixar que os próprios pesquisadores julguem a necessidade e a importância das experiências com animais é semelhante a deixar que uma associação de açougueiros emita parecer sobre alimentação vegetariana. Não serão justamente aqueles que estão engajados no sistema de experiências com animais que irão questionar a vivissecção!

Bernhard Rambeck, Mito das experiências em animais. *União Internacional Protetora dos Animais*. Disponível em: <www.uipa.com.br>, abr. 2007. Adaptado.

5 A violência exercida contra os animais suscita uma reprovação crescente por parte das opiniões públicas ocidentais, que, frequentemente, se torna ainda mais vivaz à medida que diminui a familiaridade com as vítimas. Nascida da indignação com os maus-tratos infligidos aos animais domésticos e de estimação, em uma época na qual burros e cavalos de fiacre faziam parte do ambiente cotidiano, atualmente a compaixão nutre-se da crueldade a que estariam expostos seres com os quais os amigos dos animais, urbanos em sua maioria, não têm nenhuma proximidade física: o gado de corte, pequenos e grandes animais de caça, os touros das touradas, as cobaias de laboratório, os animais fornecedores de pele, as baleias e as focas, as espécies selvagens ameaçadas pela caça predatória ou pela deterioração de seu *habitat* etc. As atitudes de simpatia para com os animais também variam, é claro, segundo as tradições culturais nacionais. Todavia, na prática, as manifestações de simpatia pelos animais são ordenadas em uma escala de valor cujo ápice é ocupado pelas espécies percebidas como as mais próximas do homem em função de seu comportamento, fisiologia, faculdades cognitivas, ou da capacidade que lhes é atribuída de sentir emoções, como os mamíferos. Ninguém, assim, parece se preocupar com a sorte dos arenques ou dos bacalhaus, mas os golfinhos, que com eles são por vezes arrastados pelas redes de pesca, são estritamente protegidos pelas convenções internacionais. Com relação às medusas ou às tênias, nem mesmo os membros mais militantes dos movimentos de liberação animal parecem conceder-lhes uma dignidade tão elevada quanto à outorgada aos mamíferos e aos pássaros. O antropocentrismo, ou seja, a capacidade de se identificar com não humanos em função de seu suposto grau de proximidade com a espécie humana, parece assim constituir a tendência espontânea das diversas sensibilidades ecológicas contemporâneas.

Philippe Descola, Estrutura ou sentimento: a relação com o animal na Amazônia.
Mana, vol. 4, n.1, Rio de Janeiro, abr. 1998. Adaptado.

Manifestação de militantes da ONG Vegan Staff na 60ª Reunião Anual da Sociedade Brasileira para o Progresso da Ciência (SBPC). Disponível em: <www.veganstaff.org>, jul. 2008.

Proposta A

Leia a coletânea e elabore sua dissertação a partir do seguinte recorte temático:

O uso de animais em experimentação científica tem sido muito debatido porque envolve reivindicações dos cientistas e dos movimentos organizados em defesa dos animais, assim como mudanças na legislação vigente.

Instruções:

1. Discuta o uso de animais em experimentação científica.
2. Trabalhe seus argumentos no sentido de apontar as controvérsias a respeito desse uso.
3. Explore os argumentos de modo a justificar seu ponto de vista sobre essas controvérsias.

Redação acima da média – exemplo de uma dissertação argumentativa

Animais na ciência: avanços e controvérsias

O uso de animais em experimentação científica tem sido de grande utilidade na construção do conhecimento humano em áreas tão distintas que vão desde o estudo da eletricidade (quando o italiano Alessandro Volta conduziu seus experimentos sobre este tema utilizando rãs) até os óbvios avanços em medicina e outras áreas da saúde. Há, contudo, grande resistência ao uso de animais em pesquisas científicas, oriunda de movimentos organizados em defesa dos animais e de políticos ligados a estes movimentos. Entretanto grande parte destes ativistas baseia-se em percepções confusas, chegando a comparar o uso de animais em pesquisas científicas com o abuso sofrido por estes em rinhas, circos e vaquejadas. Há ainda quem diga, talvez por ignorância, que vacinas e fármacos novos não foram os principais responsáveis pelo declínio de doenças infecciosas, e há aqueles que, ingenuamente, defendem ferrenhamente determinadas espécies animais baseando-se em um conceito antropocentrista, admitindo ao mesmo tempo que outras espécies sejam maltratadas ou até exterminadas.

O primeiro equívoco a ser desfeito diz respeito à comparação estabelecida entre experimentos que utilizam animais, e os abusos praticados em rinhas, circos e vaquejadas. Nos experimentos, sacrificam-se animais no intuito de descobrir novas soluções para lidar com enfermidades que afligem a humanidade. No caso de rinhas, circos, vaquejadas e afins, os animais são utilizados para "entreter" os espectadores em demonstrações de crueldade e sadismo sem nenhuma utilidade potencial que se justifique. É interessante perceber esta contradição no projeto de lei do vereador da cidade do Rio de Janeiro, Cláudio Cavalcanti, que proíbe o uso de animais em experimentos científicos. A lei ameaça a produção de vacinas (distribuídas nacionalmente) pela Fiocruz, que utiliza camundongos para testá-las, como se estes testes fossem tão inúteis ou imorais como o sacrifício de animais em rinhas ou em rituais de umbanda.

Também outros argumentos infundados têm sido utilizados por ativistas contrários ao uso de animais em experimentos científicos, ao alegar que o produto final destas pesquisas, as novas vacinas e novos medicamentos, não são responsáveis pelo declínio de doenças infecciosas e, portanto, da mortalidade infantil. Para estes ativistas, melhorias em questões como saneamento, higiene e alimentação seriam os fatores responsáveis para o decréscimo da mortalidade infantil. Embora seja verdade que saneamento, higiene e alimentação sejam importantes para a saúde geral de um indivíduo, a realidade é que os habitantes das favelas brasileiras não dispõem de serviços adequados em nenhum destes três quesitos e, ainda assim, a poliomielite é uma doença praticamente erradicada do território brasileiro, e graças a quê? Graças a uma vacina. Mortes de crianças por difteria, tétano, sarampo, caxumba, rubéola e meningite são cada vez menos frequentes, graças às vacinas. Não apenas as crianças mas também soropositivos e idosos são beneficiados por coquetéis e vacinas antigripais, que os protegem contra doenças oportunistas. É possível, entretanto, que argumentos tão infundados sejam proferidos não por ignorância, mas por doutrinamento ou radicalismos.

Porém, o mais ingênuo dos argumentos em "defesa" dos animais talvez seja aquele que, baseado em uma ótica antropocentrista, pretende defender seres vivos que se assemelhariam mais aos humanos segundo determinados critérios, contudo não dispensam compaixão a outros seres vivos como, apenas como exemplo, outros animais, vegetais, parasitas multi e unicelulares, protozoários e bactérias. Uma vez que são todos seres vivos, qualquer critério antropocentrista seria arbitrário e enviesado.

Concluindo, os avanços decorrentes do uso de animais na ciência são inquestionáveis, e órgãos regulamentadores como o recém-criado Conselho Nacional de Controle de Experimentação Animal (CONCEA) devem atuar no sentido de permitir experimentos científicos que utilizem animais com o intuito de alcançar inovações e melhorias importantes para a vida em geral.

Vestibular nacional Unicamp 2009. Disponível em: <https://goo.gl/zj5pU>. Acesso em: 22 fev. 2017.

Produção de Texto

Apresentamos a seguir, para a sua escolha, três propostas de produção de textos.

Proposta 1

Transcrevemos abaixo alguns artigos da Lei 11.794, de 8 de outubro de 2008, que regulamenta e estabelece os procedimentos para o uso científico de animais. Tomando por base os artigos reproduzidos e os textos lidos anteriormente, escreva uma dissertação argumentativa sobre esse assunto. É importante que você assuma e defenda um ponto de vista com uma argumentação consistente e objetiva.

Art. 1º A criação e a utilização de animais em atividades de ensino e pesquisa científica, em todo o território nacional, obedece aos critérios estabelecidos nesta Lei.

§ 1º A utilização de animais em atividades educacionais fica restrita a:

I – estabelecimentos de ensino superior.

II – estabelecimentos de educação profissional técnica de nível médio da área biomédica.

§ 2º São consideradas como atividades de pesquisa científica todas aquelas relacionadas com ciência básica, ciência aplicada, desenvolvimento tecnológico, produção e controle da qualidade de drogas, medicamentos, alimentos, imunobiológicos, instrumentos, ou quaisquer outros testados em animais, conforme definido em regulamento próprio.

§ 3º Não são consideradas como atividades de pesquisa as práticas zootécnicas relacionadas à agropecuária.

Art. 2º O disposto nesta Lei aplica-se aos animais das espécies classificadas como filo *Chordata*, subfilo *Vertebrata*, observada a legislação ambiental.

Art. 3º Para as finalidades desta Lei entende-se por:

I – filo *Chordata*: animais que possuem, como características exclusivas, ao menos na fase embrionária, a presença de notocorda, fendas branquiais na faringe e tubo nervoso dorsal único.

II – subfilo *Vertebrata*: animais cordados que têm, como características exclusivas, um encéfalo grande encerrado numa caixa craniana e uma coluna vertebral.

III – experimentos: procedimentos efetuados em animais vivos, visando à elucidação de fenômenos fisiológicos ou patológicos, mediante técnicas específicas e preestabelecidas.

IV – morte por meios humanitários: a morte de um animal em condições que envolvam, segundo as espécies, um mínimo de sofrimento físico ou mental.

Parágrafo único. Não se considera experimento:

I – a profilaxia e o tratamento veterinário do animal que deles necessite.

II – o anilhamento, a tatuagem, a marcação ou a aplicação de outro método com finalidade de identificação do animal, desde que cause apenas dor ou aflição momentânea ou dano passageiro.

III – as intervenções não experimentais relacionadas às práticas agropecuárias.

[...]

Art. 4º Fica criado o Conselho Nacional de Controle de Experimentação Animal – CONCEA.

Art. 5º Compete ao CONCEA:

I – formular e zelar pelo cumprimento das normas relativas à utilização humanitária de animais com finalidade de ensino e pesquisa científica.

II – credenciar instituições para criação ou utilização de animais em ensino e pesquisa científica.

III – monitorar e avaliar a introdução de técnicas alternativas que substituam a utilização de animais em ensino e pesquisa.

IV – estabelecer e rever, periodicamente, as normas para uso e cuidados com animais para ensino e pesquisa, em consonância com as convenções internacionais das quais o Brasil seja signatário.

V – estabelecer e rever, periodicamente, normas técnicas para instalação e funcionamento de centros de criação, de biotérios e de laboratórios de experimentação animal, bem como sobre as condições de trabalho em tais instalações.

VI – estabelecer e rever, periodicamente, normas para credenciamento de instituições que criem ou utilizem animais para ensino e pesquisa.

VII – manter cadastro atualizado dos procedimentos de ensino e pesquisa realizados ou em andamento no País, assim como dos pesquisadores, a partir de informações remetidas pelas Comissões de Ética no Uso de Animais – CEUAs, de que trata o art. 8º desta Lei.

VIII – apreciar e decidir recursos interpostos contra decisões das CEUAs.

IX – elaborar e submeter ao Ministro de Estado da Ciência e Tecnologia, para aprovação, o seu regimento interno.

X – assessorar o Poder Executivo a respeito das atividades de ensino e pesquisa tratadas nesta Lei.

BRASIL. Lei 11.794, de 8 de outubro de 2008. Disponível em: <https://goo.gl/wuvPJt>. Acesso em: 22 fev. 2017.

Proposta 2

(Medicina do ABC) Imagine que duas pessoas se aproximam de você. Uma delas lhe diz: De nada adianta você querer determinar o rumo de sua vida, pois o destino em tudo manda, acima de seus terrenos desejos. E a outra acrescenta: A sociedade dos homens é função do que cada consciência determina. Só há a justiça pela qual se luta ou à qual cada um se acomoda. Qual a sua posição diante das duas afirmações?

Proposta 3

(Fuvest-1992)

a) Alega-se, com frequência, que o vestibular, como forma de seleção dos candidatos à escola superior, favorece os alunos de melhor situação econômica que têm condições de cursar as melhores escolas e prejudica os menos favorecidos que são obrigados a estudar em escolas de padrão inferior de ensino.

b) Por outro lado, há quem considere que o vestibular é apenas um processo de seleção que procura avaliar o conhecimento dos candidatos num determinado momento, escolhendo aqueles que se apresentam melhor preparados para ingressar na Universidade. Culpá-lo por possíveis injustiças é o mesmo que culpar o termômetro pela febre.

Escolha uma das propostas e faça uma dissertação discutindo as opiniões anteriormente expostas. É importante que você adote uma posição a favor ou contra as ideias apresentadas. Justifique-a com argumentos convincentes. Você poderá também assumir uma posição diferente, alinhando argumentos que sustentem a sua posição.

Primeira etapa: Preparação

1. Faça um levantamento o mais completo possível dos argumentos favoráveis e dos argumentos contrários a cada uma das posições.
2. Com base nesse levantamento, decida qual a posição que você irá tomar.
3. O esquema mais adequado para você desenvolver esse texto é o dialético, pois permite a você trabalhar com os argumentos favoráveis e contrários para chegar a uma conclusão. Você não pode simplesmente dizer que o outro está errado e você, certo. É preciso argumentar concordando parcialmente com ele, para depois contra-argumentar com a sua posição.
4. Se você optar pelo esquema dialético, organize as suas ideias e descobertas sobre o tema no espaço abaixo:

   a) **Pró:** argumentos favoráveis.

   _____
   _____
   _____
   _____
   _____
   _____
   _____
   _____

   b) **Contra:** argumentos contrários.

   _____
   _____
   _____
   _____
   _____
   _____
   _____
   _____

Segunda etapa: Escrita do texto

Escolha a posição que você irá defender e comece a escrever.

Para ajudar você, no processo de composição, e o leitor, na compreensão dos argumentos, pode-se utilizar a estrutura sugerida para as etapas de defesa e os meios de exposição que têm, sobretudo, o objetivo de dar coesão ao texto.

PARTE 3
Estratégias de argumentação e mecanismos de coesão

Capítulo 11 – Roteiro de um texto dissertativo-argumentativo

FICHA 2

Autor(a): _____

Ano: _____   Data: ____/____/____

Planejamento

Antes de começar a escrever, pense e organize suas ideias. Para isso, faça um esboço do seu texto, especificando com clareza os itens abaixo.

Assunto: _____

Tema: _____

Ponto de vista: _____

_____

Tese (formule, com base no ponto de vista, a tese. Ela será a ideia central do seu texto):

_____

_____

Pró Argumentos favoráveis (enumere alguns argumentos que dão sustentação à opinião expressa pela tese):

_____

_____

Contra Argumentos contrários (enumere alguns argumentos que questionam a opinião expressa pela tese):

_____

_____

Conclusão (com base nos elementos anteriores, especifique a conclusão):

_____

_____

Escrita

Procure, nessa etapa, escrever com total liberdade. Caso você não saiba como continuar o texto, releia e questione o que escreveu. Esse procedimento, além de motivar a descoberta de novos aspectos de abordagem do texto, vai possibilitar uma continuidade com coerência entre as partes de seu texto.

Revisão

Escrever é um ato social. Por meio da escrita, as ideias são impressas e transmitidas aos demais membros da comunidade. O ato da escrita é também profissional. Os textos são intencionalmente orientados para públicos determinados. Você escreve, portanto, para ser lido. Por esse motivo, o texto final deve ser produto de muita análise. Nesta etapa, você se tornará o leitor crítico de seu próprio texto e fará uma revisão dele com base nos itens do Roteiro de revisão e avaliação abaixo. Releia seu texto como se estivesse lendo o texto de um colega. Não tenha medo de substituir, retirar ou acrescentar palavras. Às vezes, uma frase pode estar muito longa. Divida-a, então, em frases mais curtas. Outras vezes, há passagens confusas. Nesse caso, dê nova redação a esses trechos de modo que fiquem mais claros.

Roteiro de revisão e avaliação

A. Tipologia: a dissertação	☐	Estrutura o texto dissertativo em introdução, desenvolvimento e conclusão, fundamentando uma reflexão pertinente ao tema proposto?
B. Coerência	☐	Seleciona, relaciona e interpreta informações, fatos e opiniões que fundamentam os argumentos em defesa de um ponto de vista relacionado ao tema proposto?
C. Coesão	☐	Emprega elementos linguísticos que dão continuidade ao texto, construindo frases claras e com um vocabulário preciso?
D. Adequação à norma-padrão	☐	Demonstra domínio da norma-padrão, respeitando as convenções da escrita (ortografia/acentuação) e as normas gramaticais (pontuação, concordância, regência, crase e colocação pronominal)?
E. Edição do texto	☐	Escreve com legibilidade, uniformidade de margens e ausência de rasuras?
Total	☐	

Comentários do leitor (professor e/ou colega)

_____
_____
_____
_____
_____
_____

Reescrita e edição final

Na página seguinte, reescreva o seu texto para ser apresentado ao seu professor ou a um colega. Com base na avaliação e nos comentários desse leitor, reescreva-o e poste-o no *site*: www.editoraibep.com.br/oficinadeescritores.

PARTE 3
Estratégias de argumentação e mecanismos de coesão

Capítulo 11 – Roteiro de um texto dissertativo-argumentativo

FICHA 2

Autor(a): _____

Ano: _____ Data: ____/____/____

	Peso	Nota
A. Tipologia: dissertação	0 a 2,5	
B. Coerência	0 a 2,5	
C. Coesão	0 a 2,5	
D. Adequação à norma-padrão	0 a 2,5	
Total		

Comentários:

PARTE 4

Gêneros textuais da dissertação

1. Editorial

2. Artigo de opinião

3. Discurso

4. Comentário do leitor

5. Carta argumentativa

PARTE 4
Gêneros textuais da dissertação

CAPÍTULO 1

Editorial

Um dos objetivos da imprensa escrita – jornais e revistas – é informar o leitor sobre os fatos ocorridos, principalmente por meio de notícias e reportagens.

Além de informar, os jornais e as revistas também comunicam ao público a opinião de algumas pessoas ou a opinião do jornal ou da revista a respeito dos fatos ocorridos.

O texto jornalístico que é assinado e expressa a opinião de uma pessoa em relação aos fatos chama-se artigo de opinião.

Há outro texto jornalístico, não assinado, que expressa o ponto de vista da empresa jornalística: é o **editorial**.

Você irá ler a seguir um editorial que expressa a opinião de um jornal sobre um tema bastante complexo: a imigração.

Teoria

TEXTO

Política imigratória

Uma rede criminosa para promover a entrada de imigrantes ilegais no Brasil prospera na Amazônia, na fronteira com o Peru. Conforme mostrou reportagem deste jornal, o esquema é responsável pelo ingresso de cerca de 400 pessoas por semana, a maioria das quais haitianas e africanas.

Conhecidos como "coiotes", os intermediadores corrompem autoridades policiais e controlam a rota de acesso oferecida pela Rodovia Interoceânica, que liga o Pacífico (Peru) ao Atlântico (Brasil). Estima-se que, desde 2011, 25 mil pessoas tenham cruzado a divisa territorial por esse caminho, em condições em geral degradantes.

O fluxo de haitianos, em particular, intensificou-se após o terremoto de 2010 e a presença militar brasileira naquele país, no comando de missão da ONU, que se estende desde 2004.

Embora pouco significativa em termos proporcionais – os imigrantes como um todo não chegam a 1% da população brasileira –, a leva do Haiti chamou a atenção de governantes e da opinião pública.

Estaria o Brasil em condições de abrigá-los? O país já não tem seus próprios problemas sociais? Restringir a concessão de vistos, como fez o governo, é a solução?

Questões dessa ordem assemelham-se às levantadas em países mais ricos, que são os principais destinos para migrantes – entre os quais os brasileiros, estimados em 2,5 milhões pelo Itamaraty. O tema, sem dúvida complexo, não raro estimula atitudes racistas e xenófobas, como se observa nos EUA e na Europa, onde os estrangeiros rodeiam os 10% da população.

Se a hospitalidade do Brasil é exagerada no imaginário nacional, não deixa de ser verdade que a convivência entre as etnias tende a ser menos conflituosa por aqui do que em outras nações.

O governo, ademais, reage com acertada indignação quando cidadãos brasileiros sofrem discriminação em outros países. Deveria, portanto, fazer sua lição de casa.

As atuais circunstâncias tornam premente um debate sério a respeito de políticas para imigrantes, o que inclui a revisão do anacrônico Estatuto do Estrangeiro, elaborado ainda durante a ditadura militar.

Não se trata apenas de questão de generosidade ou de direitos humanos. Dentro de poucas décadas a força de trabalho brasileira começará a encolher. Se estiver preparado para administrar inevitáveis tensões sociais e econômicas, o país poderá aproveitar as ondas migratórias para impulsionar seu próprio desenvolvimento.

Política imigratória. *Folha de S.Paulo*, 28 maio 2014. Editorial.
Disponível em: <https://goo.gl/dvGGjc>. Acesso em: 22 fev. 2017.

Análise do texto

O editorial expressa normalmente a opinião do jornal sobre um fato relevante para a população. Na composição do editorial "Política imigratória", o articulista partiu de um fato que tem como referência a reportagem sobre a entrada ilegal de haitianos.

Com base nesse fato, o texto, depois de estabelecer uma relação entre o problema da imigração ilegal de haitianos e o que acontece em países ricos, questiona as condições do Brasil em receber essa população de imigrantes. Na sequência, o editorial sugere que o governo brasileiro repense a política para imigração, no sentido de evitar sérios problemas sociais e econômicos para o país nas próximas décadas.

Produção de Texto

Escreva um editorial sobre o seguinte assunto bastante polêmico e discutido atualmente: **Legalização do uso de drogas**.

Para desenvolver esse assunto, é preciso levar em consideração todos os aspectos que influenciam essa discussão: o tráfico e o consumo, a criação de políticas públicas na área da saúde, a conscientização e o controle do uso, as bebidas alcoólicas.

Na produção deste editorial, sugere-se a seguinte estruturação do texto:

Parágrafo 1: apresentação do tema.
Parágrafo 2: contextualização do tema, trazendo as causas e os indicativos reais do problema.
Parágrafo 3: análise da relevância do tema, apresentando dados concretos que ilustrem a argumentação.
Parágrafo 4: conclusivo, com posicionamento crítico final, retomando o tema e apontando possíveis soluções, fundamentadas em exemplos sensíveis.

PARTE 4

Gêneros textuais da dissertação — **Capítulo 1 – Editorial**

FICHA 1

Autor(a): _____

Ano: _____ Data: ____/____/____

Planejamento

Antes de começar a escrever, pense e organize suas ideias. Para isso, faça um esboço do seu texto, especificando com clareza os itens abaixo.

Assunto: _____

Tema: _____

Ponto de vista: _____

_____

Tese (formule, com base no ponto de vista, a tese. Ela será a ideia central do seu texto):

_____

_____

Pró Argumentos favoráveis (enumere alguns argumentos que dão sustentação à opinião expressa pela tese):

_____

_____

Contra Argumentos contrários (enumere alguns argumentos que questionam a opinião expressa pela tese):

_____

_____

Conclusão (com base nos elementos anteriores, especifique a conclusão):

_____

_____

Escrita

Procure, nessa etapa, escrever com total liberdade. Caso você não saiba como continuar o texto, releia e questione o que escreveu. Esse procedimento, além de motivar a descoberta de novos aspectos de abordagem do texto, vai possibilitar uma continuidade com coerência entre as partes de seu texto.

Revisão

Escrever é um ato social. Por meio da escrita, as ideias são impressas e transmitidas aos demais membros da comunidade. O ato da escrita é também profissional. Os textos são intencionalmente orientados para públicos determinados. Você escreve, portanto, para ser lido. Por esse motivo, o texto final deve ser produto de muita análise. Nesta etapa, você se tornará o leitor crítico de seu próprio texto e fará uma revisão dele com base nos itens do Roteiro de revisão e avaliação abaixo. Releia seu texto como se estivesse lendo o texto de um colega. Não tenha medo de substituir, retirar ou acrescentar palavras. Às vezes, uma frase pode estar muito longa. Divida-a, então, em frases mais curtas. Outras vezes, há passagens confusas. Nesse caso, dê nova redação a esses trechos de modo que fiquem mais claros.

Roteiro de revisão e avaliação

A. Tipologia: a dissertação	☐	Estrutura o texto de acordo com as características do gênero editorial, ou seja, formula uma tese com base em um fato e apresenta argumentos que a comprovam?
B. Coerência	☐	Seleciona, relaciona e interpreta informações, fatos e opiniões que fundamentam os argumentos em defesa de um ponto de vista relacionado ao tema proposto?
C. Coesão	☐	Emprega elementos linguísticos que dão continuidade ao texto, construindo frases claras e com um vocabulário preciso?
D. Adequação à norma-padrão	☐	Demonstra domínio da norma-padrão, respeitando as convenções da escrita (ortografia/acentuação) e as normas gramaticais (pontuação, concordância, regência, crase e colocação pronominal)?
E. Edição do texto	☐	Escreve com legibilidade, uniformidade de margens e ausência de rasuras?
Total	☐	

Comentários do leitor (professor e/ou colega)

_____
_____
_____
_____
_____
_____
_____

Reescrita e edição final

Na página seguinte, reescreva o seu texto para ser apresentado ao seu professor ou a um colega. Com base na avaliação e nos comentários desse leitor, reescreva-o e poste-o no *site*: www.editoraibep.com.br/oficinadeescritores.

PARTE 4

Gêneros textuais da dissertação — **Capítulo 1 – Editorial**

FICHA 1

Autor(a): _____

Ano: _____ Data: ____/____/____

	Peso	Nota
A. Tipologia: dissertação	0 a 2,5	
B. Coerência	0 a 2,5	
C. Coesão	0 a 2,5	
D. Adequação à norma-padrão	0 a 2,5	
Total		

Comentários:

PARTE 4
Gêneros textuais da dissertação

CAPÍTULO 2

Artigo de opinião

Na mídia impressa ou na mídia falada — jornal, revista, televisão, internet —, circula um gênero textual no qual o autor apresenta seu ponto de vista sobre determinado assunto. É o **artigo de opinião**.

Ao ler esse gênero, é importante saber que a opinião apresentada é a do autor que assina o texto e não deve ser entendida como verdade, mas apenas como uma posição.

O texto a seguir é um exemplo de um artigo de opinião.

Teoria

TEXTO

Desejo e necessidade

Poucas semanas atrás, no fim da coluna de 23 de abril, escrevi: "Alguém acredita que a delinquência seja um efeito da pobreza?". Era uma pergunta retórica, que supunha a resposta negativa: ninguém mais acredita nisso.

Pois bem, alguns leitores pensam diferente e me escreveram. Adoraria concordar com eles; seria mais sensato e mais fácil acreditar que o crime nasce da necessidade.

Com isso, ele se tornaria racional (somos todos bons, só que a alguns faltam coisas necessárias) e poderia ser abolido pela reforma social: num mundo sem necessitados, não haveria mais crimes.

Para defender a ideia de que a necessidade seria a mãe do crime, um de meus correspondentes observou: se não fosse assim, por que, nas prisões, há poucos ricos e tantos pobres?

Pois é, se há mais pobres do que ricos nas prisões, não é porque os primeiros se tornaram criminosos por serem pobres: é porque os últimos sempre têm advogados melhores.

Sinto (sem ironia), mas preciso dar esta má notícia aos leitores que me escreveram: com poucas exceções, o crime não é filho da necessidade, é filho do desejo.

É uma constatação da qual fugimos, talvez porque o desejo nos pareça sempre um pouco fútil: ele corre atrás de reconhecimento e de objetos que não são propriamente necessários para a sobrevivência.

É por isso que Fulano assalta e mata? É por isso que Sicrano pede propina para encomendar merenda escolar? Sim, é por isso.

Para explicar a diferença entre necessidade e desejo, uma parábola: num país asiático, durante uma campanha de controle de natalidade, os camponeses mais pobres que aceitassem passar por uma vasectomia poderiam escolher entre dois prêmios: um saco de arroz ou um radinho de pilhas.

Quase todos escolheram o radinho, apesar da fome, e devo confessar que tenho simpatia por aqueles camponeses.

Orientar-se pelo desejo talvez fosse, para eles, o jeito mais radical de se livrar da necessidade, no sentido de não ser definido por ela.

Só me indigna que ninguém tenha pensado no fato de que, depois de algumas horas, a pilha do radinho morreria e eles não teriam como trocá-la.

Dizemos com frequência que um jovem da periferia se torna soldado do tráfico "por falta de oportunidades". A mesma coisa podemos dizer de um jovem de classe média como João Estrella ("Meu Nome Não É Johnny", livro de Guilherme Fiuza e filme de Mauro Lima).

Entre os menos ou os mais favorecidos, tanto faz: o desejo é uma força tão poderosa quanto, senão mais poderosa que, a necessidade.

Só às vezes não há comida, mas sempre faltam reconhecimento e "coisas" – o que é suficiente para que o desejo seja tentado por algum atalho.

Será que isso significa que não há crimes por necessidade? Há, claro, uma minoria de crimes que acontecem por necessidade.

No dia 13 de maio, Mário Ferreira Lima, eletricista do Jardim Ingá (GO), tentou furtar dois quilos de carne em Santa Maria (DF) e foi preso.

A reportagem do UOL (http://migre.me/pUdem) conta que Ferreira Lima pediu aos policiais que levassem comida para sua casa, pois, naquele dia, o filho, Diego, 12 anos, tinha saído para a escola sem almoçar.

Na casa em que o eletricista vive com o filho não há móveis nem fogão: o que havia foi vendido – para sobreviver.

Desde o episódio, pai e filho vêm recebendo doações (não solicitadas) de dinheiro, utensílios e alimentos (os próprios policiais foram os primeiros a doar).

Sobre o pai, Diego comentou: "Sei que ele fez isso porque estávamos precisando". E o próprio pai: "Estava há dois dias sem comer e precisava também alimentar meu filho. Não justifica, porém foi por extrema necessidade".

Os crimes por necessidade são reconhecíveis porque (pensem naquele "não justifica" de Ferreira Lima) a necessidade não acaba com as referências morais do indivíduo. O desejo, sim.

Nota. Há uma terceira "origem" da criminalidade, além do desejo e da necessidade: o sentimento de exclusão. Se acho que não faço parte da sociedade em que vivo, não tenho por que respeitar suas normas e leis.

Isso vale para quem é esquecido na extrema miséria (mas note-se que não valeu para Ferreira Lima, apesar da fome) e também para o privilegiado que se considera acima da sociedade na qual vive. Em ambos os casos, a sensação de não pertencer liberta o "excluído" da obrigação de respeitar normas e leis. Voltarei ao tema.

Contardo Calligaris. Desejo e necessidade. *Folha de S. Paulo*, 21 maio 2015.
Disponível em: <https://goo.gl/xYzhqL>. Acesso em: 26 jun. 2017.

Análise do gênero

O **artigo de opinião** é um gênero textual de estrutura argumentativa em que um articulista expõe suas impressões (observações e reflexões) a respeito de um assunto.

Além de expor sua opinião, o autor pode querer convencer o interlocutor a concordar com sua visão de mundo, a aderir a algum projeto, a mudar o comportamento etc.

Esse gênero de texto normalmente é publicado em colunas assinadas de jornais e revistas e é de inteira responsabilidade do autor, que, por apresentar reflexões bastante pessoais, pode ter suas ideias contestadas por quem não concorda com elas.

Por ser um texto pessoal, o artigo de opinião não possui uma estrutura fixa, mas, em geral, conta com a apresentação do tema, seguida da visão do autor acerca dele e da apresentação de exemplos, citações e resultados de pesquisas que fundamentem suas ideias.

O tipo de linguagem pode variar de acordo com o público a que se destina o texto. Entretanto, para garantir a clareza na exposição das ideias, a opção é pela norma-padrão.

Produção de Texto

1. Escreva um artigo no qual você apresente suas impressões sobre algum aspecto da sua escola, do seu bairro ou da sua cidade que você gostaria que fosse diferente. Para isso, inicialmente, apresente o problema da forma como você o enxerga. A seguir, proponha possíveis soluções para ele. Nesse artigo de opinião, você poderá:
   - empregar a primeira pessoa;
   - expor impressões pessoais e usar exemplos para ilustrar a sua argumentação;
   - referir-se diretamente a um leitor em potencial.

2. **(Unicamp-2011)** Coloque-se na posição de um **articulista** que, ao fazer uma pesquisa sobre **as recentes catástrofes ocorridas em função das chuvas que afetaram o Brasil** a partir do final de 2009, encontra a crônica de Drummond, publicada em 1966, e decide dialogar com ela em um **artigo jornalístico opinativo** para uma série especial sobre cidades, publicada em revista de grande circulação. Nesse artigo você, necessariamente, deverá:

   a) relacionar **três (3)** problemas enfrentados recentemente pelas cidades brasileiras em função das chuvas com aqueles trabalhados na crônica;

   b) mostrar em que medida concorda com a visão do cronista sobre a questão.

Os dias escuros

Amanheceu um dia sem luz – mais um – e há um grande silêncio na rua. Chego à janela e não vejo as figuras habituais dos primeiros trabalhadores. A cidade, ensopada de chuva, parece que desistiu de viver. Só a chuva mantém constante seu movimento entre monótono e nervoso. É hora de escrever, e não sinto a menor vontade de fazê-lo. Não que falte assunto. O assunto aí está, molhando, ensopando os morros, as casas, as pistas, as pessoas, a alma de todos nós. Barracos que se desmancham como armações de baralho e, por baixo de seus restos, mortos, mortos, mortos. Sobreviventes mariscando na lama, à pesquisa de mortos e de pobres objetos amassados. Depósito de gente no chão das escolas, e toda essa gente precisando de colchão, roupa de corpo, comida, medicamento. O calhau solto que fez parar a adutora. Ruas que deixam de ser ruas, porque não dão mais passagem. Carros submersos, aviões e ônibus interestaduais paralisados, corrida a mercearias e supermercados como em dia de revolução. O desabamento que acaba de acontecer e os desabamentos programados para daqui a poucos instantes.

Este, o Rio que tenho diante dos olhos, e, se não saio à rua, nem por isso a imagem é menos ostensiva, pois a televisão traz para dentro de casa a variada pungência de seus horrores.

Sim, é admirável o esforço de todo mundo para enfrentar a calamidade e socorrer as vítimas, esforço que chega a ser perturbador pelo excesso de devotamento desprovido de técnica. Mas se não fosse essa mobilização espontânea do povo, determinada pelo sentimento humano, à revelia do governo incitando-o à ação, que seria desta cidade, tão rica de galas e bens supérfluos, e tão miserável em sua infraestrutura de submoradia, de subalimentação e de condições primitivas de trabalho? Mobilização que de certo modo supre o eterno despreparo, a clássica desarrumação das agências oficiais, fazendo surgir de improviso, entre a dor, o espanto e a surpresa, uma corrente de afeto solidário, participante, que procura abarcar todos os flagelados.

Chuva e remorso juntam-se nestas horas de pesadelo, a chuva matando e destruindo por um lado, e, por outro, denunciando velhos erros sociais e omissões urbanísticas; e remorso, por que escondê-lo? Pois deve existir um sentimento geral de culpa diante de cidade tão desprotegida de armadura assistencial, tão vazia de meios de defesa da existência humana, que temos o dever de implantar e entretanto não implantamos, enquanto a chuva cai e o bueiro entope e o rio enche e o barraco desaba e a morte se instala, abatendo-se de preferência sobre a mão de obra que dorme nos morros sob a ameaça contínua da natureza; a mão de obra de hoje, esses trabalhadores entregues a si mesmos, e suas crianças que nem tiveram tempo de crescer para cumprimento de um destino anônimo.

No dia escuro, de más notícias esvoaçando, com a esperança de milhões de seres posta num raio de sol que teima em não romper, não há alegria para a crônica, nem lhe resta outro sentido senão o triste registro da fragilidade imensa da rica, poderosa e martirizada cidade do Rio de Janeiro.

Carlos Drummond de Andrade. Os dias escuros. *Correio da Manhã*, 14 jan. 1966.

PARTE 4

Gêneros textuais da dissertação   **Capítulo 2 – Artigo de opinião**

FICHA 2

Autor(a): _____

Ano: _____   Data: ____/____/____

Planejamento

Antes de começar a escrever, pense e organize suas ideias. Para isso, faça um esboço do seu texto, especificando com clareza os itens abaixo.

Assunto: _____

Tema: _____

Ponto de vista: _____

_____

Tese (formule, com base no ponto de vista, a tese. Ela será a ideia central do seu texto):

_____

_____

Pró Argumentos favoráveis (argumentos que dão sustentação à opinião expressa pela tese):

_____

_____

Contra Argumentos contrários (argumentos que questionam a opinião expressa pela tese):

_____

_____

Conclusão (retomada do tema com posicionamento crítico acompanhado de possíveis soluções para o problema analisado):

_____

_____

Escrita

Procure, nessa etapa, escrever com total liberdade. Caso você não saiba como continuar o texto, releia e questione o que escreveu. Esse procedimento, além de motivar a descoberta de novos aspectos de abordagem do texto, vai possibilitar uma continuidade com coerência entre as partes de seu texto.

Revisão

Escrever é um ato social. Por meio da escrita, as ideias são impressas e transmitidas aos demais membros da comunidade. O ato da escrita é também profissional. Os textos são intencionalmente orientados para públicos determinados. Você escreve, portanto, para ser lido. Por esse motivo, o texto final deve ser produto de muita análise. Nesta etapa, você se tornará o leitor crítico de seu próprio texto e fará uma revisão dele com base nos itens do Roteiro de revisão e avaliação abaixo. Releia seu texto como se estivesse lendo o texto de um colega. Não tenha medo de substituir, retirar ou acrescentar palavras. Às vezes, uma frase pode estar muito longa. Divida-a, então, em frases mais curtas. Outras vezes, há passagens confusas. Nesse caso, dê nova redação a esses trechos de modo que fiquem mais claros.

Roteiro de revisão e avaliação

A. Tipologia: a dissertação	☐	Estrutura o texto de acordo com as características do gênero editorial, ou seja, formula uma tese com base em um fato e apresenta argumentos que a comprovam?
B. Coerência	☐	Seleciona, relaciona e interpreta informações, fatos e opiniões que fundamentam os argumentos em defesa de um ponto de vista relacionado ao tema proposto?
C. Coesão	☐	Emprega elementos linguísticos que dão continuidade ao texto, construindo frases claras e com um vocabulário preciso?
D. Adequação à norma-padrão	☐	Demonstra domínio da norma-padrão, respeitando as convenções da escrita (ortografia/acentuação) e as normas gramaticais (pontuação, concordância, regência, crase e colocação pronominal)?
E. Edição do texto	☐	Escreve com legibilidade, uniformidade de margens e ausência de rasuras?
Total	☐	

Comentários do leitor (professor e/ou colega)

_____
_____
_____
_____
_____
_____

Reescrita e edição final

Na página seguinte, reescreva o seu texto para ser apresentado ao seu professor ou a um colega. Com base na avaliação e nos comentários desse leitor, reescreva-o e poste-o no *site*: www.editoraibep.com.br/oficinadeescritores.

PARTE 4

Gêneros textuais da dissertação Capítulo 2 – Artigo de opinião

FICHA 2

Autor(a): _____

Ano: _____ Data: ____/____/____

	Peso	Nota
A. Tipologia: dissertação	0 a 2,5	
B. Coerência	0 a 2,5	
C. Coesão	0 a 2,5	
D. Adequação à norma-padrão	0 a 2,5	
Total		

Comentários:

PARTE 4
Gêneros textuais da dissertação

CAPÍTULO 3
Discurso

O **discurso** é uma prática social que permite não somente expor as ideias a um público, mas também persuadi-lo de algo.

Um discurso, sobretudo o político, para ser persuasivo e sedutor, utiliza normalmente recursos de estilo, como metáforas, imagens, jogos de palavras, hipérboles, perguntas retóricas, construções paralelísticas etc.

Para conhecer melhor esse gênero, a seguir, você irá ler dois discursos escritos em épocas **distintas** e com diferentes objetivos.

Teoria

Você tem que encontrar o que você ama

Estou honrado de estar aqui, na formatura de uma das melhores universidades do mundo. Eu nunca me formei na universidade. Que a verdade seja dita, isso é o mais perto que eu já cheguei de uma cerimônia de formatura. [...]

Aos 17 anos eu fui para a faculdade. Mas, inocentemente escolhi uma faculdade que era quase tão cara quanto Stanford. E todas as economias dos meus pais, que eram da classe trabalhadora, estavam sendo usadas para pagar as mensalidades. Depois de seis meses, eu não podia ver valor naquilo.

Eu não tinha ideia do que queria fazer na minha vida e menos ideia ainda de como a universidade poderia me ajudar naquela escolha. E lá estava eu, gastando todo o dinheiro que meus pais tinham juntado durante toda a vida. E então decidi largar e acreditar que tudo ficaria ok.

Foi muito assustador naquela época, mas olhando para trás foi uma das melhores decisões que já fiz. No minuto em que larguei, eu pude parar de assistir às matérias obrigatórias que não me interessavam e comecei a frequentar aquelas que pareciam interessantes. Não foi tudo assim romântico. Eu não tinha um quarto no dormitório e por isso eu dormia no chão do quarto de amigos. Eu recolhia garrafas de Coca-Cola para ganhar 5 centavos, com os quais eu comprava comida. Eu andava 11 quilômetros pela cidade todo domingo à noite para ter uma boa refeição no templo *hare khisna*. Eu amava aquilo.

Muito do que descobri naquela época, guiado pela minha curiosidade e intuição, mostrou-se mais tarde ser de uma importância sem preço. Vou dar um exemplo: o Reed College oferecia naquela época a melhor formação de caligrafia do país. Em todo o *campus*, cada pôster e cada etiqueta de gaveta eram escritas com uma bela letra de mão. Como eu tinha largado o curso e não precisava frequentar as aulas normais, decidi assistir às aulas de caligrafia. Aprendi sobre fontes com serifa e sem serifa, sobre variar a quantidade de espaço entre diferentes combinações de letras, sobre o que torna uma tipografia boa. Aquilo era bonito, histórico e artisticamente sutil de uma maneira que a ciência não pode entender. E eu achei aquilo tudo fascinante.

Nada daquilo tinha qualquer aplicação prática para a minha vida. Mas 10 anos mais tarde, quando estávamos criando o primeiro computador Macintosh, tudo voltou. E nós colocamos tudo aquilo no Mac. Foi o primeiro computador com tipografia bonita. Se eu nunca tivesse deixado aquele curso na faculdade, o Mac nunca teria tido as fontes múltiplas ou proporcionalmente espaçadas. E considerando que o Windows simplesmente copiou o Mac, é bem provável que nenhum computador as tivesse.

[...]

Eu tive sorte porque descobri bem cedo o que queria fazer na minha vida. Woz e eu começamos a Apple na garagem dos meus pais quando eu tinha 20 anos. Trabalhamos duro e, em 10 anos, a Apple se transformou em uma empresa de 2 bilhões de dólares e mais de 4 mil empregados. Um ano antes, tínhamos acabado de lançar nossa maior criação – o Macintosh – e eu tinha 30 anos.

E aí fui demitido. Como é possível ser demitido da empresa que você criou? Bem, quando a Apple cresceu, contratamos alguém para dirigir a companhia. No primeiro ano, tudo deu certo, mas com o tempo nossas visões de futuro começaram a divergir. Quando isso aconteceu, o conselho de diretores ficou do lado dele. O que tinha sido o foco de toda a minha vida adulta tinha ido embora e isso foi devastador. Fiquei sem saber o que fazer por alguns meses.

Senti que tinha decepcionado a geração anterior de empreendedores. Que tinha deixado cair o bastão no momento em que ele estava sendo passado para mim. Eu encontrei David Peckard e Bob Noyce e tentei me desculpar por ter estragado tudo daquela maneira. Foi um fracasso público e eu até mesmo pensei em deixar o Vale [do Silício].

Steve Jobs (1955-2011).

Mas, lentamente, eu comecei a me dar conta de que eu ainda amava o que fazia. Foi quando decidi começar de novo. Não enxerguei isso na época, mas ser demitido da Apple foi a melhor coisa que podia ter acontecido para mim. O peso de ser bem-sucedido foi substituído pela leveza de ser de novo um iniciante, com menos certezas sobre tudo. Isso me deu liberdade para começar um dos períodos mais criativos da minha vida. Durante os cinco anos seguintes, criei uma companhia chamada NeXT, outra companhia chamada Pixar e me apaixonei por uma mulher maravilhosa que se tornou minha esposa.

A Pixar fez o primeiro filme animado por computador, *Toy Story*, e é o estúdio de animação mais bem-sucedido do mundo. Em uma inacreditável guinada de eventos, a Apple comprou a NeXT, eu voltei para a empresa e a tecnologia que desenvolvemos nela está no coração do atual renascimento da Apple.

E Lorene e eu temos uma família maravilhosa. Tenho certeza de que nada disso teria acontecido se eu não tivesse sido demitido da Apple.

Foi um remédio horrível, mas eu entendo que o paciente precisava. Às vezes, a vida bate com um tijolo na sua cabeça. Não perca a fé. Estou convencido de que a única coisa que me permitiu seguir adiante foi o meu amor pelo que fazia. Você tem que descobrir o que você ama. Isso é verdadeiro tanto para o seu trabalho quanto para com as pessoas que você ama.

Seu trabalho vai preencher uma parte grande da sua vida, e a única maneira de ficar realmente satisfeito é fazer o que você acredita ser um ótimo trabalho. E a única maneira de fazer um excelente trabalho é amar o que você faz.

Se você ainda não encontrou o que é, continue procurando. Não sossegue. Assim como todos os assuntos do coração, você saberá quando encontrar. E, como em qualquer grande relacionamento, só fica melhor e melhor à medida que os anos passam. Então continue procurando até você achar. Não sossegue.

[...]

Steve Jobs. Você tem que encontrar o que você ama. *MacMagazine*. Disponível em: <https://goo.gl/LJNLky>. Acesso em: 23 fev. 2017.

Análise do texto

Nesse discurso de formatura, Steve Jobs apresenta um encadeamento de ideias por meio do qual pretende comunicar aos interlocutores o significado da crença nos sonhos e nas próprias potencialidades.

Para tanto, ele abre o discurso informando que efetivamente não chegou a se graduar em um curso superior, mas nunca deixou de lutar pelo que acreditava fazê-lo pleno e feliz. Durante todo o texto, ele argumenta que, por meio de suas lutas, conquistas e até derrotas, conseguiu alcançar sua realização profissional e pessoal.

De forma coerente, ele finaliza transmitindo uma mensagem de confiança aos que, na condição de formandos, começam uma nova etapa para a vida profissional.

Estrutura de um discurso

O discurso é geralmente um texto argumentativo e, como tal, apresenta a estrutura e características dessa tipologia textual. O texto pode ser estruturado da seguinte forma:

- **Introdução:** contém a tese inicial – o ponto de vista ao qual o autor do texto quer fazer o leitor aderir –, que deve ser formulada de forma clara e objetiva.

- **Desenvolvimento ou corpo da argumentação:** apresenta os argumentos, que se destinam a apoiar ou a refutar a tese inicial. Pode ser organizada em parágrafos, de tal forma que cada um deles contenha uma ideia inicial. Os argumentos devem manter entre si uma ordem e uma coerência que permitam seguir com clareza o desenvolvimento do raciocínio do argumentador.
- **Conclusão:** retoma a tese que se procurou provar com a exposição de argumentos.

Coesão em um texto de discurso

O uso adequado dos conectores permite marcar com clareza o desenvolvimento do raciocínio e dar coesão ao texto. Conforme a relação de ideias que se pretende estabelecer, eles podem ser de:

- **Adição:** não só… mas também…; por um lado… por outro…
- **Certeza:** é evidente que, certamente, com toda a certeza
- **Conclusão:** em conclusão, em suma, enfim, logo, portanto
- **Dúvida:** é provável, possivelmente, porventura
- **Explicitação/particularização:** quer isto dizer, não se pense que
- **Fim/intenção:** com o intuito de, com o objetivo de
- **Causa:** uma vez que, dado que
- **Consequência:** de modo que, de tal forma que
- **Chamada de atenção:** note-se que, veja-se que, tenha-se em atenção que
- **Confirmação:** com efeito, como vimos, efetivamente
- **Exemplificação:** por exemplo, isto é, como se pode ver, é o caso de
- **Condição:** se, a menos que, admitindo que
- **Sequência temporal:** em primeiro lugar, em seguida, depois, seguidamente
- **Opinião:** a meu ver, estou em crer que, em nosso entender, parece-me que
- **Oposição/contraste:** no entanto, contudo, porém, todavia
- **Semelhança:** assim como, pela mesma razão
- **Síntese/resumo:** por outras palavras, ou melhor, ou seja

Agora, vamos ler um discurso escrito no século XVII.

Sermão de Santo Antônio aos peixes

[...]
Olhai, peixes, lá do mar para a terra. Não, não: não é isso o que vos digo. Vós virais os olhos para os matos e para o sertão? Para cá, para cá; para a cidade é que haveis de olhar. Cuidais que só os Tapuias se comem uns aos outros? Muito maior açougue é o de cá, muito mais se comem os Brancos. Vedes vós todo aquele bulir, vedes todo aquele andar, vedes aquele concorrer às praças e cruzar as ruas; vedes aquele subir e descer as calçadas, vedes aquele entrar e sair sem quietação nem sossego? Pois tudo aquilo é andarem buscando os homens como hão-de comer e como se hão-de comer. Morreu algum deles, vereis logo tantos sobre o miserável a despedaçá-lo e comê-lo. Comem-no os herdeiros, comem-no os testamenteiros, comem-no os legatários, comem-no os acredores; comem-no os oficiais dos órfãos e os dos defuntos e ausentes; come-o o médico, que o curou ou ajudou a morrer; come-o o sangrador que lhe tirou o sangue; come-a a mesma mulher, que de má vontade lhe dá para a mortalha o lençol mais velho da casa; come-o o que lhe abre a cova, o que

lhe tange os sinos, e os que, cantando, o levam a enterrar; enfim, ainda o pobre defunto o não comeu a terra, e já o tem comido toda a terra.

Já se os homens se comeram somente depois de mortos, parece que era menos horror e menos matéria de sentimento. Mas para que conheçais a que chega a vossa crueldade, considerai, peixes, que também os homens se comem vivos assim como vós. Vivo estava Job, quando dizia: *Quare persequimini me, et carnibus meis saturamini?* "Por que me perseguis tão desumanamente, vós, que me estais comendo vivo e fartando-vos da minha carne?" Quereis ver um Job destes?

Vede um homem desses que andam perseguidos de pleitos ou acusados de crimes, e olhai quantos o estão comendo. Come-o o meirinho, come-o o carcereiro, come-o o escrivão, come-o o solicitador, come-o o advogado, come-o o inquiridor, come-o a testemunha, come-o o julgador, e ainda não está sentenciado, já está comido. São piores os homens que os corvos. O triste que foi à forca, não o comem os corvos senão depois de executado e morto; e o que anda em juízo, ainda não está executado nem sentenciado, e já está comido.

E para que vejais como estes comidos na terra são os pequenos, e pelos mesmos modos com que vós comeis no mar, ouvi a Deus queixando-se deste pecado: *Nonne cognoscent omnes, qui operantur iniquitatem, qui devorunt plebem meam, ut cibum panis?* "Cuidais, diz Deus, que não há-de vir tempo em que conheçam e paguem o seu merecido aqueles que cometem a maldade?" E que maldade é esta, à qual Deus singularmente chama maldade, como se não houvera outra no Mundo? E quem são aqueles que a cometem? A maldade é comerem-se os homens uns aos outros, e os que a cometem são os maiores, que comem os pequenos: *Qui devorant plebem meam, ut cibum panis*.

Nestas palavras, pelo que vos toca, importa, peixes, que advirtais muito outras tantas cousas, quantas são as mesmas palavras. Diz Deus que comem os homens não só o seu povo, senão declaradamente a sua plebe: *Plebem meam*, porque a plebe e os plebeus, que são os mais pequenos, os que menos podem e os que menos avultam na república, estes são os comidos. E não só diz que os comem de qualquer modo, senão que os engolem e os devoram: *Qui devorant*. Porque os grandes que têm o mando das cidades e das províncias, não se contenta a sua fome de comer os pequenos um por um, ou poucos a poucos, senão que devoram e engolem os povos inteiros: *Qui devorant plebem meam*. E de que modo os devoram e comem? *Ut cibum panis*: não como os outros comeres, senão como pão.

A diferença que há entre o pão e os outros comeres, é que para a carne, há dias de carne, e para o peixe, dias de peixe, e para as frutas, diferentes meses no ano; porém o pão é comer de todos os dias, que sempre e continuadamente se come: e isto é o que padecem os pequenos. São o pão quotidiano dos grandes; e assim como o pão se come com tudo, assim com tudo e em tudo são comidos os miseráveis pequenos, não tendo nem fazendo ofício em que os não carreguem, em que os não multem, em que os não defraudem, em que os não comam, traguem e devorem: *Qui devorant plebem meam, ut cibum panis*.

Parece-vos bem isto, peixes? Representa-se-me que com o movimento das cabeças estais todos dizendo que não, e com olhardes uns para os outros, vos estais admirando e pasmando de que entre os homens haja tal injustiça e maldade! Pois isto mesmo é o que vós fazeis. Os maiores comeis os pequenos; e os muito grandes não só os comem um por um, senão os cardumes inteiros, e isto continuamente sem diferença de tempos, não só de dia, senão também de noite, às claras e às escuras, como também fazem os homens.

[...]

Padre Antônio Vieira. Sermão de Santo Antônio aos peixes. *Biblio.com.br*.
Disponível em: <https://goo.gl/tT0p0o>. Acesso em: 23 fev. 2017.

Análise do texto

O texto que você leu é um trecho do discurso "Sermão de Santo Antônio aos peixes", pregado no Maranhão, Brasil, em 13 de junho de 1654, dia de anos de Santo Antônio. Foi a metáfora utilizada pelo padre Antônio Vieira contra a desumanidade com que os colonos portugueses tratavam os indígenas.

O sermão trata de um assunto intemporal: a variedade enorme de peixes que existem, o que fazem para se comerem uns aos outros e a sua ambição de poder.

No século XVI, enquanto todos procuravam estrelas e planetas, padre Antônio Vieira procurou o mar para falar da espécie humana e do Brasil de seu tempo, onde os colonos escravizavam os nativos e os homens se "devoravam uns aos outros".

O "Sermão de Santo Antônio aos peixes", inspirado em Santo Antônio de Lisboa, defensor dos pobres, é uma alegoria da alma humana, dos seus vícios e virtudes e, sobretudo, uma defesa da humanidade nas relações entre os homens.

Antônio Vieira nasceu em Lisboa e partiu ainda criança para o Brasil. Estudou em um colégio de jesuítas, tornando-se um aluno brilhante. Ingressou na Ordem de Jesus, foi professor de retórica e ordenou-se sacerdote. Foi diplomata e missionário.

Neto de avó africana, padre Antônio Vieira manifestou um grande interesse pela diversidade humana, seus hábitos e línguas e ficou conhecido junto às tribos como "Pai Grande", por defender os indígenas e os escravizados.

Numa época em que os pregadores concentravam em si todas as atenções e os sermões tinham um importante peso midiático na sociedade, padre Antônio Vieira notabilizou-se pelos seus sermões e pela sua capacidade retórica, sendo considerado um imperador da língua portuguesa, como o chamou Fernando Pessoa.

Padre Antônio Vieira (1608-1697).

Produção de Texto

1. Tendo em vista que o discurso é a prática social de produção de textos e que só pode ser analisado considerando seu contexto histórico-social, temos abaixo a relação de alguns dos discursos históricos mais famosos:

   - Moisés (1250 a.C.), o profeta judeu que conduziu seu povo até a Terra Prometida depois do cativeiro do Egito. O livro de Deuteronômio, da Bíblia, traz o discurso que ele fez no Monte Sinai depois de ter recebido os Dez Mandamentos.
   - Buda, que viveu de 563 a 483 a.C. no Nepal, fez muitas pregações que estão registradas nos textos canônicos.
   - Sócrates (470-399 a.C.) foi o maior filósofo ateniense e, em seus discursos, usava o método de fazer ao seu interlocutor uma série de perguntas, levando-o a descobrir suas próprias verdades.
   - Jesus Cristo proferiu muitos sermões como princípios da vida cristã que foram registrados por seus discípulos após sua morte.

- Gandhi (1869-1948), político e humanista, lutou pela libertação da Índia do domínio inglês com discursos e manifestações pacíficas.
- John F. Kennedy (1917-1963), como todos os presidentes eleitos fazem, proferiu um discurso, em 20 de janeiro de 1961, no dia de sua posse como 35º presidente dos Estados Unidos, que ficou famoso pela frase: "Não pergunte o que seu país pode fazer por você e sim o que você pode fazer por seu país".

Agora é sua vez! Apresentando argumentos e utilizando recursos persuasivos, produza o seu texto na estrutura do discurso, com informações coerentes e raciocínio analítico visando influenciar seu interlocutor com fundamentações que deem credibilidade ao seu texto.

2. **(Unicamp-2011)** Coloque-se no lugar de um **líder de grêmio estudantil** que tem recebido reclamações dos colegas sobre o **ensino de ciências em sua escola** e que, depois de ler a entrevista com Tatiana Nahas na revista de divulgação científica *Ciência Hoje*, decide convidá-la a dar uma palestra para **os alunos e professores da escola**. Escreva um **discurso de apresentação do evento**, adequado à modalidade oral formal. Você, necessariamente, deverá:

a) apresentar um diagnóstico com **três (3)** problemas do ensino de ciências em sua escola; e

b) justificar a presença da convidada, mostrando em que medida as ideias por ela expressas na entrevista podem oferecer subsídios para a superação dos problemas diagnosticados.

Escola na mídia

Tatiana Nahas. Bióloga e professora de ensino médio, tuiteira e blogueira. Aos 34 anos, ela cuida da página *Ciência na mídia*, que, nas suas palavras, "propõe um olhar analítico sobre como a ciência e o cientista são representados na mídia".

Ciência Hoje: É perceptível que seu blogue dá destaque, cada vez mais, à educação e ao ensino de ciências.

Tatiana Nahas: Na verdade, é uma retomada dessa direção. Eu já tinha um histórico de trabalho em projetos educacionais diversos. Mas, mais que isso tudo, acho que antes ainda vem o fato de que não dissocio sobremaneira pesquisa de ensino. E nem de divulgação científica.

CH: Como você leva a sua experiência na rede e com novas tecnologias para os seus alunos?

TH: Eu não faço nenhuma separação que fique nítida entre o que está relacionado a novas tecnologias e o que não está. Simplesmente ora estamos usando um livro, ora os alunos estão criando objetos de aprendizagem relacionados a determinado conteúdo, como jogos. Um exemplo do que quero dizer: outro dia estávamos em uma aula de microscopia no laboratório de biologia. Os alunos viram o microscópio, aprenderam a manipulá-lo, conheceram um pouco sobre a história dos estudos citológicos caminhando em paralelo com a história do desenvolvimento dos equipamentos ópticos etc. Em dado ponto da aula, tinham que resolver o problema de como estimar o tamanho das células que observavam. Contas feitas, discussão encaminhada, passamos para a projeção de uma ferramenta desenvolvida para a internet por um grupo da Universidade de Utah. Foi um complemento perfeito para a aula. Os alunos não só adoraram, como tiveram a possibilidade de visualizar diferentes células, objetos, estruturas e átomos de forma comparativa, interativa, divertida e extremamente clara. Por melhor que fosse a aula, não teria conseguido o alcance que essa ferramenta propiciou. Veja, não estou competindo com esses recursos e nem usando-os como muleta. Esses recursos são exatamente o que o nome diz: recursos. Têm que fazer parte da educação porque fazem parte do mundo, simples assim.

Ah, mas e o monte de bobagens que encontramos na internet? Bom, mas há um monte de bobagens também nos jornais, nos livros e em outros meios "mais consolidados". Há um monte de bobagens mesmo nos livros didáticos. A questão está no que deve ser o foco da educação: o conteúdo puro e simples ou as habilidades de relacionar, de interpretar, de extrapolar, de criar etc.?

CH: Você acha que é necessário mudar muita coisa no ensino de ciências, especificamente?

TN: Eu diria que há duas principais falhas no nosso ensino de ciências. Uma reside no quase completo esquecimento da história da ciência na sala de aula, o que faz com que os alunos desenvolvam a noção de que ideias e teorias surgem repentinamente e prontas na mente dos cientistas. Outra falha que vejo está no fato de que pouco se exercita o método científico ao ensinar ciências. Não dá para esperar que o aluno entenda o *modus operandi* da ciência sem mostrar o método científico e o processo de pesquisa, incluindo os percalços inerentes a uma investigação científica. Sem mostrar a construção coletiva da ciência. Sem mostrar que a controvérsia faz parte do processo de construção do conhecimento científico e que há muito desenvolvimento na ciência a partir dessas controvérsias. Caso contrário, teremos alunos que farão coro com a média da população que se queixa, ao ouvir notícias de jornal, que os cientistas não se resolvem e uma hora dizem que manteiga faz bem e outra hora dizem que manteiga faz mal. Ou seja, já temos alguns meios de divulgação que não compreendem o funcionamento da ciência e a divulgam de maneira equivocada. Vamos também formar leitores acríticos?

Thiago Camelo. Escola na mídia. *Ciência Hoje On-line*.
Disponível em: <http.cienciahoje.com.br>. Acesso em: 04 mar. 2010. Adaptado.

3. (UFG-2009)

Tema

O papel da arte na vida cotidiana: utilitário e/ou estético?

Coletânea

> **1** **Estética**. S. f. 1. Estudo das condições e dos efeitos da criação artística. 2. Tradicionalmente, estudo racional do belo, quer quanto à possibilidade da sua conceituação, quer quanto à diversidade de emoções e sentimentos que ele suscita no homem. 3. Caráter estético; beleza.
>
> **Utilitário**. Adj. 1. Relativo à utilidade. 2. Que tenha utilidade ou interesse, particular ou geral, como fim principal de seus atos.
>
> FERREIRA, A. B. H. *Novo Aurélio Século XXI*: o dicionário da língua portuguesa.
> 3. ed. Rio de Janeiro: Nova Fronteira, 1999. p. 834 e 2038.

2

O universo da arte caracteriza um tipo particular de conhecimento que o ser humano produz a partir de perguntas fundamentais que desde sempre se fez com relação ao seu lugar no mundo. [...] Ciência e arte são, assim, produtos que expressam as representações imaginárias das distintas culturas, que se renovam através dos tempos, construindo o percurso da história humana. [...] Apenas o ensino criador, que favoreça a integração entre a aprendizagem racional e estética dos alunos, poderá contribuir para o exercício conjunto complementar da razão e do sonho, no qual conhecer é também maravilhar-se, divertir-se, brincar com o desconhecido, arriscar hipóteses ousadas, trabalhar duro, esforçar-se e alegrar-se com descobertas. [...] A obra de arte situa-se no ponto de encontro entre o particular e o universal da experiência humana.

"Até mesmo asa branca / Bateu asas do sertão / Então eu disse adeus Rosinha / Guarda contigo meu coração" (Luís Gonzaga e Humberto Teixeira).

No exemplo da canção "Asa Branca", o voo do pássaro (experiência humana universal) retrata a figura do retirante (experiência particular de algumas regiões). Cada obra de arte é, ao mesmo tempo, um produto cultural de uma determinada época e uma criação singular da imaginação humana cujo valor é universal. [...] Quando Guimarães Rosa escreveu: "Nuvens, fiapos de sorvete de coco", criou uma forma artística na qual a metáfora, uma maneira especial de utilização da linguagem, reuniu elementos que, na realidade, estavam separados, mas se juntaram numa frase poética pela ação criadora do artista. Nessa apreciação estética importa não apenas o exercício da habilidade intelectiva mas, principalmente, que o leitor seja capaz de se deixar tocar sensivelmente para poder perceber, por exemplo, as qualidades de peso, luz, textura, densidade e cor contidas nas imagens de nuvens e fiapos de sorvete de coco [...]. A significação não está, portanto, na obra, mas na interação complexa de natureza primordialmente imaginativa entre a obra e o expectador.

PARÂMETROS Curriculares Nacionais: Arte. Secretaria de Educação Fundamental. Brasília: MEC-SEF, 1997. p. 32-40.

3

[...] a instalação de um objeto em museus transforma-o em arte. A colher de pau de minha avó, o porta-garrafas, a roda de bicicleta, o mictório de Duchamps, colocados em pedestal ou vitrina, permitem a eclosão de sentimentos de intuições evocadoras. [...] note-se que esses objetos perderam sua função utilitária: "artística", a colher de pau deixou de fazer sabão. Sua transformação em arte acarretou o gratuito: ela não faz mais parte de um sistema racional de utilidade. E, livre, o supérfluo emerge como essencial.

Mas, fruto de gesto gratuito, a arte possui uma existência frágil, pois não é necessária. Podemos constatar em nossa cultura dois registros diferentes que a alimentam. Num deles, o objeto artístico encontra-se instalado no interior de funções econômicas ou sociais: embora enquanto arte o objeto continue sendo não utilitário, enquanto elemento de um vasto mecanismo é empregado para outros fins. Esse emprego garante-lhe a sobrevivência. No outro registro, o objeto artístico reduz-se à gratuidade; esvaziado de toda função, ele depende de uma assistência ao mesmo tempo intencional e artificial, provocada unicamente pelo seu prestígio de ser arte.

COLI, J. *O que é arte*. São Paulo: Brasiliense, 1997. p. 88-90. (Coleção Primeiros passos, n. 46).

4 Confesso que, espontaneamente, nunca me coloquei esta questão: para que serve a arte? Desde menino, quando vi as primeiras estampas coloridas no colégio (que estavam muito longe de serem obras de arte) deixei-me encantar por elas a ponto de querer copiá-las ou fazer alguma coisa parecida.

Não foi diferente minha reação quando li o primeiro conto, o primeiro poema e vi a primeira peça teatral. Não se tratava de nenhum Shakespeare, de nenhum Sófocles, mas fiquei encantado com aquilo. Posso deduzir daí que a arte me pareceu tacitamente necessária. Por que iria eu indagar para que serviria ela, se desde o primeiro momento me tocou, me deu prazer? [...] Na verdade, a arte – em si – não serve para nada. Claro, a arte dos vitrais servia para acentuar a atmosfera mística das igrejas e os afrescos as decoravam como também aos palácios. Mas não residia nesta função a razão fundamental dessas obras e, sim, na sua capacidade de deslumbrar e comover as pessoas. Portanto, se me perguntam para que serve a arte, respondo: para tornar o mundo mais belo, mais comovente e mais humano.

GULLAR, F. *A beleza do humano, nada mais*. Disponível em: <http://ondajovem.terra.com.br/arquivodowload/%7B42535240-caba>, p. 28. Acesso em: 7 maio 2009.

5 [...] Bem, e qual é o significado da arte? Para começar, podemos dizer que ela provoca, instiga, estimula nossos sentidos, de forma a descondicioná-los, isto é, a retirá-los de uma ordem preestabelecida, sugerindo ampliadas possibilidades de viver e de se organizar no mundo. Como escreve o poeta Manoel de Barros: "Para apalpar as intimidades do mundo é preciso saber: / a) que o esplendor da manhã não se abre com faca / b) o modo como as violetas preparam o dia para morrer / c) por que é que as borboletas de tarjas vermelhas têm devoção por túmulos / d) se o homem que toca de tarde sua existência num fagote tem salvação (...) Desaprender oito horas por dia ensina os princípios. [...] A arte ensina justamente a desaprender os princípios do óbvio que é atribuído aos objetos, às coisas. Ela parece esmiuçar o funcionamento das coisas da vida, desafiando-as, criando para elas novas possibilidades". [...]

A cena contemporânea

Com o passar do tempo, no entanto, a arte moderna sofreu um desgaste. Por um lado, ela tornou-se tão experimental que acabou por afastar-se do público, que passou a achar suas manifestações cada vez mais estranhas e de difícil compreensão. [...] Com a mudança global que se delineia a partir dos anos 80, torna-se mais gritante ainda a necessidade de uma modificação no conceito de arte. Mais do que isso: torna-se necessário que a arte se modifique para sobreviver. E é aí que sai de cena a arte moderna e sobe ao palco a contemporânea. [...] A importância dada à moda, às aparências e à "atitude", aliada a uma tecnologia sofisticada de cirurgias, implantes, aparelhos de ginástica e substâncias químicas, além das possibilidades genéticas que se abrem com os sequenciamentos cromossômicos, fazem do corpo um campo de experimentações futurísticas. A busca pela originalidade, que caracterizava a vanguarda modernista do século 20, é substituída pela atitude de busca de reconhecimento, de celebridade. Transfere-se o alvo das preocupações da produção para o produtor, da obra para o autor. [...] Se fosse convidada a reformular o ensino da arte no momento contemporâneo, eu substituiria o estudo dos movimentos que caracterizam a era moderna por esses grandes temas que acompanham a produção e o pensamento dos artistas contemporâneos, permitindo que a arte continue a fazer sentido e a ecoar nossa essência. [...] Em meio a múltiplas possibilidades de uso de materiais, espaços e tempos, a arte contemporânea não separa a rua e o museu. [...] Felizmente, a arte contemporânea tem a liberdade de apontar suas heranças e sua história sem precisar ir ao grau zero da originalidade e está cada vez mais infiltrada nas peles da vida. Assim ela permanece pulsando.

CANTON, K. *A pulsação do nosso tempo*. Disponível em: <http://ondajovem.terra.com.br/arquivodowload/%7B42535240-caba>. Acesso em: 7 maio 2009.

6
Alunos-luz

Estudar sempre foi para V. D. (Drago) uma fonte interminável de aborrecimentos e humilhações. Expulso na 5ª série, sofreu um baque em sua autoestima e, desde então, ganhou o rótulo de "aluno-problema". Chegaram a aconselhar sua mãe a matriculá-lo em colégios que recebessem portadores de deficiência mental, entre outros problemas – ele sofreria de falta de orientação espacial. "Sabia que alguns professores diziam que eu era retardado". Por isso, hoje é um dos melhores dias na vida de Drago. Nesta quarta-feira, Drago, 17 anos, vai inaugurar sua primeira exposição fotográfica.

Por várias semanas, ele fotografou diariamente estudantes de uma escola pública e fugiu do óbvio em seu enquadramento. Procurou cenas em que os alunos mostrassem os olhos brilhando – e não as previsíveis imagens sombrias da educação pública.

Sua proposta era garimpar cenas do prazer em aprender. [...] A evidente habilidade com a fotografia não era suficiente para que ele superasse a baixa autoestima desenvolvida em seu histórico escolar.

Mas a descoberta ajudou-o a construir um projeto: entrar numa faculdade para estudar fotografia. [...] À medida que as fotos eram reveladas e aparecia o brilho nos olhos dos alunos, decidiu-se que todo aquele material deveria virar uma exposição que transformasse as paredes do Colégio Max numa galeria.

Drago tirou o nome para sua exposição da raiz latina da palavra "aluno", que significa "sem luz". "Foram os dias de mais luz da minha vida".

DIMENSTEIN, G. Alunos-luz. *Folha de S. Paulo*, São Paulo, 24 set. 2008, Cotidiano.

7
Shakespeare notava que, se acabarmos com os objetos de luxo, não teremos nada além de animalidade. O que o luxo diz é que o homem não se contenta apenas com a satisfação de suas necessidades naturais. Há, acima de tudo, uma busca de excesso, de ultrapassamento da simples naturalidade. Além disso, o luxo não é simplesmente uma demonstração de riqueza. Pode o ser, mas esse não parece o seu sentido. Há uma busca de beleza no luxo; uma busca de sensualidade. Há um gosto por tudo que é refinado. [...] Haveria, ainda, uma questão muito delicada: a arte faz parte do luxo ou não? Penso que sim. Costumamos deixar isso de lado, porque a arte tem uma dimensão espiritual, com referências ao sagrado, à Beleza, mas se consideramos o preço de uma obra de arte, vemos que estamos muito próximos de um objeto de luxo. Essa é a razão pela qual as pessoas mais ricas, hoje, estão se tornando colecionadoras de arte contemporânea. [...] para dar uma palavrinha sobre a Beleza, eu diria que, atualmente, ela se "democratizou": a maior parte das pessoas vê mais coisas belas hoje em dia (na televisão, nas revistas, na publicidade etc.); nós consumimos beleza *non stop*.

LIPOVETSKY, G. *Cult*, São Paulo, n. 120, ano 10, p. 11 e 17, dez. 2007.

8
A utilização do produto culto visa a um consumo que nada tem a ver com a presunção de uma experiência estética; quando muito, o consumidor do produto, ao consumi-lo, entra em contato com modos estilísticos que conservaram algo da nobreza original, e cuja origem ele ignora. [...] Temos aqui produtos de massa que tendem para a provocação de efeitos, mas que não se apresentam como substitutos da arte.

ECO, U. *Apocalípticos e integrados*. São Paulo: Perspectiva, 2004.

Discurso de formatura

O **discurso de formatura** é um gênero discursivo produzido para ser proferido oralmente a um auditório em um evento solene. Expressa formalmente a maneira de pensar e de agir do(s) locutor(es) e sua visão acerca dos interlocutores presentes na solenidade. Por se tratar de um texto construído com o objetivo de defender um ponto de vista sobre determinado assunto, buscando o convencimento do auditório e, logo, sua adesão às ideias defendidas, é um gênero com características predominantemente expositivo-argumentativas. Devido a essa forma de interação, o ponto de vista defendido deve ser fundamentado com explicações, razões, ilustrações, citações etc.

Imagine que você esteja concluindo um curso da área de Artes e tenha sido eleito para ser o orador da turma na solenidade de formatura. Por isso, você deverá escrever o discurso em nome da turma e, considerando os interlocutores presentes, deverá dirigir-se a um auditório composto por autoridades, professores, familiares e amigos. Sua argumentação deve contemplar uma reflexão acerca do papel da arte na vida cotidiana. Defenda o ponto de vista da turma em relação a esse tema e explicite o posicionamento assumido diante das funções estética e utilitarista da arte.

O discurso de formatura é um gênero discursivo, em que predominam características expositivo-argumentativas. O locutor(es) deve num breve espaço de tempo exercitar habilidades, por exemplo, de criar, sintetizar, analisar, estabelecer relações lógicas, abstrair, demonstrar uma opinião e concluir, estabelecendo, inclusive, uma relação com os interlocutores presentes na solenidade.

PARTE 4
Gêneros textuais da dissertação **Capítulo 3 – Discurso**

FICHA 3

Autor(a): _____

Ano: _____ Data: ____/____/____

Planejamento

Antes de começar a escrever, pense e organize suas ideias. Para isso, faça um esboço do seu texto, especificando com clareza os itens abaixo.

Assunto: _____

Tema: _____

Ponto de vista: _____
_____

Tese (formule, com base no ponto de vista, a tese. Ela será a ideia central do seu texto):
_____
_____

Pró: Argumentos favoráveis (enumere alguns argumentos que dão sustentação à opinião expressa pela tese):
_____
_____

Contra: Argumentos contrários (enumere alguns argumentos que questionam a opinião expressa pela tese):
_____
_____

Conclusão (com base nos elementos anteriores, especifique a conclusão):
_____
_____

Escrita

Procure, nessa etapa, escrever com total liberdade. Caso você não saiba como continuar o texto, releia e questione o que escreveu. Esse procedimento, além de motivar a descoberta de novos aspectos de abordagem do texto, vai possibilitar uma continuidade com coerência entre as partes de seu texto.

Revisão

Escrever é um ato social. Por meio da escrita, as ideias são impressas e transmitidas aos demais membros da comunidade. O ato da escrita é também profissional. Os textos são intencionalmente orientados para públicos determinados. Você escreve, portanto, para ser lido. Por esse motivo, o texto final deve ser produto de muita análise. Nesta etapa, você se tornará o leitor crítico de seu próprio texto e fará uma revisão dele com base nos itens do Roteiro de revisão e avaliação abaixo. Releia seu texto como se estivesse lendo o texto de um colega. Não tenha medo de substituir, retirar ou acrescentar palavras. Às vezes, uma frase pode estar muito longa. Divida-a, então, em frases mais curtas. Outras vezes, há passagens confusas. Nesse caso, dê nova redação a esses trechos de modo que fiquem mais claros.

Roteiro de revisão e avaliação

A. Tipologia: a dissertação	☐	Estrutura o texto de acordo com as características do gênero editorial, ou seja, formula uma tese com base em um fato e apresenta argumentos que a comprovam?
B. Coerência	☐	Seleciona, relaciona e interpreta informações, fatos e opiniões que fundamentam os argumentos em defesa de um ponto de vista relacionado ao tema proposto?
C. Coesão	☐	Emprega elementos linguísticos que dão continuidade ao texto, construindo frases claras e com um vocabulário preciso?
D. Adequação à norma-padrão	☐	Demonstra domínio da norma-padrão, respeitando as convenções da escrita (ortografia/acentuação) e as normas gramaticais (pontuação, concordância, regência, crase e colocação pronominal)?
E. Edição do texto	☐	Escreve com legibilidade, uniformidade de margens e ausência de rasuras?
Total	☐	

Comentários do leitor (professor e/ou colega)

_____
_____
_____
_____
_____
_____
_____

Reescrita e edição final

Na página seguinte, reescreva o seu texto para ser apresentado ao seu professor ou a um colega. Com base na avaliação e nos comentários desse leitor, reescreva-o e poste-o no *site*: www.editoraibep.com.br/oficinadeescritores.

PARTE 4

Gêneros textuais da dissertação — **Capítulo 3 – Discurso**

FICHA 3

Autor(a): _____

Ano: _____ Data: ____/____/____

	Peso	Nota
A. Tipologia: dissertação	0 a 2,5	
B. Coerência	0 a 2,5	
C. Coesão	0 a 2,5	
D. Adequação à norma-padrão	0 a 2,5	
Total		

Comentários:

PARTE 4
Gêneros textuais da dissertação

CAPÍTULO 4

Comentário do leitor

> Um espaço comum para expressar a opinião do público do veículo — seja da mídia impressa (jornais ou revistas), seja da mídia eletrônica (jornais, revistas, *sites*, *blogs*) — é a seção das **cartas do leitor** ou **comentários do leitor**.
>
> Esses órgãos jornalísticos selecionam, entre as cartas ou os comentários recebidos, alguns que tenham opinião bem argumentada (e, claro, um bom texto) para publicar e registrar, por amostragem, o pensamento dos leitores.
>
> Certas vezes, existe a preocupação de contrabalançar e equilibrar as opiniões, escolhendo sempre ideias opostas. Na maioria das edições, porém, jornalistas selecionam cartas ou comentários que sejam alinhados com as posições do veículo.

Teoria

Além do comentário sancionado pelo veículo de informação, descrito acima, há também o comentário do leitor publicado instantaneamente, geralmente logo abaixo de matérias ou *posts* da internet, em espaço exclusivo para tal. Esse novo estilo de comentário é alvo de muitas polêmicas, visto que sua publicação não passa por nenhuma espécie de avaliação prévia, o que facilita a disseminação de opiniões pouco fundamentadas e até mesmo ofensivas ou criminosas. Nesses casos, o gênero textual perde o seu principal objetivo comunicativo: influenciar outras pessoas de maneira construtiva e embasada.

Para que você conheça melhor as características desse gênero textual, apresentamos a seguir uma proposta de redação da Unicamp, na qual o candidato deveria escrever um comentário com base em uma pesquisa publicada no *site* de um órgão da imprensa e, na sequência, duas redações selecionadas pela própria Unicamp como redações acima da média, ou seja, dois exemplos de bons comentários.

(Unicamp-2011) Imagine-se como um **jovem** que, navegando pelo *site* da MTV, se depara com o **gráfico "Os valores de uma geração"** da pesquisa *Dossiê MTV Universo Jovem*, e resolve comentar os dados apresentados, por meio do "fale conosco" da **emissora**. Nesse **comentário**, você, necessariamente, deverá:

a) comparar os três anos pesquisados, indicando **dois (2) valores relativamente estáveis e duas (2) mudanças significativas de valores**;

b) manifestar-se no sentido de **reconhecer-se ou não** no perfil revelado pela pesquisa.

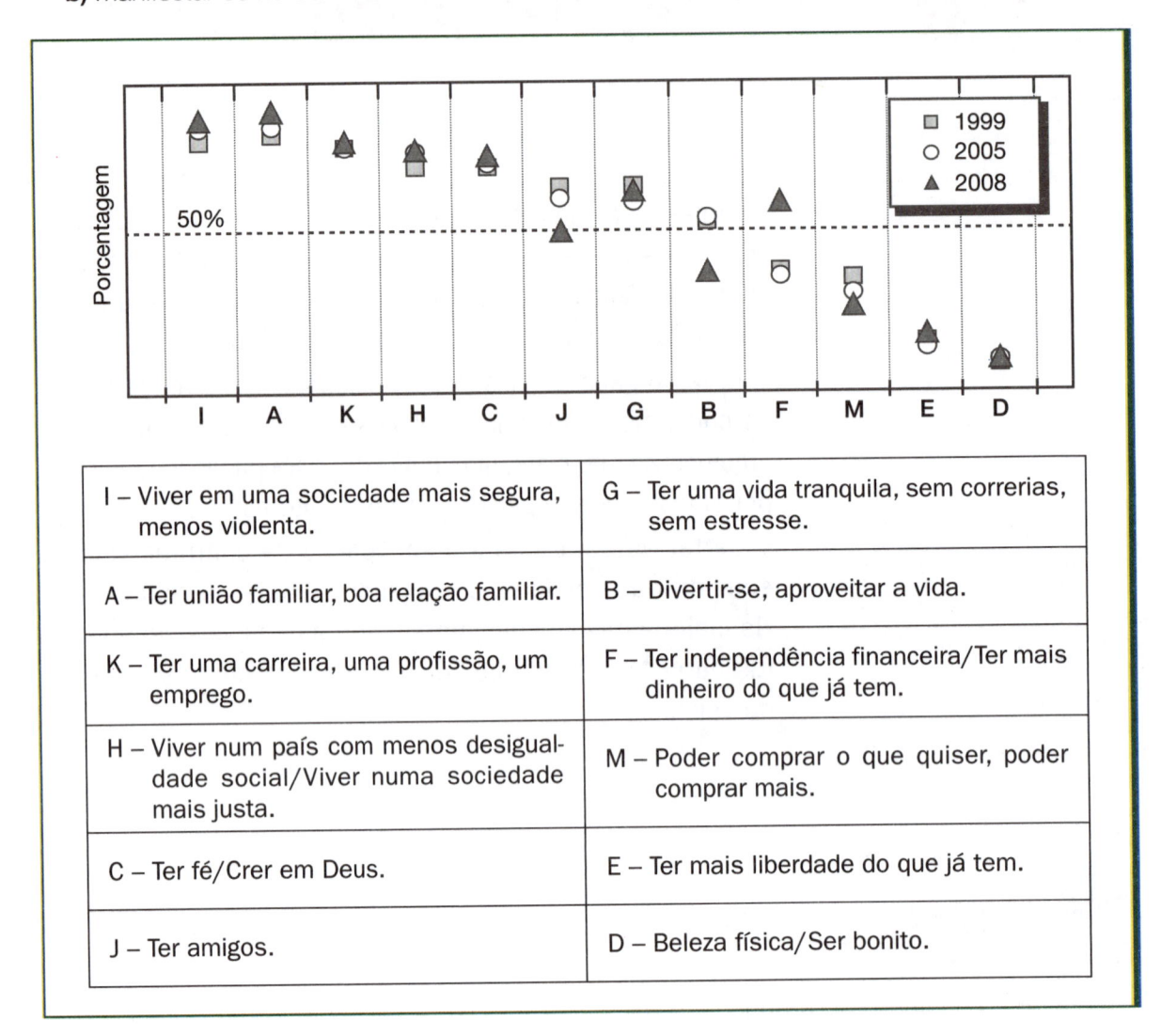

I – Viver em uma sociedade mais segura, menos violenta.	G – Ter uma vida tranquila, sem correrias, sem estresse.
A – Ter união familiar, boa relação familiar.	B – Divertir-se, aproveitar a vida.
K – Ter uma carreira, uma profissão, um emprego.	F – Ter independência financeira/Ter mais dinheiro do que já tem.
H – Viver num país com menos desigualdade social/Viver numa sociedade mais justa.	M – Poder comprar o que quiser, poder comprar mais.
C – Ter fé/Crer em Deus.	E – Ter mais liberdade do que já tem.
J – Ter amigos.	D – Beleza física/Ser bonito.

Redação 1

Bom dia, pessoal da MTV!

Achei realmente muito interessante o gráfico apresentado no *site*, tanto que não me contive em deixar aqui o meu comentário. Gostaria, antes de tudo, de parabenizá-los pela ideia da pesquisa, uma vez que considero importantíssimo, não só para os jovens mas para toda a sociedade, acompanhar as mudanças que têm ocorrido ao longo das gerações no que se refere ao modo como os jovens se relacionam com diversos aspectos do mundo que os cerca. E, nesse sentido, o gráfico é bastante esclarecedor.

Confesso que fiquei bastante impressionado com alguns dados da pesquisa. Eu, um jovem extremamente defensor das vivências e das relações interpessoais, já que acredito que são fundamentais para a construção do caráter, ética e cidadania, fiquei espantado ao ver a queda apresentada no quesito "(J) ter amigos" entre os anos de 1999 e 2008. E igualmente perplexo ao notar que em apenas três anos, houve uma diminuição no número de jovens que consideram importante "(B) divertir-se e aproveitar a vida". Fico me perguntando, até com certo pesar, se não seria esse um reflexo de uma sociedade cada vez mais refém dos avanços tecnológicos, da rapidez das informações, e da superficialidade das relações, favorecidas pelas milhares de redes sociais virtuais.

Ao mesmo tempo, é confortante ver que alguns valores como "(K) ter uma carreira, uma profissão, um emprego" e "(D) Ter beleza física/ser bonito" permanecem constantes ao longo dos anos, e mais satisfeito pelo primeiro quesito continuar elevado e o segundo permanecer em níveis "baixos", ainda mais com o crescente bombardeio de propagandas e venda de padrões estéticos a que estamos sujeitos diariamente.

Por fim, tirando as discordâncias pessoais em alguns pontos, acho que compartilho da maioria das opiniões dos jovens de 2008. E estou ansioso para ver como os nossos filhos lidarão com as mesmas questões no futuro!

Vestibular nacional Unicamp 2011. Disponível em: <http://www.comvest.unicamp.br/>.
Acesso em: 23 fev. 2017.

Redação 2

Cara Emissora MTV Universo Jovem

Enquanto navegava pelo *site* de sua empresa me deparei com o gráfico "os valores de uma geração" e fiquei tão impressionado com a mudança de valores dos jovens acerca de quesitos como amizade e constante busca por aquisição de dinheiro, que resolvi comentar. Apesar de ser jovem, não me enquadro no perfil descrito pela maioria dos jovens entrevistados, pois valorizo extremamente a amizade e não busco ter mais dinheiro do que já tenho. Acredito que as relações interpessoais e a socialização são partes vitais da nossa essência como seres humanos e muito me entristece saber que minha geração não compartilha meus valores e visa o lucro, a ganância e a obtenção de capital como prioridade em detrimento das relações afetivas. Esse comportamento não condiz com os dos anos de 1999 e 2005.

No entanto, me orgulho em fazer parte da maioria dos jovens (2008) de minha geração que continuam valorizando a união familiar e a carreira como em 1999 e 2005.

Acredito que apesar dos jovens atualmente ainda valorizarem suas famílias e suas carreiras, os métodos para obter sucesso em ambos os campos mudaram. As amizades sinceras foram substituídas por redes impessoais de contatos (*network*) e os ganhos financeiros justificam a perda de vários amigos. Temos que nos atentar para as consequências futuras dessa desumanização em nossa sociedade futura. Afinal, os valores de nossos filhos dependerão de nosso exemplo.

Vestibular nacional Unicamp 2011. Disponível em: <http://www.comvest.unicamp.br/>.
Acesso em: 23 fev. 2017.

Algumas diretrizes para publicar comentários

Os jornais, as revistas e os *sites* valorizam os comentários de seus leitores.

Ao nos manifestarmos nesses veículos, é preciso, no entanto, respeitar alguns procedimentos. Veja alguns deles abaixo:

> 1. Tenha respeito com os outros usuários que estão publicando comentários.
>
> 2. Não use linguagem ofensiva, obscena, abusiva ou conteúdo questionável.
>
> 3. Nos comentários não se deve perseguir, maltratar nem ameaçar a segurança pessoal ou a propriedade de outra pessoa, assim como fazer declarações falsas sobre ela, difamá-la ou se passar por ela.
>
> 4. Não publique informações pessoais, incluindo números de telefone, *e-mail* (ou lista de distribuição de *e-mails*) ou informações de cartão de crédito em seus comentários.
>
> 5. Não copie o material, marcas ou qualquer propriedade intelectual de outras pessoas, pois isso é ilegal.
>
> 6. Não faça propaganda.
>
> 7. Os comentários devem estimular o debate de ideias e seu conteúdo deve estar relacionado à reportagem ou coluna comentada.

Olga Tropinina/Shutterstock

Produção de Texto

1. Escreva um comentário para ser enviado aos senadores com o objetivo de convencê-los a derrubar a emenda aprovada pelos deputados que ameaça a independência e a iniciativa do Judiciário e do Ministério Público de investigarem, processarem e julgarem envolvidos em corrupção no Brasil, e que rejeitem as outras emendas que desfiguraram as Dez Medidas Contra a Corrupção.

Senadores: Protejam a Lava Jato!

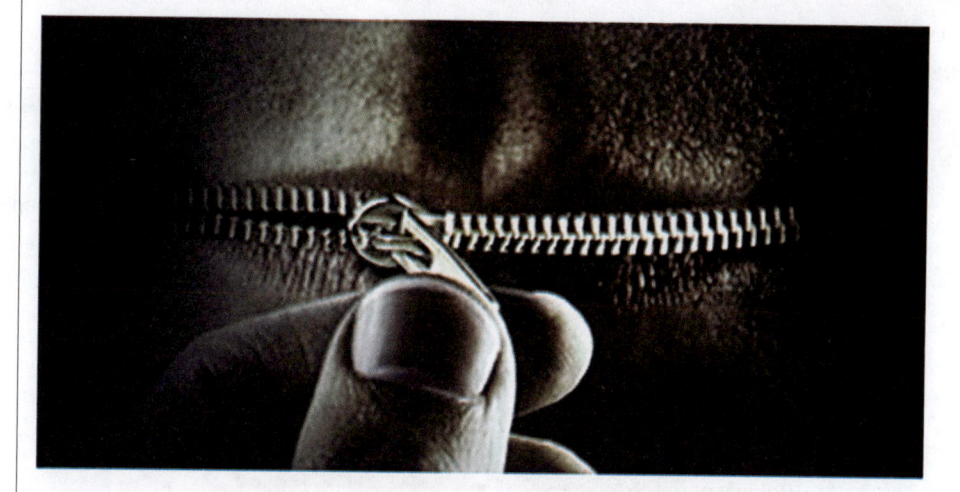

420.426 500.000

420.426 assinaram. Vamos chegar a 500.000

Às 4h19 da manhã, **os deputados fulminaram as 10 medidas Contra a Corrupção e criaram uma mordaça para nossos juízes** e o Ministério Público.

O futuro da Operação Lava Jato depende disso – agora o projeto de lei vai para o Senado, e se fizermos barulho o suficiente, podemos convencer os senadores a derrubar essa emenda terrível, assim como conseguimos derrubar a anistia ao Caixa 2.

Sem dúvida, o abuso de autoridade no Judiciário tem que ser contido, **mas essa emenda é uma tentativa de enquadrar quem enfrenta a corrupção** justamente por parte dos políticos suspeitos de crimes. Não podemos ficar calados.

Avaaz

2. (Unicamp-2012) Imagine que, ao navegar em uma página da internet especializada em orientação vocacional, você encontra um **fórum** criado por **concluintes do Ensino Médio** para discutir o que leva uma pessoa a investir na profissão de cientista. Um dos participantes do fórum, que se autonomeia *Estudante Paulista*, postou o **gráfico** reproduzido abaixo e escreveu o seguinte comentário:

> Às 15h42, Estudante Paulista escreveu:
> Vejam este gráfico! Ele mostra o resultado de uma pesquisa sobre o interesse de estudantes de vários lugares do mundo pela carreira científica. Vocês não acham que essa pesquisa reflete muito bem a realidade? Eu, por exemplo, sempre morei em São Paulo e nunca pensei em ser cientista!

Você decide, então, participar da **discussão**, postando um **comentário** sobre a mesma pesquisa, **em resposta** à pessoa que assina como *Estudante Paulista*. No comentário, você deverá:

- fazer uma análise do gráfico, sugerindo o que pode ser concluído a partir dos resultados da pesquisa;
- posicionar-se frente à opinião do *Estudante Paulista*, levando em conta a análise que você fez do gráfico.

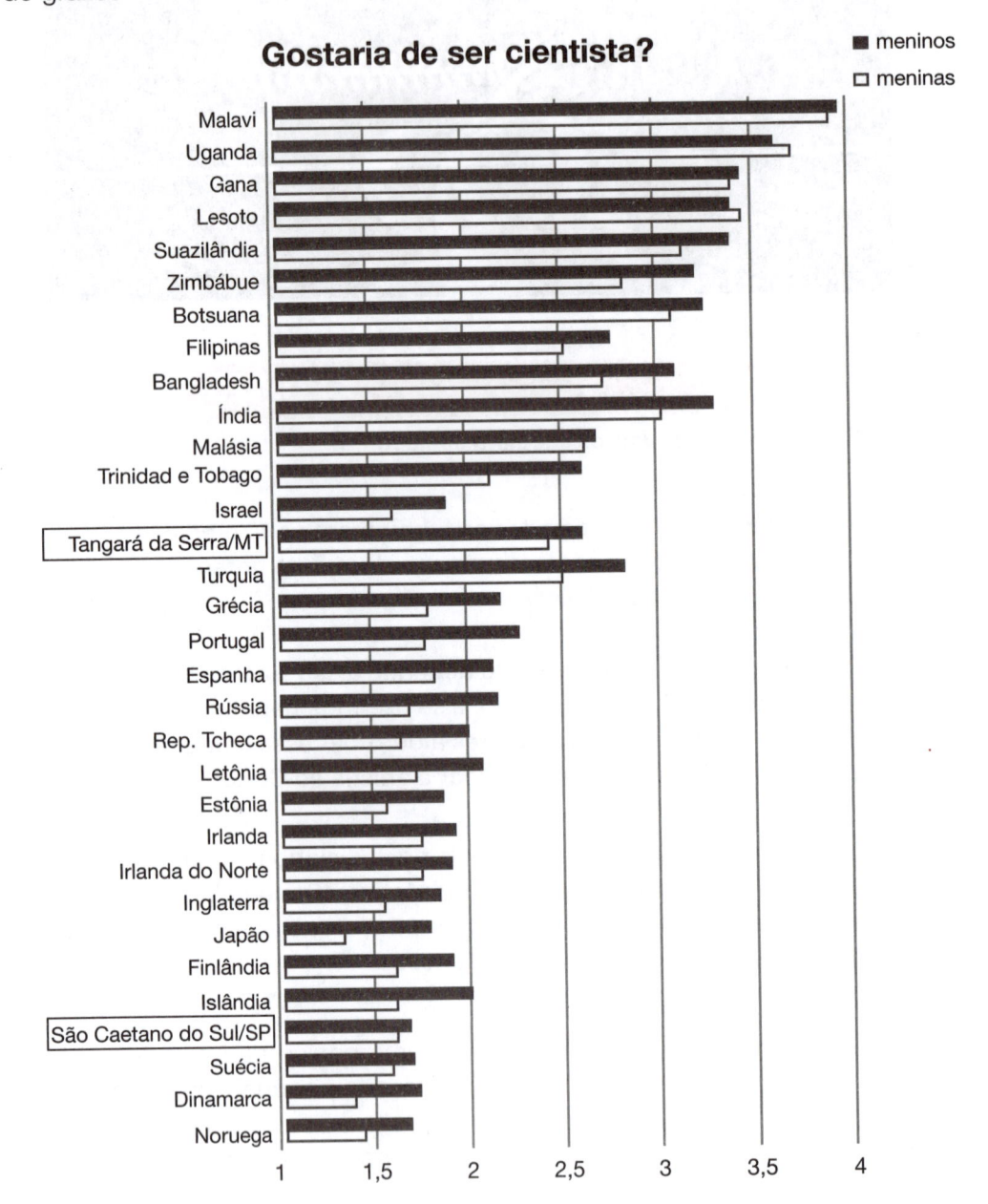

Gostaria de ser cientista?

■ meninos
□ meninas

(Gráfico de barras com países listados de cima para baixo: Malavi, Uganda, Gana, Lesoto, Suazilândia, Zimbábue, Botsuana, Filipinas, Bangladesh, Índia, Malásia, Trinidad e Tobago, Israel, Tangará da Serra/MT, Turquia, Grécia, Portugal, Espanha, Rússia, Rep. Tcheca, Letônia, Estônia, Irlanda, Irlanda do Norte, Inglaterra, Japão, Finlândia, Islândia, São Caetano do Sul/SP, Suécia, Dinamarca, Noruega. Escala de 1 a 4.)

Respostas de estudantes de vários países à pergunta "Gostaria de ser cientista?", apresentadas em escala de 1 a 4. Quanto maior o número, maior a quantidade de respostas positivas. Em destaque, os índices dos municípios brasileiros de Tangará da Serra (MT) e São Caetano do Sul (SP).

Ciência Hoje, n. 282, vol. 47, jun. 2011, p. 59. Adaptado.

PARTE 4

Gêneros textuais da dissertação — Capítulo 4 – Comentário do leitor

FICHA 4

Autor(a): _____

Ano: _____ Data: _____/_____/_____

Planejamento

Antes de começar a escrever, pense e organize suas ideias. Para isso, faça um esboço do seu texto, especificando com clareza os itens abaixo.

Assunto: _____

Tema: _____

Ponto de vista: _____
_____

Tese (formule, com base no ponto de vista, a tese. Ela será a ideia central do seu texto):
_____
_____

Pró Argumentos favoráveis (argumentos que dão sustentação à opinião expressa pela tese):
_____
_____

Contra Argumentos contrários (argumentos que questionam a opinião expressa pela tese):
_____
_____

Conclusão (retomada do tema com posicionamento crítico acompanhado de possíveis soluções para o problema analisado):
_____
_____

Escrita

Para desenvolver e comprovar a tese, procure apresentar argumentos favoráveis e contrários para chegar a uma conclusão. Você não pode simplesmente dizer que o outro está errado e você, certo. É preciso argumentar, concordando parcialmente com ele, para depois contra-argumentar com a sua posição.

Revisão

Escrever é um ato social. Por meio da escrita, as ideias são impressas e transmitidas aos demais membros da comunidade. O ato da escrita é também profissional. Os textos são intencionalmente orientados para públicos determinados. Você escreve, portanto, para ser lido. Por esse motivo, o texto final deve ser produto de muita análise. Nesta etapa, você se tornará o leitor crítico de seu próprio texto e fará uma revisão dele com base nos itens do Roteiro de revisão e avaliação abaixo. Releia seu texto como se estivesse lendo o texto de um colega. Não tenha medo de substituir, retirar ou acrescentar palavras. Às vezes, uma frase pode estar muito longa. Divida-a, então, em frases mais curtas. Outras vezes, há passagens confusas. Nesse caso, dê nova redação a esses trechos de modo que fiquem mais claros.

Roteiro de revisão e avaliação

A. Tipologia: a dissertação ☐	Estrutura o texto de acordo com as características do gênero editorial, ou seja, formula uma tese com base em um fato e apresenta argumentos que a comprovam?
B. Coerência ☐	Seleciona, relaciona e interpreta informações, fatos e opiniões que fundamentam os argumentos em defesa de um ponto de vista relacionado ao tema proposto?
C. Coesão ☐	Emprega elementos linguísticos que dão continuidade ao texto, construindo frases claras e com um vocabulário preciso?
D. Adequação à norma-padrão ☐	Demonstra domínio da norma-padrão, respeitando as convenções da escrita (ortografia/acentuação) e as normas gramaticais (pontuação, concordância, regência, crase e colocação pronominal)?
E. Edição do texto ☐	Escreve com legibilidade, uniformidade de margens e ausência de rasuras?
Total ☐	

Comentários do leitor (professor e/ou colega)

_____
_____
_____
_____
_____
_____

Reescrita e edição final

Na página seguinte, reescreva o seu texto para ser apresentado ao seu professor ou a um colega. Com base na avaliação e nos comentários desse leitor, reescreva-o e poste-o no *site*: www.editoraibep.com.br/oficinadeescritores.

PARTE 4

Gêneros textuais da dissertação — **Capítulo 4 – Comentário do leitor**

FICHA 4

Autor(a): _____

Ano: _____ Data: ____/____/____

	Peso	Nota
A. Tipologia: dissertação	0 a 2,5	
B. Coerência	0 a 2,5	
C. Coesão	0 a 2,5	
D. Adequação à norma-padrão	0 a 2,5	
Total		

Comentários:

PARTE 4
Gêneros textuais da dissertação

CAPÍTULO 5
Carta argumentativa

A **carta argumentativa** é um texto que, como a própria nomenclatura revela, pauta-se por persuadir o interlocutor por meio dos argumentos nela expostos. A intencionalidade discursiva é retratada por uma reclamação e/ou solicitação por parte do emissor no sentido de convencer o destinatário de forma específica (geralmente na pessoa de uma autoridade ou alguém com poder de decisão) a fim de que o mesmo possa atender à solicitação realizada.

Teoria

Leia o texto a seguir.

Santa Catarina, 13 de maio de 2009.

Seus direitos

A nossa "Constituição Cidadã" resgatou e garantiu direitos abolidos e ampliou e reconheceu outros novos, porém a luta democrática para conquistar e "fazer valer" um direito muitas vezes é extremamente dificultosa para o cidadão. Esses direitos duramente conquistados com a redemocratização devem ser usufruídos. A cidadania não pode parar até que todos sejam respeitados. Para tornar a cidadania uma realidade, é preciso concretizar os direitos de cada um. Mas, para que um direito tenha eficácia e o cidadão possa exercê-lo na sua plenitude, faz-se necessário informação, iniciativa e organização social.

Na era do conhecimento, o cidadão tem que ter consciência dos seus direitos e praticá-los. Constata-se que os direitos do cidadão têm sido infringidos pela deficiência de políticas públicas ou pelo tratamento equivocado que recebe nos órgãos governamentais. Não podemos desistir nem renunciar aos nossos direitos sem esquecermos os deveres, obrigações e responsabilidades. Cidadania é ter deveres e direitos, não somente na teoria (nas palavras ou na legislação), mas na prática (realidade concreta).

Verificamos ser imprescindível criarem-se condições e oportunizar, principalmente aos mais carentes, plenas condições de cobrar e usufruir seus direitos fundamentais na área de educação, saúde, emprego e renda. O texto da Carta Magna brasileira, em sua amplitude e detalhismo, "tem verdadeiro direcionamento para os problemas concretos, a serem resolvidos mediante a aplicação das normas constitucionais", com o intuito de termos uma sociedade mais justa. Cabe a cada cidadão deixar de ser passivo, acomodado e alienado para reivindicar seus direitos e cumprir com suas obrigações. "Um povo de cordeiros sempre terá um governo de lobos".

Marioly Oze Mendes. *Jornal Metas* (Gaspar, SC). Seção Carta do leitor.

Análise do texto

A carta argumentativa é um modelo de texto que tem aparecido nos exames vestibulares nos últimos anos. Nessa carta argumentativa, a autora escreve para a seção de cartas de um jornal e faz um "desabafo" sobre as questões dos direitos dos cidadãos.

Na introdução, é apresentada a conceituação de cidadania e como deveria funcionar na realidade prática. O desenvolvimento argumentativo é fundamentado com afirmações sobre a necessidade da consciência dos direitos e das deficiências dos órgãos do governo. A autora conclui apontando possíveis soluções (criar condições e oportunidades) e faz uma citação de efeito adequada ao tema em questão.

Produção de Texto

Proposta 1

Seguindo a estrutura da carta, escreva um texto argumentativo direcionado a uma autoridade ou empresa/empresário comentando sobre problemas da sua cidade, fazendo solicitações ou reclamações.

Lembre-se de que:
- a linguagem deve ser formal, impessoal, clara e objetiva;
- os verbos geralmente devem vir no presente do indicativo ou no imperativo;
- é necessário observar o predomínio da 1ª ou 3ª pessoa.

Se desejar, siga as orientações sobre a estrutura do gênero carta argumentativa presentes no quadro a seguir:

- Coloque o local e a data no alto, no lado direito da página.
- Pule uma linha após a data e coloque o vocativo do lado esquerdo, um pouco recuado em relação à margem (todos os parágrafos devem manter a mesma distância desta margem).
- Pule mais uma linha e comece a introdução, apresentando de maneira rápida a finalidade de sua carta.
- Faça mais dois ou três parágrafos desenvolvendo seus argumentos, analisando a questão discutida e defendendo seu ponto de vista de forma a persuadir o interlocutor.
- Na conclusão, procure retomar brevemente o tema e sugerir os possíveis encaminhamentos para a solução da questão.
- A despedida deve ser formal e demonstrar cortesia (costuma-se usar *Atenciosamente*).
- No vestibular, não se pode assinar o próprio nome. Algumas bancas solicitam que se use um pseudônimo.

Proposta 2

(Unicamp-2014) Em virtude dos problemas de trânsito, uma associação de moradores de uma grande cidade se mobilizou, buscou informações em textos e documentos variados e optou por elaborar **uma carta aberta. Você, como membro da associação**, ficou responsável por redigir a carta a ser divulgada nas redes sociais. Essa carta tem o objetivo de **reivindicar, junto às autoridades municipais, ações consistentes para a melhoria da mobilidade urbana na sua cidade**. Para estruturar a sua argumentação, utilize também informações apresentadas nos trechos abaixo, que foram lidos pelos membros da associação.

Atenção: assine a carta usando apenas as iniciais do remetente.

I

"A boa cidade, do ponto de vista da mobilidade, é a que possui mais opções", explica o planejador urbano Jeff Risom, do escritório dinamarquês Gehl Architects. E Londres está entre os melhores exemplos práticos dessa ideia aplicada às grandes metrópoles.

A capital inglesa adotou o pedágio urbano em 2003, diminuindo o número de automóveis em circulação e gerando uma receita anual que passou a ser reaplicada em melhorias no seu já consolidado sistema de transporte público. Com menos carros e com a redução da velocidade máxima permitida, as ruas tornaram-se mais seguras para que fossem adotadas políticas que priorizassem a bicicleta como meio de transporte. Em 2010, Londres importou o modelo criado em 2005 em Lyon, na França, de *bikes* públicas de aluguel. Em paralelo, começou a construir uma rede de ciclovias e determinou que as faixas de ônibus fossem compartilhadas com ciclistas, com um programa de educação massiva dos motoristas de coletivos. Percorrer as ruas usando o meio de transporte mais conveniente – e não sempre o mesmo – ajuda a resolver o problema do trânsito e ainda contribui com a saúde e a qualidade de vida das pessoas.

Natália Garcia, 8 iniciativas urbanas inspiradoras, em *Red Report*, fev. 2013, p. 63.
Disponível em: <http://cidadesparapessoas.com/2013/06/29/pedalando-por-cidades-inspiradorass/>.
Acesso em: 17 out. 2017.

II

Mas, afinal, qual é o custo da morosidade dos deslocamentos urbanos na região metropolitana de São Paulo?

Não é muito difícil fazer um cálculo aproximado. Podemos aceitar como tempo normal, com muita boa vontade, uma hora diária. Assim, o tempo médio perdido com os congestionamentos em São Paulo é superior a uma hora por dia. Sendo a jornada de trabalho igual a oito horas, é fácil verificar que o tempo perdido é de cerca de 12,5% da jornada de trabalho. O valor monetário do tempo perdido é de R$ 62,5 bilhões por ano.

Esse é o custo social anual da lentidão do trânsito em São Paulo.

André Franco Montoro Filho, O custo da (falta de) mobilidade urbana, *Folha de S.Paulo*, Caderno Opinião, 04 ago. 2013. Disponível em: <http://www1.folha.uol.com.br/opiniao/2013/08/1321280-andre-francomontorofilho-o-custo-da-falta-de-mobilidade-urbana.shtml>. Acesso em: 09 set. 2013. Adaptado.

III

Torna-se cada vez mais evidente que não há como escapar da progressiva limitação das viagens motorizadas, seja aproximando os locais de moradia dos locais de trabalho ou de acesso aos serviços essenciais, seja ampliando o modo coletivo e os meios não motorizados de transporte.

Evidentemente que não se pode reconstruir as cidades, porém são possíveis e necessárias a formação e a consolidação de novas centralidades urbanas, com a descentralização de equipamentos sociais, a informatização e descentralização de serviços públicos e, sobretudo, com a ocupação dos vazios urbanos, modificando-se, assim, os fatores geradores de viagens e diminuindo-se as necessidades de deslocamentos, principalmente motorizados.

BRASIL. Ministério das Cidades. *Caderno para a Elaboração de Plano Diretor de Transporte e da Mobilidade*. Secretaria Nacional de Transportes e de Mobilidade Urbana [SeMob], 2007, p. 22-23.
Disponível em: <http://www.antp.org.br/_5dotSystem/download/dcmDocument/2013/03/21/79121770-A746-45A0-BD32-850391F983B5.pdf>. Acesso em: 06 set. 2013.

PARTE 4

Gêneros textuais da dissertação — **Capítulo 5 – Carta argumentativa**

FICHA 5

Autor(a): _____

Ano: _____ Data: ____/____/____

Planejamento

Antes de começar a escrever, pense e organize suas ideias. Para isso, faça um esboço do seu texto, especificando com clareza os itens abaixo.

Assunto: _____

Tema: _____

Ponto de vista: _____

_____

Tese (formule, com base no ponto de vista, a tese. Ela será a ideia central do seu texto):

_____

_____

Pró Argumentos favoráveis (argumentos que dão sustentação à opinião expressa pela tese):

_____

_____

Contra Argumentos contrários (argumentos que questionam a opinião expressa pela tese):

_____

_____

Conclusão (retomada do tema com posicionamento crítico acompanhado de possíveis soluções para o problema analisado):

_____

_____

Escrita

Para desenvolver e comprovar a tese, procure apresentar argumentos favoráveis e contrários para chegar a uma conclusão. Você não pode simplesmente dizer que o outro está errado e você, certo. É preciso argumentar, concordando parcialmente com ele, para depois contra--argumentar com a sua posição.

Revisão

Escrever é um ato social. Por meio da escrita, as ideias são impressas e transmitidas aos demais membros da comunidade. O ato da escrita é também profissional. Os textos são intencionalmente orientados para públicos determinados. Você escreve, portanto, para ser lido. Por esse motivo, o texto final deve ser produto de muita análise. Nesta etapa, você se tornará o leitor crítico de seu próprio texto e fará uma revisão dele com base nos itens do Roteiro de revisão e avaliação abaixo. Releia seu texto como se estivesse lendo o texto de um colega. Não tenha medo de substituir, retirar ou acrescentar palavras. Às vezes, uma frase pode estar muito longa. Divida-a, então, em frases mais curtas. Outras vezes, há passagens confusas. Nesse caso, dê nova redação a esses trechos de modo que fiquem mais claros.

Roteiro de revisão e avaliação

A. Tipologia: a dissertação	☐	Estrutura o texto de acordo com as características do gênero editorial, ou seja, formula uma tese com base em um fato e apresenta argumentos que a comprovam?
B. Coerência	☐	Seleciona, relaciona e interpreta informações, fatos e opiniões que fundamentam os argumentos em defesa de um ponto de vista relacionado ao tema proposto?
C. Coesão	☐	Emprega elementos linguísticos que dão continuidade ao texto, construindo frases claras e com um vocabulário preciso?
D. Adequação à norma-padrão	☐	Demonstra domínio da norma-padrão, respeitando as convenções da escrita (ortografia/acentuação) e as normas gramaticais (pontuação, concordância, regência, crase e colocação pronominal)?
E. Edição do texto	☐	Escreve com legibilidade, uniformidade de margens e ausência de rasuras?
Total	☐	

Comentários do leitor (professor e/ou colega)

_____
_____
_____
_____
_____
_____

Reescrita e edição final

Na página seguinte, reescreva o seu texto para ser apresentado ao seu professor ou a um colega. Com base na avaliação e nos comentários desse leitor, reescreva-o e poste-o no *site*: www.editoraibep.com.br/oficinadeescritores.

PARTE 4

Gêneros textuais da dissertação — **Capítulo 5 – Carta argumentativa**

FICHA 5

Autor(a): _____

Ano: _____   Data: ____/____/____

	Peso	Nota
A. Tipologia: dissertação	0 a 2,5	
B. Coerência	0 a 2,5	
C. Coesão	0 a 2,5	
D. Adequação à norma-padrão	0 a 2,5	
Total		

Comentários:

PARTE 5

A dissertação no vestibular

PARTE 5
A *dissertação* no vestibular

CAPÍTULO 1

Tipologia: dissertação

1. (Fuvest-2017)

Examine o texto* abaixo, para fazer sua redação.

Resposta à pergunta: O que é Esclarecimento?

Esclarecimento é a saída do homem de sua menoridade, da qual ele próprio é culpado. A menoridade é a incapacidade de servir-se de seu próprio entendimento sem direção alheia. O homem é o próprio culpado dessa menoridade quando ela não é causada por falta de entendimento mas, sim, por falta de determinação e de coragem para servir-se de seu próprio entendimento sem a tutela de um outro. *Sapere aude!*** Ousa fazer uso de teu próprio entendimento! Eis o lema do Esclarecimento.

A preguiça e a covardia são as causas de que a imensa maioria dos homens, mesmo depois de a natureza já os ter libertado da tutela alheia, permaneça de bom grado a vida inteira na menoridade. É por essas mesmas causas que, com tanta facilidade, outros homens se colocam como seus tutores. É tão cômodo ser menor. Se tenho um livro que faz as vezes de meu entendimento, se tenho um diretor espiritual que assume o lugar de minha consciência, um médico que por mim escolhe minha dieta, então não preciso me esforçar. Não tenho necessidade de pensar, se é suficiente pagar. Outros se encarregarão, em meu lugar, dessas ocupações aborrecidas.

A imensa maioria da humanidade considera a passagem para a maioridade, além de difícil, perigosa, porque aqueles tutores de bom grado tomaram-na sob sua supervisão. Depois de terem, primeiramente, emburrecido seus animais domésticos e impedido cuidadosamente essas dóceis criaturas de darem um passo sequer fora do andador de crianças em que os colocaram, seus tutores mostram-lhes, em seguida, o perigo que é tentarem andar sozinhos. Ora, esse perigo não é assim tão grande, pois aprenderiam muito bem a andar, finalmente, depois de algumas quedas. Basta uma lição desse tipo para intimidar o indivíduo e deixá-lo temeroso de fazer novas tentativas.

Immanuel Kant.

Estes são os parágrafos iniciais de um célebre texto de Kant, nos quais o pensador define o Esclarecimento como a saída do homem de sua menoridade, o que este alcançaria ao tornar-se capaz de pensar de modo livre e autônomo, sem a tutela de um outro. Publicado em um periódico, no ano de 1784, o texto dirigia-se aos leitores em geral, não apenas a especialistas.

---

* Para o excerto aqui apresentado, foram utilizadas as traduções de Floriano de Sousa Fernandes, Luiz Paulo Rouanet e Vinicius de Figueiredo.

** *Sapere aude*: cit. lat. de Horácio, que significa "Ousa saber".

Em perspectiva histórica, o Esclarecimento, também chamado de Iluminismo ou de Ilustração, consiste em um amplo movimento de ideias, de alcance internacional, que, firmando-se a partir do século XVIII, procurou estender o uso da razão, como guia e como crítica, a todos os campos da atividade humana. Passados mais de dois séculos desde o início desse movimento, são muitas as interrogações quanto ao sentido e à atualidade do Esclarecimento.

Com base nas ideias presentes no texto de Kant, acima apresentado, e valendo-se tanto de outras informações que você julgue pertinentes quanto dos dados de sua própria observação da realidade, redija uma dissertação em prosa, na qual você exponha o seu ponto de vista sobre o tema: **O homem saiu de sua menoridade?**

Instruções:

- A dissertação deve ser redigida de acordo com a norma-padrão da língua portuguesa.
- Escreva, no mínimo, 20 linhas, com letra legível. Não ultrapasse o espaço de 30 linhas da folha de redação.
- Dê um título à sua redação.

Sobre o Enem 2016

Conforme informações do Ministério da Educação (MEC) e do Instituto Nacional de Estudos e Pesquisas Educacionais Anísio Teixeira (Inep), constantes da obra *Redação no Enem 2016 – Cartilha do participante*, nessa edição do certame, a avaliação do desempenho dos candidatos se pautou nos seguintes critérios:

Competência 1
Demonstrar domínio da modalidade escrita formal da Língua Portuguesa.

Competência 2
Compreender a proposta de redação e aplicar conceitos das várias áreas de conhecimento para desenvolver o tema, dentro dos limites estruturais do texto dissertativo-argumentativo em prosa.

Competência 3
Selecionar, relacionar, organizar e interpretar informações, fatos, opiniões e argumentos em defesa de um ponto de vista.

Competência 4
Demonstrar conhecimento dos mecanismos linguísticos necessários para a construção da argumentação.

Competência 5
Elaborar proposta de intervenção para o problema abordado, respeitando os direitos humanos.

O texto produzido passa pela avaliação de dois professores, de forma independente, sem que um conheça a nota atribuída pelo outro, e cada avaliador atribui uma nota entre 0 (zero) e 200 pontos para cada uma das cinco competências. A soma desses pontos compõe a nota total de cada avaliador, podendo chegar a 1 000 pontos. O resultado final da avaliação é a média aritmética das notas totais atribuídas pelos dois avaliadores.

Redação no Enem 2016 – Cartilha do participante. Brasília, DF: MEC/INEP/DAEB, 2016. p. 8.
Disponível em: <https://goo.gl/OMXxyq>. Acesso em: 07 jun. 2017.

2. (Enem-2016)

INSTRUÇÕES PARA A REDAÇÃO

- O rascunho da redação deve ser feito no espaço apropriado.
- O texto definitivo deve ser escrito à tinta, na folha própria, em até 30 linhas.
- A redação que apresentar cópia dos textos da Proposta de Redação ou do Caderno de Questões terá o número de linhas copiadas desconsiderado para efeito de correção.

Receberá nota zero, em qualquer das situações expressas a seguir, a redação que:

- tiver até 7 (sete) linhas escritas, sendo considerada "texto insuficiente".
- fugir ao tema ou que não atender ao tipo dissertativo-argumentativo.
- apresentar proposta de intervenção que desrespeite os direitos humanos.
- apresentar parte do texto deliberadamente desconectada do tema proposto.

TEXTOS MOTIVADORES

1 Ascendendo à condição de trabalhador livre, antes ou depois da abolição, o negro se via jungido a novas formas de exploração que, embora melhores que a escravidão, só lhe permitiam integrar-se na sociedade e no mundo cultural, que se tornaram seus, na condição de um subproletariado compelido ao exercício de seu antigo papel, que continuava sendo principalmente o de animal de serviço. [...] As taxas de analfabetismo, de criminalidade e de mortalidade dos negros são, por isso, as mais elevadas, refletindo o fracasso da sociedade brasileira em cumprir, na prática, seu ideal professado de uma democracia racial que integrasse o negro na condição de cidadão indiferenciado dos demais.

RIBEIRO, D. *O povo brasileiro*: a formação e o sentido do Brasil. São Paulo: Companhia das Letras, 1995 (fragmento).

2
LEI Nº 7.716, DE 5 DE JANEIRO DE 1989
Define os crimes resultantes de preconceito de raça ou de cor
Art 1º – Serão punidos, na forma desta Lei, os crimes resultantes de discriminalização ou preconceito de raça, cor, etnia, religião ou procedência nacional.

Disponível em: <www.planalto.gov.br>. Acesso em: 25 maio 2016 (fragmento).

3

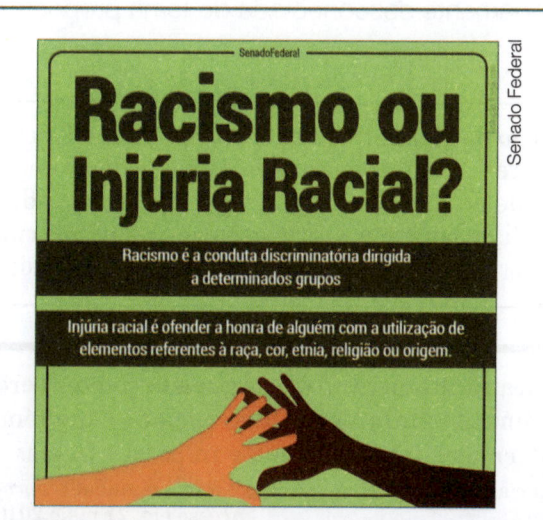

Racismo ou Injúria Racial?

Racismo é a conduta discriminatória dirigida a determinados grupos

Injúria racial é ofender a honra de alguém com a utilização de elementos referentes à raça, cor, etnia, religião ou origem.

Disponível em: <www12.senado.leg.br>. Acesso em: 25 maio 2016.

4 O que são ações afirmativas

Ações afirmativas são políticas públicas feitas pelo governo ou pela iniciativa privada com o objetivo de corrigir desigualdades raciais presentes na sociedade, acumuladas ao longo de anos.

Uma ação afirmativa busca oferecer igualdade de oportunidades a todos. As ações afirmativas podem ser de três tipos: com o objetivo de reverter a representação negativa; para promover igualdade de oportunidades; e para combater o preconceito e o racismo.

Em 2012, o Supremo Tribunal Federal (STF) decidiu por unanimidade que as ações afirmativas são constitucionais e políticas essenciais para a redução de desigualdades e discriminações existentes no país.

No Brasil, as ações afirmativas integram uma agenda de combate à herança histórica de escravidão, segregação racial e racismo contra a população negra.

Disponível em: <www.seppir.gov.br>. Acesso em: 25 maio 2016 (fragmento).

PROPOSTA DE REDAÇÃO

A partir da leitura dos textos motivadores e com base nos conhecimentos construídos ao longo de sua formação, redija texto dissertativo-argumentativo em modalidade escrita formal da língua portuguesa sobre o tema **"Caminhos para combater o racismo no Brasil"**, apresentando proposta de intervenção que respeite os direitos humanos. Selecione, organize e relacione, de forma coerente e coesa, argumentos e fatos para defesa de seu ponto de vista.

3. (Enem-2016)

INSTRUÇÕES PARA A REDAÇÃO

- O rascunho da redação deve ser feito no espaço apropriado.
- O texto definitivo deve ser escrito à tinta, na folha própria, em até 30 linhas.
- A redação que apresentar cópia dos textos da Proposta de Redação ou do Caderno de Questões terá o número de linhas copiadas desconsiderado para efeito de correção.

Receberá nota zero, em qualquer das situações expressas a seguir, a redação que:

- tiver até 7 (sete) linhas escritas, sendo considerada "texto insuficiente".
- fugir ao tema ou que não atender ao tipo dissertativo-argumentativo.
- apresentar proposta de intervenção que desrespeite os direitos humanos.
- apresentar parte do texto deliberadamente desconectada do tema proposto.

TEXTOS MOTIVADORES

1

Em consonância com a Constituição da República Federativa do Brasil e com toda a legislação que assegura a liberdade de crença religiosa às pessoas, além de proteção e respeito às manifestações religiosas, a laicidade do Estado deve ser buscada, afastando a possibilidade de interferência de correntes religiosas em matérias sociais, políticas, culturais etc.

Disponível em: <www.mprj.mp.br>. Acesso em: 21 maio 2016 (fragmento).

2

O direito de criticar dogmas e encaminhamentos é assegurado como liberdade de expressão, mas atitudes agressivas, ofensas e tratamento diferenciado a alguém em função de crença ou de não ter religião são crimes inafiançáveis e imprescritíveis.

STECK, J. Intolerância religiosa é crime de ódio e fere a dignidade. *Jornal do Senado*. Acesso em: 21 maio 2016 (fragmento).

3

CAPÍTULO I
Dos Crimes Contra o Sentimento Religioso
Ultraje a culto e impedimento ou perturbação de ato a ele relativo

Art. 208 – Escarnecer de alguém publicamente, por motivo de crença ou função religiosa; impedir ou perturbar cerimônia ou prática de culto religioso; vilipendiar publicamente ato ou objeto de culto religioso:

Pena – detenção, de um mês a um ano, ou multa.

Parágrafo único – Se há emprego de violência, a pena é aumentada de um terço, sem prejuízo da correspondente à violência.

BRASIL. *Código Penal*. Disponível em: www.planalto.gov.br. Acesso em: 21 maio 2016 (fragmento).

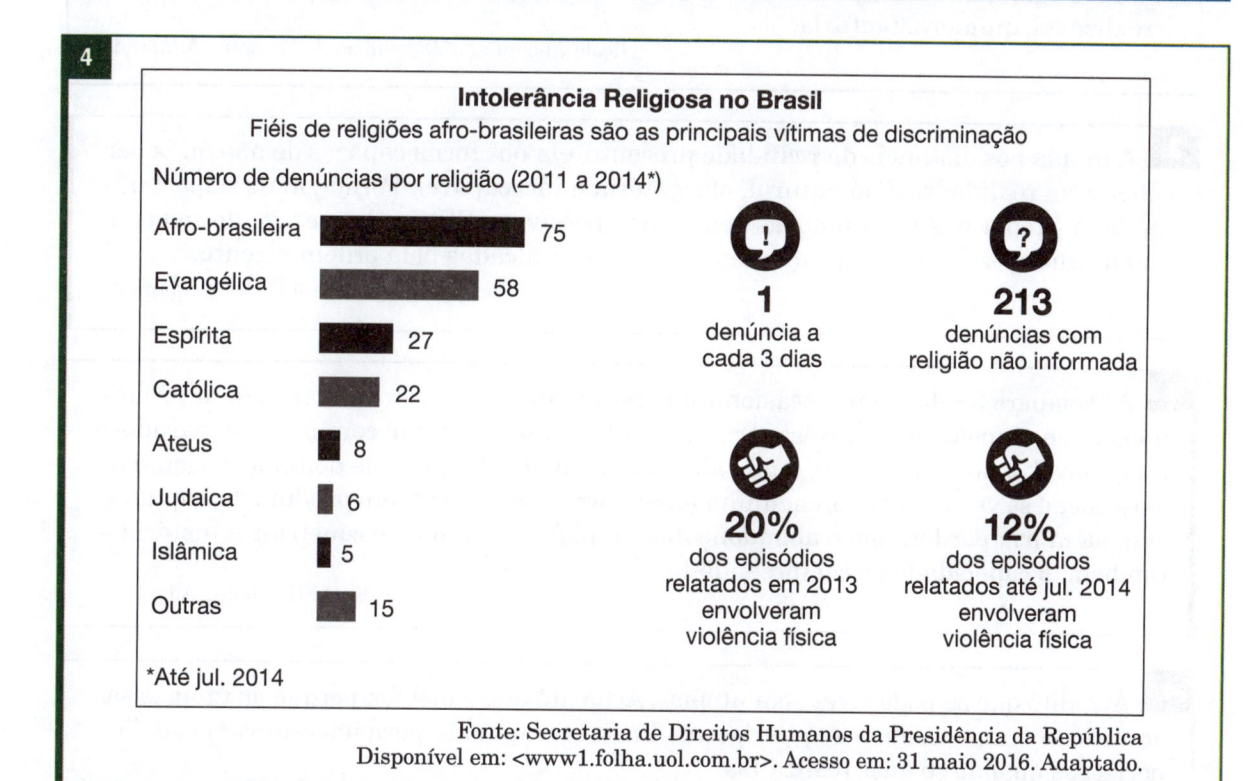

4

Intolerância Religiosa no Brasil
Fiéis de religiões afro-brasileiras são as principais vítimas de discriminação

Número de denúncias por religião (2011 a 2014*)

- Afro-brasileira: 75
- Evangélica: 58
- Espírita: 27
- Católica: 22
- Ateus: 8
- Judaica: 6
- Islâmica: 5
- Outras: 15

*Até jul. 2014

1 denúncia a cada 3 dias

213 denúncias com religião não informada

20% dos episódios relatados em 2013 envolveram violência física

12% dos episódios relatados até jul. 2014 envolveram violência física

Fonte: Secretaria de Direitos Humanos da Presidência da República
Disponível em: <www1.folha.uol.com.br>. Acesso em: 31 maio 2016. Adaptado.

PROPOSTA DE REDAÇÃO

A partir da leitura dos textos motivadores e com base nos conhecimentos construídos ao longo de sua formação, redija texto dissertativo-argumentativo em modalidade escrita formal da língua portuguesa sobre o tema **"Caminhos para combater a intolerância religiosa no Brasil"**, apresentando proposta de intervenção que respeite os direitos humanos. Selecione, organize e relacione, de forma coerente e coesa, argumentos e fatos para defesa de seu ponto de vista.

4. (Fuvest-2016)

1 **UTOPIA** (de *ou-topia*, lugar *inexistente* ou, segundo outra leitura, de *eu-topia*, lugar *feliz*).

Thomas More deu esse nome a uma espécie de romance filosófico (1516), no qual relatava as condições de vida em uma ilha imaginária denominada Utopia: nela, teriam sido abolidas a propriedade privada e a intolerância religiosa, entre outros fatores capazes de gerar desarmonia social. Depois disso, esse termo passou a designar não só qualquer texto semelhante, tanto anterior como posterior (como a *República* de Platão ou a *Cidade do Sol* de Campanella), mas também qualquer ideal político, social ou religioso que projete uma nova sociedade, feliz e harmônica, diversa da existente. Em sentido negativo, o termo passou também a ser usado para designar projeto de natureza irrealizável, quimera, fantasia.

Nicola Abbagnano, *Dicionário de Filosofia*. Adaptado.

2 A utopia nos distancia da realidade presente, ela nos torna capazes de não mais perceber essa realidade como natural, obrigatória e inescapável. Porém, mais importante ainda, a utopia nos propõe novas realidades possíveis. Ela é a expressão de todas as potencialidades de um grupo que se encontram recalcadas pela ordem vigente.

Paul Ricoeur. Adaptado.

3 A desaparição da utopia ocasiona um estado de coisas estático, em que o próprio homem se transforma em coisa. Iríamos, então, nos defrontar com o maior paradoxo imaginável: o do homem que, tendo alcançado o mais alto grau de domínio racional da existência, se vê deixado sem nenhum ideal, tornando-se um mero produto de impulsos. O homem iria perder, com o abandono das utopias, a vontade de construir a história e, também, a capacidade de compreendê-la.

Karl Mannheim. Adaptado.

4 Acredito que se pode viver sem utopias. Acho até que é melhor, porque as utopias são ao mesmo tempo ineficazes e perigosas. Ineficazes quando permanecem como sonhos; perigosas quando se quer realizá-las.

André Comte-Sponville. Adaptado.

5 **CIDADE PREVISTA**

[...]
Irmãos, cantai esse mundo
que não verei, mas virá
um dia, dentro em mil anos,
talvez mais... não tenho pressa.
Um mundo enfim ordenado,
uma pátria sem fronteiras,
sem leis e regulamentos,
uma terra sem bandeiras,
sem igrejas nem quartéis,
sem dor, sem febre, sem ouro,
um jeito só de viver,
mas nesse jeito a variedade,
a multiplicidade toda
que há dentro de cada um.
Uma cidade sem portas,
de casas sem armadilha,
um país de riso e glória
como nunca houve nenhum.
Este país não é meu
nem vosso ainda, poetas.
Mas ele será um dia
o país de todo homem.

Carlos Drummond de Andrade.

> **6** A utopia não é apenas um gentil projeto difícil de se realizar, como quer uma definição simplista. Mas se nós tomarmos a palavra a sério, na sua verdadeira definição, que é aquela dos grandes textos fundadores, em particular a *Utopia* de Thomas More, o denominador comum das utopias é seu desejo de construir aqui e agora uma sociedade perfeita, uma cidade ideal, criada sob medida para o novo homem e a seu serviço. Um paraíso terrestre que se traduzirá por uma reconciliação geral: reconciliação dos homens com a natureza e dos homens entre si. Portanto, a utopia é a desaparição das diferenças, do conflito e do acaso: é, assim, um mundo todo fluido – o que supõe um controle total das coisas, dos seres, da natureza e da história.
>
> Desse modo, a utopia, quando se quer realizá-la, torna-se necessariamente totalitária, mortal e até genocida. No fundo, só a utopia pode suscitar esses horrores, porque apenas um empreendimento que tem por objetivo a perfeição absoluta, o acesso do homem a um estado superior quase divino, poderia se permitir o emprego de meios tão terríveis para alcançar seus fins. Para a utopia, trata-se de produzir a unidade pela violência, em nome de um ideal tão superior que justifica os piores abusos e o esquecimento da moral reconhecida.
>
> Frédéric Rouvillois. Adaptado.

O conjunto de excertos acima contém um verbete, que traz uma definição de **utopia**, seguido de outros cinco textos que apresentam diferentes reflexões sobre o mesmo assunto. Considerando as ideias neles contidas, além de outras informações que você julgue pertinentes, redija uma dissertação em prosa, na qual você exponha o seu ponto de vista sobre o tema – **As utopias: indispensáveis, inúteis ou nocivas?**

Instruções:

- A redação deve ser uma dissertação, escrita de acordo com a norma-padrão da língua portuguesa.
- Escreva, no mínimo, 20 linhas, com letra legível. Não ultrapasse o espaço de 30 linhas da folha de redação.
- Dê um título à sua redação.

5. (Enem-2015)

A partir da leitura dos textos motivadores seguintes e com base nos conhecimentos construídos ao longo de sua formação, redija texto dissertativo-argumentativo em modalidade escrita formal da língua portuguesa sobre o tema **"A persistência da violência contra a mulher na sociedade brasileira"**, apresentando proposta de intervenção que respeite os direitos humanos. Selecione, organize e relacione, de forma coerente e coesa, argumentos e fatos para defesa de seu ponto de vista.

> **1** Nos 30 anos decorridos entre 1980 e 2010 foram assassinadas no país acima de 92 mil mulheres, 43,7 mil só na última década. O número de mortes nesse período passou de 1 353 para 4 465, que representa um aumento de 230%, mais que triplicando o quantitativo de mulheres vítimas de assassinato no país.
>
> WALSELFISZ, J. J. *Mapa da Violência 2012*. Atualização: Homicídio de mulheres no Brasil. Disponível em: <www.mapadaviolencia.org.br>. Acesso em: 8 jun. 2015.

2

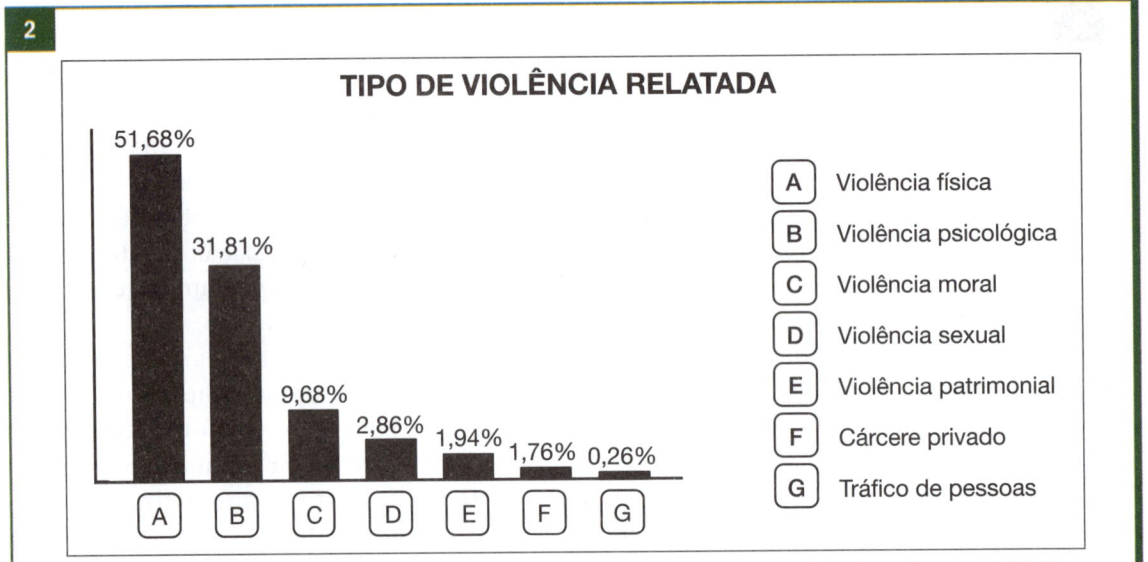

TIPO DE VIOLÊNCIA RELATADA

- A: 51,68%
- B: 31,81%
- C: 9,68%
- D: 2,86%
- E: 1,94%
- F: 1,76%
- G: 0,26%

A	Violência física
B	Violência psicológica
C	Violência moral
D	Violência sexual
E	Violência patrimonial
F	Cárcere privado
G	Tráfico de pessoas

BRASIL. Secretaria de Políticas para as Mulheres. Balanço 2014. Central de Atendimento à Mulher: Disque 180. Brasília, 2015. Disponível em: <www.spm.gov.br>. Acesso em: 24 jun. 2015. Adaptado.

3

FEMINICÍDIO
BASTA

Compromisso é Atitude

4

O IMPACTO EM NÚMEROS
Com base na Lei Maria da Penha, mais de 330 mil processos foram instaurados apenas nos juizados e varas especializadas

332.216 processos que envolvem a Lei Maria da Penha chegaram, entre setembro de 2006 e março de 2011, aos 52 juizados e varas especializados em Violência Doméstica e Familiar contra a Mulher existentes no País. O que resultou em:

33,4% de processos julgados

9.715 prisões em flagrante

1.577 prisões preventivas decretadas

58 mulheres e **2.777** homens enquadrados na Lei Maria da Penha estavam presos no País em dezembro de 2010. Ceará, Rio de Janeiro e Rio Grande do Sul não constam desse levantamento feito pelo Departamento Penitenciário Nacional

237 mil relatos de violência foram feitos ao Ligue 180, serviço telefônico da Secretaria de Políticas para as Mulheres

Sete de cada **dez** vítimas que telefonaram para o Ligue 180 afirmaram ter sido agredidas pelos companheiros

Fontes: Conselho Nacional de Justiça, Departamento Penitenciário Nacional e Secretaria de Políticas para as Mulheres. Disponível em: <www.istoe.com.br>. Acesso em: 24 jun. 2015. Adaptado.

INSTRUÇÕES:

- O rascunho da redação deve ser feito no espaço apropriado.
- O texto definitivo deve ser escrito à tinta, na folha própria, em até 30 linhas.
- A redação que apresentar cópia dos textos da Proposta de Redação ou do Caderno de Questões terá o número de linhas copiadas desconsiderado para efeito de correção.

Receberá nota zero, em qualquer das situações expressas a seguir, a redação que:

- tiver até 7 (sete) linhas escritas, sendo considerada "texto insuficiente".
- fugir ao tema ou que não atender ao tipo dissertativo-argumentativo.
- apresentar proposta de intervenção que desrespeite os direitos humanos.
- apresentar parte do texto deliberadamente desconectada do tema proposto.

6. (Fuvest-2015)

1

Na verdade, durante a maior parte do século XX, os estádios eram lugares onde os executivos empresariais sentavam-se lado a lado com os operários, todo mundo entrava nas mesmas filas para comprar sanduíches e cerveja, e ricos e pobres igualmente se molhavam se chovesse. Nas últimas décadas, contudo, isso está mudando. O advento de camarotes especiais, em geral, acima do campo, separam os abastados e privilegiados das pessoas comuns nas arquibancadas mais embaixo. (...) O desaparecimento do convívio entre classes sociais diferentes, outrora vivenciado nos estádios, representa uma perda não só para os que olham de baixo para cima, mas também para os que olham de cima para baixo.

Os estádios são um caso exemplar, mas não único. Algo semelhante vem acontecendo na sociedade americana como um todo, assim como em outros países. Numa época de crescente desigualdade, a "camarotização" de tudo significa que as pessoas abastadas e as de poucos recursos levam vidas cada vez mais separadas. Vivemos, trabalhamos, compramos e nos distraímos em lugares diferentes. Nossos filhos vão a escolas diferentes.

Estamos falando de uma espécie de "camarotização" da vida social. Não é bom para a democracia nem sequer é uma maneira satisfatória de levar a vida.

Democracia não quer dizer igualdade perfeita, mas de fato exige que os cidadãos compartilhem uma vida comum. O importante é que pessoas de contextos e posições sociais diferentes encontrem-se e convivam na vida cotidiana, pois é assim que aprendemos a negociar e a respeitar as diferenças ao cuidar do bem comum.

Michael J. Sandel. Professor da Universidade Harvard. *O que o dinheiro não compra*. Adaptado.

2 **Comentário do Prof. Michael J. Sandel referente à afirmação de que, no Brasil, se teria produzido uma sociedade ainda mais segregada do que a norte-americana.**

O maior erro é pensar que serviços públicos são apenas para quem não pode pagar por coisa melhor. Esse é o início da destruição da ideia do bem comum. Parques, praças e transporte público precisam ser tão bons a ponto de que todos queiram usá-los, até os mais ricos. Se a escola pública é boa, quem pode pagar uma particular vai preferir que seu filho fique na pública, e assim teremos uma base política para defender a qualidade da escola pública. Seria uma tragédia se nossos espaços públicos fossem *shopping centers*, algo que acontece em vários países, não só no Brasil. Nossa identidade ali é de consumidor, não de cidadão.

Entrevista. *Folha de S. Paulo*, 28 abr. 2014. Adaptado.

3 [No Brasil, com o aumento da presença de classes populares em centros de compras, aeroportos, lugares turísticos etc., é crescente a tendência dos mais ricos a segregar-se em espaços exclusivos, que marquem sua distinção e superioridade.] (...) Pode ser que o fenômeno "camarotização", isto é, a separação física entre classes sociais, prospere para muitos outros setores. De repente, os supermercados poderão ter ala *VIP*, com entrada independente, cuja acessibilidade, tacitamente, seja decidida pelo limite do cartão de crédito.

Renato de P. Pereira. *Gazeta digital*, 06 maio 2014. [Resumido] e adaptado.

4 Até os anos de 1960, a escola pública que eu conheci, embora existisse em menor número, tinha boa qualidade e era um espaço animado de convívio de classes sociais diferentes. Aprendíamos muito, uns com os outros, sobre nossas diferentes experiências de vida, mas, em geral, nos sentíamos pertencentes a uma só sociedade, a um mesmo país e a uma mesma cultura, que era de todos. Por isso, acreditávamos que teríamos, também, um futuro em comum. Vejo com tristeza que hoje se estabeleceu o contrário: as escolas passaram a segregar os diferentes estratos sociais. Acho que a perda cultural foi imensa e as consequências, para a vida social, desastrosas.

Trecho do testemunho de um professor universitário sobre a Escola Fundamental e Média em que estudou.

Os três primeiros textos aqui reproduzidos referem-se à "camarotização" da sociedade – nome dado à tendência a manter segregados os diferentes estratos sociais. Em contraponto, encontra-se também reproduzido um testemunho, no qual se recupera a experiência de um período em que, no Brasil, a tendência era outra.

Tendo em conta as sugestões desses textos, além de outras informações que julgue relevantes, redija uma dissertação em prosa, na qual você exponha seu ponto de vista sobre o tema **"Camarotização" da sociedade brasileira: a segregação das classes sociais e a democracia**.

Instruções:

- A redação deve ser uma dissertação, escrita de acordo com a norma-padrão da língua portuguesa.
- Escreva, no mínimo, 20 linhas, com letra legível. Não ultrapasse o espaço de 30 linhas da folha de redação.
- Dê um título à sua redação.

PARTE 5
A dissertação no vestibular

CAPÍTULO 2
Gêneros da dissertação

1. (Unicamp-2016)

Você é um estudante universitário que participará de um **concurso de resenhas**, promovido pelo Centro de Apoio ao Estudante (CAE), órgão que desenvolve atividades culturais em sua Faculdade. Esse concurso tem o objetivo de **estimular a leitura** de obras literárias e **ampliar o horizonte cultural** dos estudantes. A **resenha** será lida por uma comissão julgadora que deverá selecionar os dez melhores textos, a serem publicados. Você escolheu resenhar a fábula de La Fontaine transcrita abaixo. Em seu texto, você deverá incluir:

a) uma síntese da fábula, indicando os seus elementos constitutivos;

b) a construção de uma situação social análoga aos fatos narrados, que envolva um problema coletivo;

c) um fechamento, estabelecendo relações com a temática do texto original.

Seu texto deverá ser escrito em **linguagem formal**, deverá indicar **o título da obra** e ser assinado com um **pseudônimo**.

A Deliberação Tomada pelos Ratos

Rodilardo, gato voraz,
aprontou entre os ratos tal matança,
que deu cabo de sua paz,
de tantos que matava e guardava na pança.
Os poucos que sobraram não se aventuravam
a sair dos buracos: mal se alimentavam.
Para eles, Rodilardo era mais que um gato:
era o próprio Satã, de fato.
Um dia em que, pelos telhados,
foi o galante namorar,
aproveitando a trégua, os ratos, assustados,
resolveram confabular
e discutir um modo de solucionar
esse grave problema. O decano, prudente,
definiu a questão: simples falta de aviso,
já que o gato chegava, solerte. Era urgente
amarrar-lhe ao pescoço um guizo,
concluiu o decano, rato de juízo.

> Acharam a ideia excelente,
> e aplaudiram seu autor. Restava, todavia,
> um pequeno detalhe a ser solucionado:
> quem prenderia o guizo – e qual se atreveria?
> Um se esquivou, dizendo estar muito ocupado;
> Outro alegou que andava um tanto destreinado
> em dar laços e nós. E a bela ideia
> teve triste final. Muita assembleia, ao fim nada decide – mesmo
>   sendo de frades
> ou de veneráveis abades...
>
> Deliberar, deliberar...
> conselheiros, existem vários;
> mas quando é para executar,
> onde estarão os voluntários?
>
> (*Fábulas de La Fontaine*. Tradução de Milton Amado e Eugênia Amado.
> Belo Horizonte: Itatiaia, 2003, p. 134-136.)

Glossário

Abade: superior de ordem religiosa que dirige uma abadia.

Frade: indivíduo pertencente a ordem religiosa cujos membros seguem uma regra de vida e vivem separados do mundo secular.

Decano: o membro mais velho ou mais antigo de uma classe, assembleia, corporação etc.

Guizo: pequena esfera de metal com bolinhas em seu interior que, quando sacudida, produz um som tilintante.

Solerte: engenhoso, esperto, sagaz, ardiloso, arguto, astucioso.

2. (Unicamp-2015)

Você integra um **grupo de estudos** formado por estudantes universitários. Periodicamente, cada membro apresenta resultados de leituras realizadas sobre temas diversos. Você ficou responsável por elaborar uma **síntese** sobre o tema **humanização no atendimento à saúde**, que deverá ser escrita em **registro formal**. As fontes para escrever a síntese são um trecho de um artigo científico (excerto A) e um trecho de um ensaio (excerto B). Seu texto deverá contemplar:

a) o conceito de humanização no atendimento à saúde;

b) o ponto de vista de cada texto sobre o conceito, assim como as principais informações que sustentam esses pontos de vista;

c) as relações possíveis entre os dois pontos de vista.

Excerto A

A humanização é vista como a capacidade de oferecer atendimento de qualidade, articulando os avanços tecnológicos com o bom relacionamento.

O Programa Nacional de Humanização da Assistência Hospitalar (PNHAH) destaca a importância da conjugação do binômio "tecnologia" e "fator humano e de relacionamento". Há um diagnóstico sobre o divórcio entre dispor de alta tecnologia e nem sempre dispor da delicadeza do cuidado, o que desumaniza a assistência. Por outro lado, reconhece-se que não ter recursos tecnológicos, quando estes são necessários, pode ser um fator de estresse e conflito entre profissionais e usuários, igualmente desumanizando o cuidado. Assim, embora se afirme que ambos os itens constituem a qualidade do sistema, o "fator humano" é considerado o mais estratégico pelo documento do PNHAH, que afirma:

[...] *as tecnologias e os dispositivos organizacionais, sobretudo numa área como a da saúde, não funcionam sozinhos – sua eficácia é fortemente influenciada pela qualidade do fator humano e do relacionamento que se estabelece entre profissionais e usuários no processo de atendimento.* (Ministério da Saúde, 2000).

Suely F. Deslandes, Análise do discurso oficial sobre a humanização da assistência hospitalar. *Ciência & saúde coletiva*. Vol. 9, n. 1, p. 9-10. Rio de Janeiro, 2004. Adaptado.

Excerto B

A famosa Faculdade para Médicos e Cirurgiões da Escola de Medicina da Columbia University, em Nova York, formou recentemente um Programa de Medicina Narrativa que se ocupa daquilo que veio a se chamar "ética narrativa". Ele foi organizado em resposta à percepção recrudescente do sofrimento – e até das mortes – que podia ser atribuído parcial ou totalmente à atitude dos médicos de ignorarem o que os pacientes contavam sobre suas doenças, sobre aquilo com que tinham que lidar, sobre a sensação de serem negligenciados e até mesmo abandonados. Não é que os médicos não acompanhassem seus casos, pois eles seguiam meticulosamente os prontuários de seus pacientes: ritmo cardíaco, hemogramas, temperatura e resultados dos exames especializados. Mas, para parafrasear uma das médicas comprometidas com o programa, eles simplesmente não ouviam o que os pacientes lhes contavam: as histórias dos pacientes. Na sua visão, eles eram médicos "que se atinham aos fatos". "Uma vida", para citar a mesma médica, "não é um registro em um prontuário". Se um paciente está na expectativa de um grande e rápido efeito por parte de uma intervenção ou medicação e nada disso acontece, a queda ladeira abaixo tem tanto o seu lado biológico como psíquico.

"O que é, então, a medicina narrativa?", perguntei*. "Sua responsabilidade é ouvir o que o paciente tem a dizer, e só depois decidir o que fazer a respeito. Afinal de contas, quem é o dono da vida, você ou ele?". O programa de medicina narrativa já começou a reduzir o número de mortes causadas por incompetências narrativas na Faculdade para Médicos e Cirurgiões.

Jerome Bruner, *Fabricando histórias*: direito, literatura, vida. São Paulo: Letra e Voz, 2014. p. 115-116. Adaptado.

* A pergunta é feita por Jerome Bruner a Rita Charon, idealizadora do Programa de Medicina Narrativa.

3. (Unicamp-2015)

Em busca de soluções para os inúmeros incidentes de violência ocorridos na escola em que estudam, um grupo de alunos, inspirados pela matéria "Conversar para resolver conflitos", resolveu fazer uma primeira reunião para discutir o assunto. Você ficou responsável pela elaboração da **carta-convite** dessa reunião, a ser endereçada pelo **grupo** à **comunidade escolar** – alunos, professores, pais, gestores e funcionários.

A carta deverá **convencer** os membros da comunidade escolar a **participarem da reunião, justificando** a importância desse espaço para a discussão de ações concretas de enfrentamento do problema da violência na escola. Utilize as **informações** da matéria abaixo para **construir seus argumentos** e mostrar **possibilidades de solução**.

Lembre-se de que o **grupo** deverá assinar a carta e também informar o **dia**, o **horário** e o **local** da reunião.

Conversar para resolver conflitos

Quando a escuta e o diálogo são as regras, surgem soluções pacíficas para as brigas.

Alunos que brigam com colegas, professores que desrespeitam funcionários, pais que ofendem os diretores. Casos de violência na escola não faltam. A pesquisa *O Que Pensam os Jovens de Baixa Renda sobre a Escola*, realizada pelo Centro Brasileiro de Análise e Planejamento (Cebrap) sob encomenda da Fundação Victor Civita (FVC), ambos de São Paulo, revelou que 11% dos estudantes se envolveram em conflitos com seus pares nos últimos seis meses e pouco mais de 8% com professores, coordenadores e diretores. Poucas escolas refletem sobre essas situações e elaboram estratégias para construir uma cultura da paz. A maioria aplica punições que, em vez de acabarem com o enfrentamento, estimulam esse tipo de atitude e tiram dos jovens a autonomia para resolver problemas.

Segundo Telma Vinha, professora de Psicologia Educacional da Universidade Estadual de Campinas (Unicamp) e colunista da revista NOVA ESCOLA, implementar um projeto institucional de mediação de conflitos é fundamental para implantar espaços de diálogo sobre a qualidade das relações e os problemas de convivência e propor maneiras não violentas de resolvê-los. Assim, os próprios envolvidos em uma briga podem chegar a uma solução pacífica.

Por essa razão, é importante que, ao longo do processo de implantação, alunos, professores, gestores e funcionários sejam capacitados para atuar como mediadores. Esses, por sua vez, precisam ter algumas habilidades como saber se colocar no lugar do outro, manter a imparcialidade, ter cuidado com as palavras e se dispor a escutar.

O projeto inclui a realização de um levantamento sobre a natureza dos conflitos e um trabalho preventivo para evitar a agressão como resposta para essas situações. Além disso, ao sensibilizar os professores e funcionários, é possível identificar as violências sofridas pelos diferentes segmentos e atuar para acabar com elas.

Pessoas capacitadas atuam em encontros individuais e coletivos

Há duas formas principais de a mediação acontecer, segundo explica Lívia Maria Silva Licciardi, doutoranda em Psicologia Educacional, Desenvolvimento Humano e Educação pela Universidade Estadual de Campinas (Unicamp). A primeira é quando há duas partes envolvidas. Nesse caso, ambos os lados se apresentam ou são chamados para conversar com os mediadores – normalmente eles atuam em dupla para que a imparcialidade no encaminhamento do caso seja garantida – em uma sala reservada para esse fim. Eles ouvem as diversas versões, dirigem a conversa para tentar fazer com que todos entendam os sentimentos colocados em jogo e ajudam na resolução do episódio, deixando que os envolvidos proponham caminhos para a decisão final.

A segunda forma é utilizada quando acontece um problema coletivo – um aluno é excluído pela turma, por exemplo. Diante disso, o ideal é organizar mediações coletivas, como uma assembleia. Nelas, um gestor ou um professor pauta o encontro e conduz a discussão, sem expor a vítima nem os agressores. "O objetivo é fazer com que todos falem, escutem e proponham saídas para o impasse. Assim, a solução deixa de ser punitiva e passa a ser formativa, levando à corresponsabilização pelos resultados", diz Ana Lucia Catão, mestre em Psicologia Social pela Pontifícia Universidade Católica de São Paulo (PUC-SP). Ela ressalta que o debate é enriquecido quando se usam outros recursos: filmes, peças de teatro e músicas ajudam na contextualização e compreensão do problema.

No Colégio Estadual Federal (CEF) 602, no Recanto das Emas, subdistrito de Brasília, o Projeto Estudar em Paz, realizado desde 2011 em parceria com o Núcleo de Estudos para a Paz e os Direitos Humanos da Universidade de Brasília (NEP/UnB), tem 16 alunos mediadores formados e outros 30 sendo capacitados. A instituição conta ainda com 28 professores habilitados e desde o começo deste ano o projeto faz parte da formação continuada. "Os casos de violência diminuíram. Recebo menos alunos na minha sala e as depredações do patrimônio praticamente deixaram de existir. Ao virarem protagonistas das decisões, os estudantes passam a se responsabilizar por suas atitudes", conta Silvani dos Santos, diretora. (...)

"Essas propostas trazem um retorno muito grande para as instituições, que conseguem resultados satisfatórios. É preciso, porém, planejá-las criteriosamente", afirma Suzana Menin, professora da Universidade Estadual Paulista Júlio de Mesquita Filho (Unesp).

Karina Padial, Conversar para resolver. *Gestão Escolar*. São Paulo, nº 27, ago./set. 2013. Disponível em: <http://gestaoescolar.abril.com.br/formacao/conversar-resolver-conflitos-brigas-dialogo-762845.shtml?page=1>. Acesso em: 02 out. 2014. Adaptado.

Para conhecer outras propostas de redação ligadas a vestibulares, acesse os *links* a seguir:

Enem: <http://portal.inep.gov.br/provas-e-gabaritos>.
Fuvest: <http://www.fuvest.br/vest2017/provas/provas.stm>.
Comvest: <https://www.comvest.unicamp.br/vest_anteriores/vest_ant.html>.
UFF: <http://www.vestibular.uff.br/2012/provasanteriores.htm>.
UnB: <http://www.cespe.unb.br/vestibular/default.asp>.
Acessos em: 21 fev. 2017.

APÊNDICE

Dicas de escrita

- Apresentação do texto
- Unidade temática
- Título
- Conhecimento do mundo
- Coerência
- Informatividade
- Graus de informatividade

Dicas de escrita

Apresentação do texto

A edição final de um texto deve ser, quanto ao aspecto estético, muito bem cuidada. Além de letra legível, indicação adequada dos parágrafos e margens regulares, você deve se preocupar com a ausência de rasuras. A apresentação é o cartão de visita. Um texto rabiscado e rasurado pode causar no leitor uma impressão tão negativa quanto uma pessoa se apresentar suja e com roupas rasgadas a outra.

Para que a edição final de seu texto seja limpa e sem rasuras, é importante fazer todas as alterações que você julgar necessárias no rascunho. Nele, poderão ser feitos os acréscimos, os cortes, as rasuras. Com o objetivo de ganhar tempo, muitos alunos dispensam essa primeira etapa de escrita de um texto. Isso impede a execução de mudanças que podem decidir a eficiência do texto.

Procure escrever o rascunho do texto a lápis sem usar borracha. Esse jeito de escrever libera o autor a fazer com maior liberdade todas as alterações que julgar necessárias, viabilizando um texto final produto de leituras e releituras.

Unidade temática

Na leitura de um texto bem escrito, pode-se identificar um fio condutor que, ao costurar as frases, é responsável pela presença de uma ideia central. A essa propriedade do texto damos o nome de unidade temática.

Um dos aspectos que pode comprometer a organização de um texto dissertativo é a ausência dessa unidade temática. Embora as afirmações até sejam aceitáveis isoladamente, no seu conjunto formam uma "colcha de retalhos". Falta a elas uma unidade de sentido. O texto não consegue o seu intento: expor ao leitor uma opinião fundamentada do autor a respeito do problema focalizado.

O que pode ter ocorrido no ato da escrita para gerar essa desorganização? Dentre as várias hipóteses possíveis que podem explicar a ausência de unidade temática, destacamos duas:

Primeira hipótese: o autor não elaborou um roteiro das ideias que seriam desenvolvidas no decorrer do texto. O texto parece ter sido escrito à medida que foram ocorrendo informações relacionadas ao assunto, sem que fosse definido um ponto de vista, um objetivo e uma tese.

Segunda hipótese: o ato de escrita é entremeado por reflexões a respeito do tema, as quais não são registradas. Nesse sentido, o que aparece escrito é continuação do que foi pensado. Cria-se um hiato entre o "texto escrito" e o "texto pensado". Como o leitor não tem acesso ao "texto pensado", o "texto escrito" é insuficiente para comunicar as possíveis relações que se estabeleceram na mente do autor.

Por esse motivo, procure planejar seu texto antes de começar a escrevê-lo.

Título

Nem todas as propostas de redações de vestibulares exigem que o candidato dê um título. Como qualquer texto tem sempre um título, é aconselhável que você faça isso. Um bom título deve atender a alguns objetivos e possuir certas características:

Objetivos:

1º) antecipar para o leitor o conteúdo do texto;

2º) resumir o texto;

3º) despertar a atenção do leitor para o texto.

Características:

1º) ser simples;

2º) ser esclarecedor;

3º) empregar poucas palavras.

Alguns cuidados:

1º) evite a reprodução literal das palavras iniciais do texto;

2º) não empregue o ponto final;

3º) o título deve informar de preferência o aspecto mais específico do assunto, não o mais geral.

Por fim, ainda que às vezes a nota de uma redação não chegue a ficar comprometida pela ausência do título, é importante não esquecê-lo, pois esse elemento aparentemente secundário do texto geralmente contribui para uma melhor compreensão do direcionamento adotado na exploração do tema.

Conhecimento do mundo

Um outro aspecto importante quanto ao conteúdo é a adequação do texto a algo que lhe é exterior: dados referentes ao mundo físico, à cultura, ao conteúdo das ciências etc., que formam o nosso conhecimento de mundo a partir do qual entendemos e produzimos textos.

Em relação a esse aspecto, é preciso observar se as informações e os argumentos apresentados no texto estão compatíveis com aquilo que o leitor reconhece como verdadeiro e pertinente ao mundo real.

Leia, por exemplo, as afirmações seguintes, extraídas de textos escolares:

(1) "Setenta por cento da população do Brasil é composta de jovens".

(2) "O calor é a quantidade de calorias armazenadas numa unidade de tempo".

(3) "A floresta está cheia de animais já extintos. Tem que parar de desmatar para que os animais que estão extintos possam se reproduzir e aumentar seu número respirando um ar mais limpo".

(4) "Os dois movimentos da Terra são latitude e longitude".

Você deve reconhecer a falta de verdade dessas informações. Isso evidentemente compromete a aceitação do texto pelo leitor. Por esse motivo, ao terminar de redigir um texto, seja exigente na verificação das informações. A veracidade dos dados dará, com certeza, maior credibilidade ao texto.

Coerência

Na leitura de um texto bem escrito, o leitor percebe que há uma relação entre as partes, criando uma unidade de sentido. As ideias se ordenam e se interligam de maneira clara e lógica. Uma ideia ajuda a compreender a outra, para criar o sentido global. Isso é coerência.

Coerência é a relação que se estabelece entre as partes, criando uma unidade de sentido.

As frases formam um conjunto harmônico, em que todas as partes se encaixam de maneira complementar, de modo não haja nada destonante, ilógico e contraditório. Cada parte do texto se solidariza com as demais.

Informatividade

Um texto bem elaborado acrescenta ao leitor informações novas e inesperadas. A essa propriedade do texto dá-se o nome de informatividade.

Para você perceber como a presença dessa propriedade contribui para a coerência do texto e a sua ausência para a incoerência, observe fragmentos de um texto de um aluno:

> No mundo em que estamos vivendo, nas decepções que estamos sofrendo, nós, brasileiros, temos que tentar acreditar em propostas, sejam elas boas ou ruins.
> O real é uma dessas propostas e, hoje, ainda, não sabemos se é ruim ou boa, mas foi uma ilusão e que hoje é realidade, por isso temos que acreditar, lutar e, principalmente, torcer para que mais uma moeda brasileira ajude o Brasil a se levantar. Isso pode ser uma ilusão mas, um dia, pode se tornar realidade como o real.
> (M. G. S. – 3º ano do Ensino Médio)
> Graciema Pires Therezo. *Como corrigir redação*. Campinas: Alínea, 2002.

Ao ler esse trecho, tem-se a impressão de um vazio. O autor repete palavras de sentido genérico e ausente de informações ("boas", "ruins", "ilusão", "decepções"), bem como escreve frases ou expressões clichês que não acrescentam qualquer informação ("no mundo em que estamos vivendo", "por isso temos que acreditar, lutar e, principalmente, torcer...", "ajude o Brasil a se levantar"). Falta ao texto um aprofundamento do problema analisado: causas, consequências, exemplos etc. Essa ausência de informatividade é responsável pela incoerência do texto.

Graus de informatividade

Um texto será tanto menos informativo quanto mais previsível ou esperada for a informação por ele trazida.

Compare as informações seguintes:

(1) Todo homem é mortal.

(2) Todo homem é mortal. Mas, ao criar objetos ou textos, torna-se imortal, pois se inscreve na matéria e permanece sendo.

A afirmação (1) é óbvia para todo e qualquer leitor. Não há qualquer intenção nova de comunicação: a morte é inerente à vida do homem. É uma informação previsível e redundante.

A afirmação (2) aumenta a informatividade da frase inicial ao opor o conceito físico de mortalidade ao conceito de imortalidade como permanência do homem através de sua atividade inscrita na matéria.

APÊNDICE

Adequação à norma-padrão

- Ortografia
- Acentuação gráfica
- Crase
- Pontuação
- Concordância verbal

Apêndice

Adequação à norma-padrão

Ao concluir seu texto, é muito importante fazer uma revisão cuidadosa para verificar se está adequado à variante linguística da norma-padrão. Este Guia de revisão textual registra uma síntese de orientações que lhe permitirão avaliar se seu texto obedece às regras e às convenções da língua escrita nessa variante quanto a:
- ortografia
- acentuação gráfica
- crase
- pontuação
- concordância verbal

Ortografia

Embora a ortografia não seja um aspecto decisivo para o sucesso de um texto, tem um peso importante sob o ponto de vista do leitor. Ao redigir, tome cuidado, portanto, para não cometer erros de ortografia, pois eles podem comprometer a compreensão de seu texto.

Para isso, sugerimos os seguintes procedimentos:

- Releia o texto atentamente, observando a grafia de todas as palavras.
- Se houver dúvida quanto à grafia de uma palavra:
  – consulte, se houver possibilidade, um dicionário;
  – caso isso não seja possível, evite o uso de palavras de cuja grafia você tenha dúvidas – substitua o termo por um sinônimo ou altere a redação da frase para evitar o uso dessa palavra no texto.

Acentuação gráfica

Para acentuar corretamente, você deve conhecer as regras de acentuação e saber aplicá-las. Apresentamos a seguir um resumo das principais regras.

Pré-requisito: para saber se uma palavra deve ou não ser acentuada, você precisa identificar, em primeiro lugar, a sílaba tônica. De acordo com a posição da sílaba tônica, a palavra é classificada em:

- **oxítona** (última sílaba). Exemplos: *faróis*, *pastéis* etc.
- **paroxítona** (penúltima sílaba). Exemplos: *estância*, *história* etc.
- **proparoxítona** (antepenúltima sílaba). Exemplos: *sarcástico*, *mágico* etc.

Se tomarmos como base o conjunto das palavras da língua portuguesa, um número reduzido de vocábulos são acentuados. Isso ocorre porque o princípio básico utilizado na formulação das regras de acentuação é o da **menor ocorrência**. O quadro abaixo mostra as principais regras de acentuação da língua portuguesa e sua relação com esse critério:

Regra	Exemplos
São acentuadas **todas as palavras proparoxítonas**: no universo da língua, há poucas palavras cujo acento recai na antepenúltima sílaba.	*matemática, república, fôlego, fenômeno, recôndito, econômico, gráfico, líquido, próximo, último, álibi, íngreme* etc.
São acentuadas as **palavras oxítonas terminadas por A, E, O**: a maioria das palavras terminadas com essas vogais são paroxítonas.	*fubá, café, vovô, vovó, pavê, robô, Amapá, bebê, sofá, você* etc.
São acentuadas as **palavras paroxítonas terminadas por L, I(S), N, U(S/M), R, X, Ã, ÃO** (para memorizar essas terminações, pense na expressão "linurxão"): a maioria das palavras terminadas por essas letras são oxítonas.	*amável, têxtil, júri, lápis, pólen, hífen, álbum, fórum, vírus, caráter, açúcar, câncer, tórax, órfã, órgão, sótão* etc.
São acentuadas as **palavras paroxítonas terminadas por ditongo crescente**, ou seja, formado por semivogal + vogal (ia, ua etc.).	*história, série, pátio, inócuo, rádio, tênue, ingênuo, início* etc.

Essas quatro regras atendem à maioria das palavras que são acentuadas na língua portuguesa. Veja a seguir algumas dicas para acentuar corretamente.

- Leia e observe com muita atenção as palavras acentuadas. Isso o ajudará gradativamente a memorizar a forma gráfica dessas palavras.
- Ao escrever e, sobretudo, ao revisar o texto, se tiver dúvidas quanto à acentuação de uma palavra, consulte uma gramática ou um dicionário. A pesquisa em um dicionário o ajudará também na memorização da escrita correta da palavra.
- Procure escrever a palavra com seu respectivo acento. Isso criará em você um automatismo na forma de escrever a palavra acompanhada de seu acento.

Crase

O acento grave (`) indica a crase, que é a fusão do artigo feminino **a(s)** com a preposição **a** ou o fonema inicial das palavras **aquele(a)**, **aquilo**.

Para usar corretamente esse acento grave, você deve verificar se ocorre a presença simultânea da preposição **a** e do artigo **a(s)**.

Vamos supor que você queira saber se deve usar o acento indicativo de crase nas palavras destacadas nas frases seguintes:

- Refiro-me **a** diretora.
- Conheço **a** diretora.
- Cheguei **a** escola.

Procedimento	Aplicação	Conclusão
1. Para saber se **a**, nesses casos, é apenas preposição ou artigo, **troque o termo que vem depois por um nome masculino**.	• Refiro-me **ao** diretor. • Conheço **o** diretor. • Cheguei **ao** colégio.	Esse mecanismo de substituição lhe permitirá saber quais verbos das frases apresentadas pedem a preposição **a** (*Referir-se* a ...; *chegar* a ...).
2. Para saber se o nome que vem depois pede artigo **a** ou **as**, **inicie uma frase qualquer com ele**.	• **A** *diretora* estará presente na reunião. • **A** *escola* será reformada.	Esse mecanismo lhe permitirá saber que os nomes *escola* e *diretora* pedem o artigo **a**.

Com base nesses dois mecanismos de substituição, você pode constatar a presença ou a ausência de crase e concluir se deve ou não usar o acento grave para indicá-la. Então, as frases deverão ser grafadas desta maneira:

- Refiro-me **à** diretora.
- Conheço **a** diretora.
- Cheguei **à** escola.

Se você estiver em dúvida se deve usar ou não o acento indicativo de crase, prefira errar pela ausência a errar pela presença desse sinal. Para isso, procure lembrar-se dos casos em que obrigatoriamente não será usado o acento indicativo de crase pela ausência do artigo. Veja os casos no quadro a seguir.

Não se usa o acento indicativo de crase diante de:	
• palavras masculinas	Andar **a pé**.
• verbos	Começou **a chover**.
• pronomes pessoais	Disse **a ela**.
• pronomes de tratamento (à exceção de *senhora*, *senhorita* e *dona*)	Informo **a Vossa Senhoria** que o acordo foi cancelado. Dirigiu-se **à senhora** com todo o respeito.
• pronomes demonstrativos *esta/essa*	Refiro-me **a esta festa**.
• artigo indefinido, pronome indefinido	Refiro-me **a uma** (**certa**, **qualquer**...) pessoa.
• nome de cidade	Bem-vindo **a Salvador**.

Pontuação

Vírgula

O uso da vírgula depende, muitas vezes, da forma como a frase é construída.

1. Entre termos da oração

Se você colocar os termos na ordem direta, não deve empregar a vírgula. Exemplo:

> O professor comentou o filme durante a aula.

Se você inverter essa ordem, deverá usar a vírgula para marcar o deslocamento de um termo. Exemplos:

> - **Durante a aula**, o professor comentou o filme.
> - O professor comentou, **durante a aula**, o filme.
> - **O filme**, o professor o comentou durante a aula.

A **inversão** de um termo justifica a maior ocorrência do uso da vírgula. Além disso, é importante saber que se usa a vírgula para:

Regra	Exemplos
Separar palavras que têm a mesma função.	• **Os alunos, os professores, os funcionários e os pais** foram convocados para a reunião. • A diretoria exigiu o comparecimento **dos alunos, dos professores, dos funcionários e dos pais**.
Isolar o adjunto adverbial que é colocado antecipadamente.	• A menina não quis saber de mim **depois da minha fala**. • **Depois da minha fala**, a menina não quis saber de mim. Note que o adjunto adverbial de causa "Depois da minha fala" foi deslocado na segunda oração para o início do período. Por esse motivo, ele é separado do restante da oração por vírgula.
Separar vocativo, expressões de pedido etc. do restante da oração.	• **Por favor**, não fale de carros! (expressão de pedido). • **Roberto**, não fale de carros! (vocativo).

2. Entre orações

Também podemos usar a vírgula para separar orações. Conheça as regras relacionadas a esse emprego do sinal no quadro a seguir.

Regra	Exemplos
Usa-se a vírgula para separar as orações coordenadas.	• Cruzou as pernas, estalou as unhas, demorou o olhar em Marina. • Correu o trinco devagarinho, mas logo se arrependeu.
É obrigatório o uso da vírgula para separar a oração adverbial colocada antes da principal.	• Se o tivesse amado, talvez o odiasse agora.
Usa-se a vírgula para separar as orações adjetivas explicativas.	• Até Marina, que é a melhor aluna da turma, não quis participar da Olimpíada de Matemática.
É **facultativo** o uso da vírgula para separar a oração adverbial colocada depois da principal.	• Não concluiu a pesquisa porque lhe faltavam recursos. • Não concluiu a pesquisa, porque lhe faltavam recursos.
Não se usa vírgula para separar a oração substantiva da oração principal.	• É possível que os feirantes concordem com a proposta. • Informamos a Vossa Senhoria que a reunião foi transferida.

Travessão e aspas

No texto dissertativo, as aspas e o travessão são geralmente usados para:

Aspas	
Indicar **palavras estrangeiras**.	• Quando o garçom ou o "maître" perguntam se a comida está boa, você fica contente em responder, até porque eles podem substituir o prato se você não estiver gostando. Marion Strecker. Escravos da tecnologia. *Folha de S. Paulo*, 20 out. 2011.
Assinalar **termos de gíria ou de uso popular** (ou outras mudanças de registro linguístico).	• Embora todos queiram seus "quinze minutos de fama", esse tempo se torna incontrolável quando há minúcias sobre a vida pessoal disposta na rede. Manuela Marques Batista. Redação nota 1000 do Enem 2011. *A redação no Enem 2012 – Guia do Participante*. Brasília: Ministério da Educação: Inep, 2012.
Assinalar **títulos de obras**.	• Reportagem publicada pelo jornal "Valor Econômico" indica o impacto dessa tragédia para a economia brasileira. Custo do homicídio. *Folha de S. Paulo*, 05 maio 2015. Editorial. Disponível em: <httttps://goo.gl/NwcFN8>. Acesso em: 20 fev. 2017.
Indicar as **palavras de outras pessoas ou ditos populares**.	• Cabe a cada cidadão deixar de ser passivo, acomodado e alienado para reivindicar seus direitos e cumprir com suas obrigações. "Um povo de cordeiros sempre terá um governo de lobos". Marioly Oze Mendes. *Jornal Metas* (Gaspar, SC). Seção Carta do leitor.

Travessão	
Destacar **frases ou expressões explicativas**. Nesse caso, substitui os parênteses ou as vírgulas.	• Embora pouco significativa em termos proporcionais – os imigrantes como um todo não chegam a 1% da população brasileira –, a leva do Haiti chamou a atenção de governantes e da opinião pública. Política imigratória. *Folha de S. Paulo*, 28 maio 2014. Editorial. Disponível em: <htttps://goo.gl/dvGGjc>. Acesso em: 22 fev. 2017.

Concordância verbal

A concordância verbal trata das alterações do verbo para se adaptar ao seu sujeito. Veja o seguinte exemplo:

> O brasileiro já não engole sapos facilmente, mas os abusos continuam e o Governo promete uma nova ação: o cadastro nacional de reclamações.
>
> IstoÉ, n. 1636.

Observe, no quadro a seguir, que a estrutura do período obedece à regra básica de concordância verbal:

Sujeito	Verbo
O brasileiro	engole
os abusos	continuam
o Governo	promete

Regra básica da concordância verbal: o verbo concorda com o sujeito em número e pessoa.

Os **erros mais frequentes** de concordância ocorrem em três casos:

Caso/explicação	Exemplos
Sujeito depois do verbo.	• Errado: **Está marcado** para o próximo dia 22 **grandes manifestações populares**. • Certo: **Estão marcadas** para o próximo dia 22 **grandes manifestações populares**.
Núcleo do sujeito distante do verbo.	• Errado: **O desgaste provocado pelo calor e pelos jogos de ontem podem tirar** dois dos jogadores escalados para a partida de dupla. • Certo: **O desgaste provocado pelo calor e pelos jogos de ontem pode tirar** dois dos jogadores escalados para a partida de dupla.
Núcleo do sujeito no singular seguido de expressão preposicionada no plural: o erro nesse caso é concordar com a expressão preposicionada.	• Errado: **O segundo lote residual de restituições do Imposto de Renda deste ano estão disponíveis** para consulta desde ontem. • Certo: **O segundo lote residual de restituições do Imposto de Renda deste ano está disponível** para consulta desde ontem.

Referências bibliográficas

A importância da educação ambiental e da sustentabilidade. *Atitudes sustentáveis*. Disponível em: <https://goo.gl/4jR3dP>. Acesso em: 21 fev. 2017.

A importância das campanhas de prevenção às drogas. *Antidrogas*. Disponível em: <https://goo.gl/QTaZWn>. Acesso em: 20 fev. 2017.

ADLER, Mortimer J.; VAN DOREN, Charles. *A arte de ler*. Rio de Janeiro: Agir, 1974.

AFINAL, como avaliar na modalidade à distância? *Pedagogia Educacional Blogspot*. Disponível em: <https://goo.gl/Y9qJcu>. Acesso em: 07 ago. 2017.

ALMEIDA, Fátima. O dilema da escolha profissional. *Portal Carreira & Sucesso*, 06 abr. 2015. Disponível em: <https://goo.gl/e9VVNY>. Acesso em: 25 jul. 2017.

ALVES, Silvanio. *Recanto das Letras*, 22 abr. 2008. Disponível em: <https://goo.gl/Z9Baxc>. Acesso em: 15 fev. 2017. Adaptado.

AMORIM, Ricardo. Produtividade já! *Man Magazine*, jul. 2014. Disponível em: <https://goo.gl/XqcwMz>. Acesso em: 16 fev. 2017.

_____. Agência Brasil. Protestos pela Lava Jato reúnem manifestantes em 200 cidades. *Notícias Terra*, 04 dez. 2016. Disponível em: <https://goo.gl/YGBPDm>. Acesso em: 02 ago. 2017.

ANDRADE, Carlos Drummond de. Os dias escuros. *Correio da Manhã*, 14 jan. 1966.

ARAGUAIA, Mariana; BARROS, Jussara de. Meio ambiente: é preciso criar a cultura da conservação. *Brasil Escola*. Disponível em: <https://goo.gl/mxv4sm>. Acesso em: 16 fev. 2017.

BALBACHEVSKY, Elizabeth. Violência, participação e democracia. *Folha de S.Paulo*, 14 jun. 2014.

BENTO, Wagner. A legalização da maconha tem consequências. *Mídia sem máscara*, 09 jan. 2014. Disponível em: <https://goo.gl/AuKn6a>. Acesso em: 20 fev. 2017.

BRASIL. Lei 11.794, de 8 de outubro de 2008. Disponível em: <https://goo.gl/wuvPJt>. Acesso em: 22 fev. 2017.

CADIDÉ, Luiza. Brasil é o 4º país com mais mortes no trânsito, diz pesquisa. *A Tarde*, 06 set. 2014. Disponível em: <https://goo.gl/FbxCRE>. Acesso em: 20 fev. 2017.

CALLIGARIS, Contardo. Os safanões e a autoridade. *Folha de S.Paulo*, 13 nov. 2014. Disponível em: <https://goo.gl/vnyJj2>. Acesso em: 20 fev. 2017.

CAMARGO, Orson. Desigualdade social. *Brasil Escola*. Disponível em: <https://goo.gl/Jnx3gr>. Acesso em: 07 mar. 2017.

_____. Violência no Brasil, outro olhar. *Brasil Escola*. Disponível em: <https://goo.gl/Hxl0M>. Acesso em: 16 fev. 2017.

CASTRO, Josué de. *A geografia da fome*. 5. ed. São Paulo: Gryphus, 2005.

CHIAVENATO, Júlio José. *O massacre da natureza*. 2. ed. São Paulo: Moderna, 2005.

COMVEST – Unicamp. Disponível em: <https://goo.gl/zj5pU>. Acesso em: 23 ago. 2017.

CORREIO braziliense, 02 jan. 2017. Cidades.

DA redação. Brasil é o país que mais perde florestas por ano, diz ONU. *Veja.com*, 04 jun. 2014. Disponível em: <https://goo.gl/XcpDMc>. Acesso em: 20 fev. 2017.

_____. Comida desperdiçada na América Latina reduziria 37% da fome no mundo. *Veja.com*, 30 mar. 2016. Disponível em: <https://goo.gl/0Ruhkw>. Acesso em: 14 fev. 2017.

_____. E como dói. *Superinteressante*, 29 fev. 1988. Disponível em: <https://goo.gl/rqcSLT>. Acesso em: 21 fev. 2017.

DEBATE sobre legalização da maconha divide opiniões. *Jornal Estado de Minas*, 02 fev. 2014. Disponível em: <https://goo.gl/rFomQN>. Acesso em: 28 jul. 2017.

DIMENSTEIN, Gilberto. *O cidadão de papel*. 5. ed. São Paulo: Ática, 1994.

DIONÍSIO, Bibiana. Gravidez na adolescência passa de 20% em áreas mais pobres de Curitiba. *G1*, 22 nov. 2016. Disponível em: <https://goo.gl/zRFo89>. Acesso em: 12 dez. 2016.

ENEM – provas e gabaritos. Disponível em: <https://goo.gl/q3AO9e>. Acesso em: 23 ago. 2017.

ESPN Brasil. Aranha é chamado de "macaco" por torcida do Grêmio. ESPN Brasil, 28 ago. 2014. Disponível em: <https://goo.gl/f3WDWq>. Acesso em: 17 fev. 2017.

FAZER o bem faz bem. VIX. Disponível em: <https://goo.gl/aenHtn>. Acesso em: 2 abr. 2015.

FOLHA de S. Paulo. Custo do homicídio. *Folha de S.Paulo*, 05 maio 2015. Editorial. Disponível em: <https://goo.gl/NwcFN8>. Acesso em: 20 fev. 2017.

_____. Derrotar o racismo. *Folha de S.Paulo*, 30 ago. 2014. Editorial.

_____. Política esportiva. *Folha de S.Paulo*, 31 ago. 2014. Editorial.

FURTADO, Celso. *Formação econômica do Brasil*. São Paulo: Companhia das Letras, 2007.

FUVEST. Disponível em: <https://goo.gl/7sjdR>. Acesso em: 23 ago. 2017.

GIKOVATE, Flávio. *Drogas*: opção de perdedor. 2. ed. São Paulo: Moderna, 2004.

GIRARDELLO, Gilka. A televisão e a imaginação infantil: referências para o debate. In: Anais do XXIV Congresso Brasileiro da Comunicação. Campo Grande/MS: Intercom – Sociedade Brasileira de Estudos Interdisciplinares da Comunicação, set. 2001. Disponível em: <https://goo.gl/6eBch2>. Acesso em: 20 fev. 2017.

GIRARDI, Giovana. Avanço do desmatamento na Amazônia causa alerta no governo. *O Estado de S. Paulo*, 06 out. 2016. Disponível em: <https://goo.gl/r4DhEX>. Acesso em: 15 fev. 2017.

HOMEM, Maria. Divórcio – Sintoma de uma era ou ferramenta máxima da liberdade individual? *Casa do Saber.* Disponível em: <https://goo.gl/nNtHNE>. Acesso em: 07 mar. 2017.

IG São Paulo. Vítima de racismo, Daniel Alves come banana atirada contra ele na Espanha. *Esporte Ig*, 27 abr. 2014. Disponível em: <https://goo.gl/buXZ6k>. Acesso em: 21 jun. 2017.

INSTITUTO Ayrton Senna. Desigualdades marcam acesso à tecnologia em escolas brasileiras. 07 jan. 2016. Disponível em: <https://goo.gl/3p7fGM>. Acesso em: 16 fev. 2017.

JANAUDIS, Marco A.; MACIEL, Letícia. *Viva Saúde*, 9 abr. 2014. Disponível em: <https://goo.gl/wLyhJ8>. Acesso em: 02 maio 2017.

KABURI, Bruno. Por que ler é importante. Disponível em: <https://goo.gl/yxEq7v>. Acesso em: 15 fev. 2017.

KARINA Toledo (Agência Fapesp). "Alimentos ultraprocessados são ruins para as pessoas e para o ambiente", diz pesquisador. *Planeta sustentável*, 17 mar. 2015. Disponível em: <https://goo.gl/1vcycg>. Acesso em: 20 fev. 2017.

LACQUA Brasil. Por que devemos economizar água? Disponível em: <https://goo.gl/uvCB7P>. Acesso em: 17 jan. 2017.

LEAL, João José. Menores ao volante. *Folha de S.Paulo*, 24 out. 1998.

LEITÃO, Míriam. Razão conhecida. *O Globo*, 12 abr. 2015. Disponível em: <https://goo.gl/poQbqJ>. Acesso em: 20 fev. 2017.

LER é importante? *Universo de Literacias*. Disponível em: <https://goo.gl/x7X4sL>. Acesso em: 15 fev. 2017.

LISBOA, Luiz Carlos. *Olhos de ver, ouvidos de ouvir*. Rio de Janeiro: Difel, 1977.

MACEDO, Fausto; BRANDT, Ricardo. "Jamais entraria para a política", diz Sérgio Moro. *O Estado de S. Paulo*, 05 nov. 2016. Disponível em: <https://goo.gl/Vm4Tw7>. Acesso em: 20 fev. 2017.

MELO, José Marques de. *Comunicação, opinião, desenvolvimento*. Petrópolis: Vozes, 1971.

MENSAGEM publicitária do grupo Comind. *IstoÉ*, 9 nov. 1977.

MINISTÉRIO da Educação; INEP. *A redação no Enem 2012 – Guia do Participante*. Brasília: Ministério da Educação: Inep, 2012.

_____. *A redação no Enem 2013 – Guia do Participante*. Brasília: Ministério da Educação: Inep, 2013.

NETO, Lauro. Enem 2014: leia exemplos de redações nota 1 000. *O Globo*, 14 jan. 2015. Disponível em: <https://goo.gl/ek1q5e>. Acesso em: 21 fev. 2017.

NEUMAM, Camila. Por que gostamos de ver as lutas de MMA na TV? *UOL notícias*, 20 maio 2015. Disponível em: <https://goo.gl/ewDWC8>. Acesso em: 21 fev. 2017.

NOLL, João Gilberto. Coágulos. *Folha de S.Paulo*, 15 out. 1998. Ilustrada. Disponível em: <https://goo.gl/Z7v8WC>. Acesso em: 16 jan. 2017.

O estado de S. Paulo. SUS inicia vacinação contra HPV para meninos. 03 jan. 2017. Disponível em: <https://goo.gl/oVx4Az>. Acesso em: 15 fev. 2017.

OPINIÃO: As campanhas contra as drogas. DIAHV. Disponível em: <https://goo.gl/Qu7QDG>. Acesso em: 07 mar. 2017.

PARRODE, Alexandre. Regulamentação da nova Lei Antifumo gera incertezas e divide goianos. Rigidez e "falta de planejamento" são criticadas. *Jornal Opção*, edição 2056, 03 dez. 2014. Disponível em: <https://goo.gl/1671Xb>. Acesso em: 21 fev. 2017.

PEIXOTO, Nelson Brissac. O olhar do estrangeiro. In: NOVAES, Adauto (Org.). *O olhar*. São Paulo: Companhia das Letras, 1988.

PENA, Rodolfo F. Alves. A pobreza no Brasil. *Mundo Educação*. Disponível em: <https://goo.gl/88URDG>. Acesso em: 17 fev. 2017.

_____. Crise da água no Brasil. *Mundo Educação*. Disponível em: <https://goo.gl/XGfC9H>. Acesso em: 15 fev. 2017.

PRAZERES, Leandro. Veja cinco motivos a favor e cinco contra a redução da maioridade penal. *UOL notícias*, 31 mar. 2015. Disponível em: <https://goo.gl/enLD8k>. Acesso em: 16 fev. 2017.

RAMOS, Graciliano. *Vidas secas*. 100. ed. São Paulo: Record, 2006.

REYDON, Bastiaan Philip. *Revista Política Ambiental*, n. 8, jun. 2011. Belo Horizonte: Conservação Internacional, 2011. Disponível em: <https://goo.gl/Lbj2RH>. Acesso em: 15 fev. 2017.

RIBEIRO, Sérgio Costa. *Veja 25 anos – Reflexões para o futuro*. São Paulo: Abril Cultural, 1993.

RODRIGUES, Roberto. Tecnologia em prol da sustentabilidade. *Folha de S.Paulo*, 22 set. 2014. Tendências/Debates. Disponível em: <https://goo.gl/sA57K8>. Acesso em: 20 fev. 2017.

SANTOS, Álvaro Rodrigues dos. *UOL notícias*, 28 mar. 2015. Disponível em: <https://goo.gl/W6hhpV>. Acesso em: 24 jul. 2017.

SEVERIANO, Alan. Trump diz que pretende deportar até três milhões de imigrantes dos EUA. *G1*, 14 nov. 2016. Disponível em: <https://goo.gl/k2ctZu>. Acesso em: 12 fev. 2017.

SODRÉ, Muniz. *A comunicação do grotesco*. 11. ed. Petrópolis: Vozes, 1988.

SOUZA, José Carlos de. *Carta Educação*, 18 ago. 2015. Disponível em: <https://goo.gl/WgVse9>. Acesso em: 03 maio 2017.

SOUZA, Robson Sávio Reis. *Álcool*: a droga da morte. Editora Santuário. Disponível em: <https://goo.gl/DPBxxt>. Acesso em: 15 fev. 2017.

TÁVOLA, Artur da. Ter ou não ter namorado, eis a questão. *Poesias, poemas e versos*. Disponível em: <https://goo.gl/VQC6cG>. Acesso em: 15 fev. 2017.

TODA matéria. A importância da leitura. *Toda Matéria.com*. Disponível em: <https://goo.gl/nAsmne>. Acesso em: 15 fev. 2017.

VIEIRA, R. A. Amaral. *O futuro da comunicação*. Rio de Janeiro: Achiamé, 1981.

VIEIRA, Victor. "Harvard deveria ter mais brasileiros", diz vice-reitor. *O Estado de S. Paulo*, 27 abr. 2015. Disponível em: <https://goo.gl/otV8Ez>. Acesso em: 20 fev. 2017.

VIVEIROS, Ricardo e Associados – Oficina de comunicação. A importância da leitura na formação das crianças. *Maxpress*, 05 ago. 2014. Disponível em: <https://goo.gl/CD7Zd3>. Acesso em: 06 fev. 2017.